高职院校"互联网+"立体化教材

艺术类高职院校体育教程

主编　王恩祥　等

北京体育大学出版社

策划编辑： 邓梓维
责任编辑： 周学政
责任校对： 刘颂歌　李　博
版式设计： 高荣华

图书在版编目（CIP）数据

艺术类高职院校体育教程 / 王恩祥等主编 . -- 北京：北京体育大学出版社，2018.7（2020.7 重印）
ISBN 978-7-5644-2982-9

Ⅰ . ①艺… Ⅱ . ①王… Ⅲ . ①体育—高等职业教育—教材 Ⅳ . ① G807.4

中国版本图书馆 CIP 数据核字 (2018) 第 173165 号

艺术类高职院校体育教程　　**王恩祥　等　主编**

出版发行： 北京体育大学出版社
地　　址： 北京市海淀区农大南路 1 号院 2 号楼 4 层办公 B-421
邮　　编： 100084
网　　址： http://cbs.bsu.edu.cn
发 行 部： 010-62989320
邮 购 部： 北京体育大学出版社读者服务部 010-62989432
印　　刷： 北京昌联印刷有限公司
开　　本： 787mm × 1092mm　1/16
成品尺寸： 185mm × 260mm
印　　张： 20
字　　数： 462 千字
版　　次： 2018 年 7 月第 1 版
印　　次： 2020 年 7 月第 3 次印刷
定　　价： 38.00 元

《艺术类高职院校体育教程》

编委会

主　编　王恩祥

副主编　曾泳辉　王晓敏

前言

高职体育教育在高职学生素质教育中具有重要的地位。高职学生是未来祖国现代化建设的人才，是专业技术领域的基础人才，他们除了拥有专业的知识外，还要有健康的身心。

本教材根据《中共中央国务院关于加强青少年体育增强青少年体质的意见》《学校体育工作条例》和《全国普通高等学校体育课程教学指导纲要》等文件精神，以及《国家学生体质健康标准》的要求结合高职体育教育的理论与实践，突出高职体育课程职业化、校本化的特色，贯彻落实“健康第一、终身体育”的指导思想。

本教材编写过程中，力求突出以下特点：

1. 重视健康理论

本教材对健康的相关理论进行了阐述，针对健康设置了不同层次的项目，为学生构建了基本的健康理论体系。

2. 突出艺术特色

本教材适用于艺术院校的学生，通过对体育、体育文化与欣赏、体育艺术（体育设计、体育绘画、体育音乐、体育解说）的阐述，突出了体育与艺术的交融，拓展了艺术类学生对体育的认知。

3. 教材内容校本化

根据高职学生的普遍特点和高职院校的普遍体育环境因素，本教材在内容的选取上突出艺术类学校的校本化。职业体能训练及职业病防治侧重于艺术类职业岗位的需求；运动实践项目侧重于健身健美类项目。

本教材由王恩祥担任主编，曾泳辉、王晓敏担任副主编。王恩祥编写了专题一至专题十，以及专题十二的模块 2、模块 5、模块 6 和专题十三的模块 4；王晓敏编写了专题十三除模块 4 以外的其他模块内容；曾泳辉编写了专题十一，以及专题十二的模块 1、模块 3、模块 4。全书由王恩祥进行统稿。

书中若有不足之处，请专家和读者给予批评与指正，以便今年进一步完善和提高。

目　录

专题一

认识健康

本章导读

健康已成为人类的重要生活追求之一，无论是对个人还是对社会都有着重要的价值。随着时代的变迁，健康的内涵不断得到丰富。大学生作为青年人的代表，其健康状况更关系到整个社会的发展和进步，具有承上启下的特殊作用。大学生有必要树立正确的健康观，找出影响自身健康的因素，养成健康的生活方式。

学习目标

- ❖ 理解健康的概念，形成正确的健康观。
- ❖ 了解影响大学生健康的因素。
- ❖ 认识危害大学生健康的行为，养成健康的生活方式。

模块1 现代健康观

一、健康的概念

健 康

人们对健康的认识，是随着科学的发展和时代的进步而变化着的。传统的健康概念通常被简单扼要地定义为“机体处于正常运作状态，没有疾病”。1948年世界卫生组织立时在它的宪章中指出，健康不仅仅是没有疾病和虚弱的状态，而且是保持身体、精神和社会适应方面的完美状态。后来，世界卫生组织又提出，健康应包括躯体健康、心理健康、社会适应良好和道德健康四个方面。这个现代的健康概念中的心理健康和社会性健康是对生物医学模式下健康观念的有力补充和发展，它既考虑到人的自然属性，又考虑到人的社会属性，从而摆脱了人们对健康的片面认识。其具体含义如下。

身体健康

（一）躯体健康

躯体健康是指身体结构和功能正常，具有生活自理能力。

（二）心理健康

心理健康

心理健康是指在身体、智能以及情感上，在与他人心理健康不相矛盾的范围内，将个人心境发展成最佳的状态。一般心理健康有三个方面的标志：① 具备健康的心理的人，其人格是完整的，自我感觉是良好的，情绪是稳定的，积极情绪多于消极情绪，有较好的自控能力，能保持心理上的平衡，有自尊、自爱、自信心以及有自知之明；② 一个人在自己所处的环境中，有充分的安全感，且能保持正常的人际关系，能受到别人的欢迎和信任；③ 健康的人对未来有明确的生活目标，能切合实际地、不断地进取，有理想和事业的追求。

社会适应

（三）社会适应良好

社会适应良好是指对于社会环境和一些有益或有害的刺激，能积极调整、适应，不让自己长期处于一种封闭、压抑的状态。

（四）道德健康

道德健康是指能按照社会认为规范的准则约束、支配自己的行为，能为人的幸福做贡献，不以损害他人利益来满足自己的需要，有辨别真伪、善恶、荣辱、美丑等的能力。

二、健康的评价标准

（一）健康的十条标准

（1）精力充沛，能从容不迫地应对日常生活和工作的压力而不感到过分紧张。
（2）处事乐观，态度积极，乐于承担责任，事无巨细不挑剔。
（3）善于休息，睡眠良好。
（4）应变能力强，能适应环境的各种变化。
（5）能够抵抗一般性感冒和传染病。
（6）体重适当，体形匀称，站立时头、肩位置协调。
（7）眼睛明亮，反应敏锐，眼睑不发炎。
（8）牙齿清洁，无龋齿，无疼痛，牙龈颜色正常，无出血现象。
（9）头发有光泽，无头屑。
（10）肌肉丰满，皮肤富有弹性，走路轻松有力。

上述十条标准中既有生理的内容，也有心理和社会适应方面的内容，后者虽然不像前者那么具体明确，但包含的容量却非常大，相对也更难以拥有。一个人具有健康的身体，同时拥有健康的心理和社会性，才具有真正意义上的健康。

（二）“五快三良好”检查标准

吃得快：进食有良好的胃口，不挑剔食物，能快速吃完一餐饭，说明内脏功能正常。

走得快：行走自如，活动灵敏，说明精力充沛，身体状态良好。

说得快：语言表达正确，说话流利，表明头脑敏捷，心肺功能正常。

睡得快：有睡意，上床后能很快入睡，且内脏无病理信息干扰。

便得快：有便意，能很快排泄完大便，且感觉良好，说明肠胃功能良好。

良好的个性：情绪稳定，性格温和，意志坚强，感情丰富，胸怀坦荡，豁达乐观。

良好的处世能力：观察问题，面对客观现实，具有较好的自控能力，能适应复杂的社会环境。

良好的人际关系：助人为乐，与人为善，与他人的关系良好。

三、亚健康

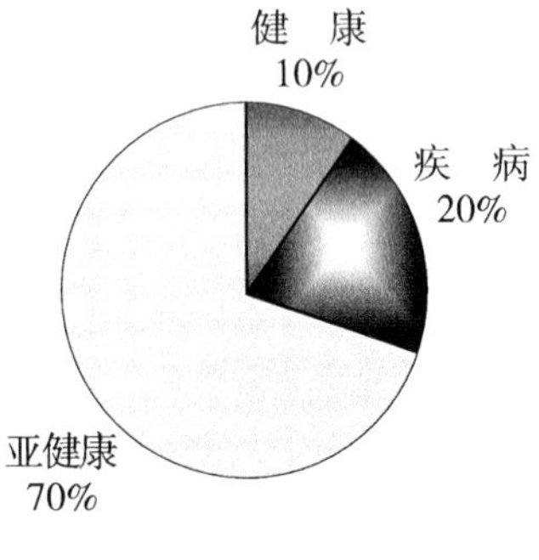

亚健康是指机体虽无明确的疾病，却呈现出活力降低、适应能力呈不同程度减退的一种非健康非患病的中间状态，又称“第三状态”“灰色状态”等。

据世界卫生组织统计，目前全球处于亚健康状态的人口约占总人口的70%，亚健康状态具有不稳定性，易于转化，可因干预调理得当而恢复到健康状态，也可因疏于调护或处置不当而发展成为各种疾病。

以世界卫生组织四位一体的健康概念为依据，亚健康可划分为以下四个方面。

1. 躯体亚健康

主要表现为不明原因或排除疾病原因的体力疲劳、虚弱、周身不适、性功能下降和月经周期紊乱等。

2. 心理亚健康

主要表现为不明原因的脑力疲劳、情感障碍、思维紊乱、恐慌、焦虑、自卑以及神经质、冷漠、孤独、轻率，甚至产生自杀念头等。

3. 社会适应性亚健康

突出表现为对工作、生活、学习等环境难以适应，对人际关系难以协调，即角色错位和不适应。

4. 道德方面的亚健康

主要表现为世界观、人生观和价值观上存在着明显的损人害己的偏差。

（一）导致亚健康状态的原因

导致亚健康状态的原因主要有以下几点：

（1）过度紧张和压力

长时期的紧张和压力对健康有四害：① 引发急慢性应激，直接损害心血管系统和胃肠系统，造成应激性溃疡和血压升高、心率增快，加速血管硬化进程和心血管事件发生；② 引发脑应激疲劳和认知功能下降；③ 破坏生物钟，影响睡眠质量；④ 免疫功能下降，导致感染机会增加。

（2）不良生活方式和习惯

例如，高盐、高脂和高热量饮食，大量吸烟和饮酒及久坐不运动是造成亚健康的最常见原因。

（3）环境污染的不良影响

例如，水源和空气污染、噪声、微波、电磁波及其他化学、物理因素污染是防不胜防的健康隐性杀手。

（4）不良精神、心理因素刺激

这是造成心理亚健康和躯体亚健康的重要因素。

（二）亚健康状态的主要表现

亚健康状态主要表现在以下几个方面：

神经系统表现——头晕、头痛、失眠、多梦、记忆力减退、精神不振等。

循环系统表现——心悸、胸闷、胸部隐痛、临界高血压、高脂血症等。

消化系统表现——食欲不振、胃纳欠佳、胃部隐痛、腹部膨胀、消化不良、便秘或便溏等。

呼吸系统表现——憋气、气短、喉部干涩或堵塞感。

感官系统表现——耳鸣、听力减退、眼干涩或酸胀。

代谢系统表现——体重超标、肥胖或偏瘦，无汗或自汗。

免疫系统表现——抵抗力下降、易感冒，或易患其他疾病。

运动系统表现——动作迟缓、肌肉酸痛、关节运动欠灵活。

内分泌系统表现——临界甲状腺功能亢进、高血糖或低血糖。

综合体能表现——工作效率低、极易疲劳、体力透支、手足冰冷、体质虚弱、性功能减退、自然衰老加速。

模块 2 影响健康的因素

健康会受到许多因素的影响和制约，归纳起来主要有 4 个方面的因素：环境因素、生物学因素、行为和生活方式因素及卫生保健服务因素。

一、环境因素

（一）自然环境

自然环境是人类赖以生存的物质基础，也是健康的基本保证。人类生存所需的食物、空气、水和阳光均来自大自然，然而人类的生产活动和生活活动使自然环境的构成或状态发生了不利于人类生存发展的变化，生态平衡受到破坏，对人的健康产生直接、间接或潜在的危害，我们称之为环境污染。环境污染对健康的危害具有机制复杂、效应慢、周期长、范围大、后果严重的特点，这个问题已引起世界各国的重视。中国政府把保护环境定为基本国策，并奉行可持续发展战略，因此，环境教育就成为学校健康教育必不可少的重要内容。

（二）社会环境

社会环境包括政治、经济、文化等多方面的内容。良好的社会环境有利于人类的健康，不良的社会环境直接或间接地危害着人们的健康。

政治制度对健康至关重要。中华人民共和国成立后，人民是国家的主人，国家卫生事业为人民健康服务，中国人民健康水平有了很大的提高。

经济是社会进步和社会生活的基础。人们的劳动方式、生活方式、营养状况和人口状态无不受经济的制约。大量调查证明，社会经济状况与人民健康水平成正比。就发达国家与发展中国家相比而言，人民的健康水平存在着明显的差距。随着中国经济的发展，人民营养状况明显得到改善。

文化是社会的上层建筑，享有文化和接受教育的权利是人全面发展的重要前提，也是享有健康的前提。人群的文化水平与人群的健康水平之间存在着正相关关系。教育程度和文化素养决定着人的健康观和健康价值观，决定着人是否能作出有益于健康的决策。不良的行为和生活方式常与较低的教育程度有关。

二、生物学因素

引起传染性疾病和感染性疾病的病原微生物和导致遗传性疾病、伤残与障碍等遗传和非遗传的内在缺陷，被归类为生物学致病因素。目前，虽然人类疾病谱和死因顺位的变化，把关注健康问题的目光引向了“生活方式病”和行为致病因素，但生物因素对健康的危害依然存在，而且不断地出现新问题。

世界卫生组织发表报告警告说,艾滋病、结核病、淋巴腺鼠疫和黄热病等新出现的或卷土重来的传染病对人类健康的威胁正在上升，而且病原微生物的抗药性已成为全球性问题，一些轻微的感染有时都很难找到有效的治愈方法。一些新的病原微生物已被确认，如引起出血性结肠炎的O157 : H7 型大肠杆菌、与溃疡病有直接关系的螺旋杆菌、导致淋巴腺癌的非洲淋巴细胞瘤病毒等。今天，我们对病原微生物的危害仍不可忽视。

由生殖细胞或遗传物质突变所引起的疾病称为遗传病。出生时伴有的缺陷所引起的疾病被称为先天性疾病（不属于遗传疾病），如母亲感染风疹病毒造成的胎儿患先天性心脏病。遗传因素在影响人类健康的同时，常与环境因素、行为因素共同作用、相互制约。例如，精神分裂症的发病，遗传因素占 2/3，环境因素占 1/3。许多遗传病并未表现出临床症状，便成为异常基因库，会对人类健康产生更大的影响。

三、行为和生活方式因素

健康与生活方式

行为是指具有认知、思维能力并有情感、意志等心理活动的人对内外环境因素刺激所做出的能动反应。生活方式是指人的生活式样，是生活活动的总和。它包括生活态度、生活水平和生活惯常行为，二者紧密联系，互相贯通。人们自身的不良行为和生活习惯会给个人、群体和社会的健康带来直接或间接的危害，这种危害具有潜伏性、积累性和广泛影响性的特点。有报告称，美国死亡率排前十位的疾病中，行为和生活方式在致病因素中占 70%。美国通过 30 年的努力，使冠心病的死亡率下降了 40%，脑血管疾病的死亡率下降了 50%，其中 2/3 是通过改善行为和生活方式而取得的。现在，人们通常把由行为和生活方式致病因素所导致的疾病，如心脏病、中风、癌症等慢性病称为“生活方式病”。在过去的一个世纪里，“生活方式病”已逐渐取代传染疾病，成为人类的“头号杀手”。

四、卫生保健服务因素

卫生保健服务指卫生机构和卫生专业人员针对个人、群体和社会的健康需要所提供的必要的、可能的服务。良好的卫生服务对健康起着促进作用，反之，则危害健康。良好的卫生服务包括健全的医疗卫生机构、完善的服务网络、充足的卫生资源及其合理配置与平等分配，但是卫生服务的投入与效益并非成正比，个人对卫生服务的利用能力是影响卫生服务投入与效益的重要因素，因此，对卫生服务的利用是健康教育的重要内容之一。

模块 3 健康生活方式的养成

一、危害大学生健康的行为

（一）吸 烟

吸烟是目前危害人类健康最严重的不良行为之一。这是因为吸烟是多种疾病的独立致病因素。吸烟者可患肺癌及唇、舌、口腔、喉、食道和膀胱等多种癌症，以及慢性阻塞性肺病、冠心病、溃疡病等一系列吸烟相关性疾病。从烟草中分离出的化学物质有 1200 多种，有害物质有 40 多种，它们对人体可造成多方面的危害，如导致血氧含量降低、血压升高、免疫机能下降、性功能障碍等。

吸烟对健康的影响

我国是世界烟草消费第一大国，现有的吸烟人数超过 3 亿，为全球吸烟者的 1/4。在大学生中，吸烟也较为普遍。据对大学生健康状况的调查显示，大学生吸烟率达到 36.43%，且呈现出年级越高吸烟人数越多的趋势。

（二）酗 酒

酗酒是指无节制地过量饮酒，是一种影响自身健康，造成严重后果的异常行为。根据 WHO 发布的报告《2018 年酒精与健康全球状况报告》，2016 年全球有大约 300 万人因有害使用酒精而死亡，占全球死亡总数的 5.3%。

酗酒的危害分为急性危害和慢性危害两类。急性危害有急性中毒、车祸、犯罪、斗殴、损伤、家庭不和及意外死亡等；慢性危害有慢性中毒综合征、肝硬化和精神疾患等。由此可以看到，酗酒带来的危害是十分严重的。

在日常生活中，饮酒是一种十分常见的饮食行为，在大学生群体中也是比较普遍的现象。少量饮用低度酒精饮料对身体健康状况是不会造成损害的，但无节制地过度饮酒或经常饮酒，则会给身体健康带来极大的危害，从而影响学习、生活和前程。

（三）不良饮食习惯

（1）无节制饮食方式

主要表现为暴饮暴食或忍饥挨饿，这对健康十分不利。例如，早餐不吃就去上课，随着大脑和其他器官能量的消耗，血糖就会下降。当血糖含量降低到每 100 毫升血液中不足 45 毫克时，就会严重影响脑组织的机能活动，造成全身乏力、注意力分散。暴饮暴食会使消化器官的功能发生紊乱，进而使机体代谢功能失去平衡。这两种情况长期下去都会引起许多疾病。

不健康饮食行为

（2）盲目节食

这种情况女生多于男生，她们的主要目的是减肥。限制饮食虽然可以使人消瘦，但体内的营养物质也随之匮乏，势必出现种种功能障碍或疾病，轻则头昏眼花、四肢无力，重则出现贫血、低血糖、月经失调等情况。如果所摄取的热量仅能维持其生存，而不能满足生长发育的需要，就会使身体发育受到影响，造成终身遗憾。如果过于肥胖也应制订科学的饮食方法，而只有坚持体育锻炼，才能达到美体健身的效果。

（3）偏　食

片面认定某些食物是高营养而长期偏食，导致营养摄入不均衡。例如，有的学生不肯吃肉，结果身体不能及时补充蛋白质，造成发育迟缓或发育不良；有的学生不肯吃蔬菜，引起多种维生素和矿物质的缺乏，这给成年后患高血压病、高脂血症、动脉硬化等疾病留下了隐患。

（4）不卫生的“共餐”

“共餐”是一种落后的习惯，它是传染性肠道疾病和传染性肝病传播的重要途径。虽然共餐在一定程度上能增进感情、交流思想，但极易传播疾病，明显弊大于利。我国传统的“共餐”多局限于一家人中，大学生历来是分餐的，但近些年，大学生“共餐”现象明显增加，而共用餐具与“共餐”具有同样的危害。

（四）不良性行为

现代社会文明把性道德提到了相当的高度。男女之间的爱情是人生经历中一件美好的事情，爱情同样需要讲究道德。然而，据有关调查表明，在大学生中，对待两性关系态度不严肃、性关系混乱的现象还是存在的，这对大学生的身体和心理健康极为有害，它影响人的心理健康、人格完善，影响学习乃至今后的工作和婚姻，因此，在大学生中应加强性道德教育，树立良好的恋爱观、道德观和人生观。

（五）网络成瘾

随着互联网时代的到来，网络给人们生活带来方便的同时，也产生了很多负面效应。无节制地花费大量时间和精力在网上冲浪、聊天或玩网络游戏，会降低学习和工作效率，影响生活质量，损害身体健康，导致行为异常等后果。这些消极影响引起了心理学家的关注，并将其命名为“网络成瘾”。网络成瘾是由重复地使用网络所导致的一种慢性或周期性的着迷状态，并产生难以抗拒的欲望。

网络成瘾在大学生中有所表现。据有关学者对 2169 名大学生的调查显示，有 7.4% 的学生属于准网络成瘾者，给学习、生活带来了负面的影响；有 1.6% 的学生为网络成瘾者，学习、生活出现了严重问题。

二、健康生活方式的养成

健康生活方式的养成

（一）健康生活方式养成的步骤

1. 明确目的

很多健康问题同个人的行为相关，我们要想解决健康问题，首先需要改变不良生活方式，这种积极的改变，可以使你获得最佳的健康状态。个人控制力是改变生活方式、获得最佳健康状态的关键因素。

2. 改变不良生活方式的步骤

第一步：明确需要改变的不良生活方式

例如，熬夜、不吃早餐、吸烟等。

第二步：制订目标

（1）将长期目标分解成阶段性的小目标；

（2）一次只制订几个目标；

（3）制订行为目标而不是结果目标；

（4）把目标具体化。

第三步：制订可行、翔实的目标计划

一个周密的计划应包括实施的具体时间（天数和时刻）。例如，如果制订一个每周 5 天、每天做放松练习 15 分钟的目标，日程表应标明哪 5 天、每天的什么时间去做。同时；提示物能帮助你实施计划。例如，计划是每天晚上睡觉前做深呼吸练习，可以在台灯上贴个提醒字条。

第四步：做记录

一两周后检查计划是否得到实施。如果在计划时间内，计划表上大多数日期里打了勾，说明已经走上了正轨，可以考虑制订下一步的计划。如果日程表上只有几个勾，需要找出没有完成目标的原因。常见的原因有如下几种：

（1）目标难度大，不切合实际；

（2）目标太多，短时间内无法实现；

（3）计划表与日常生活不符，需要适当调整；

（4）无法投入到制订的目标中，需要别人帮助实现目标；

（5）自控能力差。

第五步：评定和调整

如果已经完成计划表中的大部分行为，那么回到第二步重新制订一个短期目标，然后重复第三步和第四步。在多次完成短期目标之后，你可能想要制订一个长期目标，此时，才真正走上向有意义的生活方式转变的正轨。一旦新行为固化成为好习惯，就不必再将它们列为计划表中的目标。

如果不能完成计划，应该寻找前一个计划失败的原因，并调整计划使之切实可行，然后回到第一步，重新开始。

3. 寻求支持

很多时候，个人生活方式的转变离不开家人和朋友的支持。他们不仅能帮助你坚持下去，还能督促你的其他行为。有些生活方式的转变还需要专家的指导，如戒烟等。

总之，积极的生活方式的形成需要恒心，更需要一个好的开始。21 世纪的健康目标是延长健康生活的时间，它需要人们坚持不懈地保持健康的生活方式。只有每个人积极行动，再加上科学知识、专业技能、社区的支持和政府的努力，人们才能发挥最大的潜力，拥有充实、积极的生活。

（二）健康生活方式养成的五个阶段

很多人明知自己的某些生活方式不好，如吸烟、运动不足、饮食不规律等，但往往没有改变行动，或是行动半途而废。这说明，仅仅了解一些知识，对健康生活方式的养成还是不够的。

健康生活方式的养成首先需要健康行为的形成，这种健康的行为常常和健康生活方式的逐步形成有着很大关系。健康生活方式的养成非一日之功，需要有一个循环往复的过程。人们将其总结为以下 5 个不同的阶段：

（1）考虑前阶段：主要想法是“我不想变化”；

（2）考虑阶段：主要想法是“我想有些改变”；

（3）准备阶段：主要想法是“我已经准备好要改变自己的生活方式”；

（4）行动阶段：主要想法是“我的生活方式已经发生了一些变化”；

（5）保持阶段：主要想法是“我的健康生活方式很有规律”。

对于一个吸烟者来说，当他没有考虑戒烟问题时，他就处于考虑前阶段；当开始考虑戒烟时，他就处于考虑阶段了；而当他采取一些措施开始有戒烟行为时，他就进入行动阶段了；当他成功戒烟（6 个月不吸烟），则说明他维持在保持阶段。在现实生活中，我们常常看到很多人都是多次戒烟，他们不停地在这 5 个阶段中徘徊反复。

处于健康生活方式养成的保持阶段时，不容易反复经历其他阶段，此时这种行为已经融入个人的生活方式当中，而且变得很容易实现。例如，一个常年参加体育锻炼的人无须再经历一个刚刚参加体育运动的人所经历的思想斗争过程，因为这些行为已经自动化并形成了习惯。

专题二

适量运动

本章导读

体育运动是在人类发展过程中逐步开展起来的有意识地提高自己身体素质的各种活动。运动处方是以处方者个人的年龄、性别、健康状况、伤病的诊断、运动史及功能评定的结果为依据，以处方的形式建议锻炼的内容和运动量，并指出运动中要注意的事项。了解体育运动的益处，认识体育锻炼的重要性，明确体育锻炼的目标，树立终身体育意识。了解体育运动的科学方法，认识运动的误区，学习卫生常识，可取得良好的锻炼效果。制订适合自己的运动处方，可以使锻炼者有计划地参加锻炼，达到健身或康复的目的。

学习目标

- ❖ 认识体育运动对健康的影响。
- ❖ 了解运动的科学方法和卫生常识。
- ❖ 了解运动处方的相关知识。

模块1 运动对健康的影响

为什么说运动是良医

一、运动对生理机能的影响

（一）体育运动有助于运动系统的发展

运动系统是人正常生活、工作、劳动和运动不可缺少的系统。运动生理学研究表明，进行体育活动有助于人体骨骼的发育和生长；有助于增加关节的灵活和动作的幅度；有助于增大肌肉的体积和力量。

人体的身高主要与骨骼的发育水平有关。大学生在经历了青春发育的高峰期后，骨骼进入了缓慢的发展阶段，但骨化过程尚未结束，身高的变化仍存在着一定的可塑性。经常参加体育活动，可有效刺激和促进人体的新陈代谢，使骨骼的新陈代谢加强，血液供应充分，骨细胞生长能力增强，从而使骨的长度增加，骨密质增多，骨变粗，骨组织的排列更加整齐有规律，机械稳定性加强。影响身高增长的因素除体育活动之外，还有营养、作息、遗传、卫生等。

关节是构成人体形态、连接骨骼的组织结构。运动可使韧带和肌腱的柔韧性和力量增强，关节的稳定性加强，活动范围增大，从而使动作舒展大方、优美协调。

肌肉是人体运动的动力组织，也是构成健美体形的外在组成部分。苏联诗人马雅可夫斯基曾这样赞美："世界上没有任何一件衣裳比健康的皮肤和发达的肌肉更美丽。"大学生的肌肉发展特点是肌纤维由纵向发展转向横向发展。体育锻炼中，肌肉的不断伸缩可使肌球蛋白数量不断增加；可使肌肉储存水分的能力增加而有利于肌肉的氧化反应；可使肌纤维的供能中心线粒体数量增加，不易产生疲劳；可使肌肉结缔组织增厚，肌纤维的数量增加和横断面增大，肌肉的力量增大，肌肉更结实丰满。研究表明，经过长期的运动，人体肌肉的重量可由占体重的40%（女性约占35%）左右改变为50%左右，可以明显地改善身体的形态结构。

（二）体育运动能促进心血管系统机能的提高

人的心血管系统是由心脏和血管组成的，它担负着人体内新陈代谢过程的运输任务。心脏是血液循环的总动力中心。成年人的心脏重量为300～400克，心脏容积为240～250毫升，安静时心率为60～80次/分，血液总量占体重的7%～8%。大学生的心脏在形态结构和功能上，已接近成年人水平。

进行体育锻炼时，心脏毛细血管开放的数量增多，心肌的血液供应和新陈代谢加快，增加了心肌中蛋白质和糖原的贮备，心肌纤维变粗，心肌增厚，心脏的形态发生良好的变化。随着心肌收缩力量增大，心脏容量、心脏每搏输出量和每分输出量也会增加。有资料表明，每搏输出量普通人为70～90毫升，经常锻炼的人为100～120毫升；安静时普通人心率为60～80次/分，经常锻炼的人可减少到50～60次/分；

剧烈运动时，普通人的心率只能达到 180 次/分，经常锻炼者的心率可达 200 次/分。这些变化都是心血管系统机能增强的表现。

此外，经常参加体育活动还会影响血管壁的结构，改变血管在器官中的分布状态，使冠状动脉口径变粗、心肌毛细血管的数目增加，因而也是预防一些心血管系统疾病、保护心脏健康的积极手段。

体育锻炼对增进健康的作用如图 2–1–1 所示。

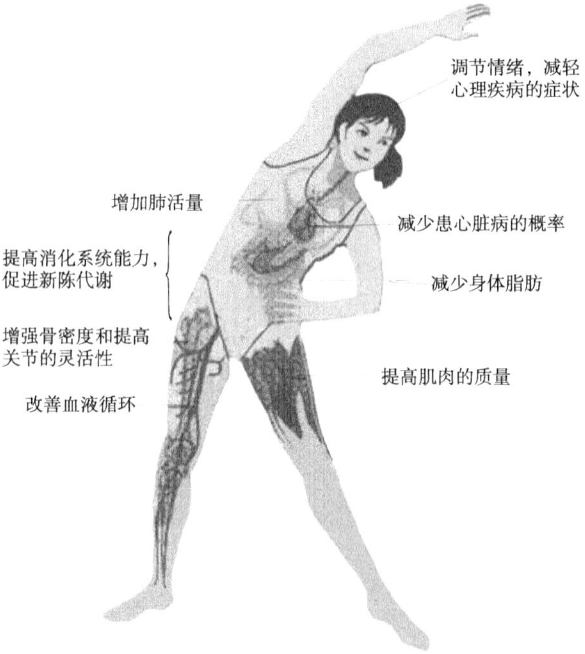

图 2–1–1

（三）体育运动能提高呼吸系统的机能

人体的呼吸系统由呼吸道（包括鼻、喉、气管和支气管）和肺组成。呼吸道是呼吸时气体的通道，肺是进行气体交换的场所。大学生肺的结构和机能迅速生长发育，呼吸肌力量逐渐加强，呼吸差、肺活量已接近成人。呼吸频率逐渐减慢，一般约为 16 次/分，呼吸深度相应增加，呼吸系统已经达到健全程度。

经常参加体育活动可使呼吸系统的机能得到增强。因为运动可保持肺组织弹性，改进胸廓活动范围，使呼吸深度加大，肺活量增加。一般成年男子肺活量为 3500 毫升左右，女子为 2500 毫升，而经常锻炼的成年男子肺活量可达到 4000 ～ 7000 毫升，女子可达到 3500 毫升左右。运动也使呼吸系统的通气和换气功能得以增强。安静时一般人的呼吸频率为 16 次/分，肺通气量 4 ～ 7 升，经常锻炼的人呼吸频率仅 8 ～ 10 次/分。在定量工作时，呼吸机能还能表现出节省化现象，能够较长时间地保持高效率工作，能够适应和满足较大运动负荷对呼吸系统的要求。

（四）体育运动能改善神经系统的机能

神经系统包括中枢神经系统和周围神经系统。中枢神经系统负责整个机体的活动。

周围神经系统散布于机体各处，上连中枢神经，下连各器官、系统，把各种刺激传给中枢神经，也把中枢神经系统的指令传到人体的各个部分。人体任何器官、系统的活动，都是在神经系统的调节、控制下完成的。大学生的神经系统处于脑细胞建立联系的上升期，大脑神经细胞的分化机能迅速发展，大脑皮质的结构和功能发生着巨大变化。

经常参加体育活动可以使人的头脑清醒，思维敏捷。大脑虽然只占人体重的2%，但它所需要的氧气却要由心脏总血流量的20%来供应，比肌肉工作时所需的血流量还要多。进行体育活动，特别是到大自然中去活动，可以改善大脑供血、供氧状况，促使大脑皮质兴奋性增强。

进行体育活动还是调节大脑皮层兴奋和抑制过程的积极有效措施。因为人体神经系统的活动就是兴奋和抑制过程的相互转换。人体进行运动时，需要肌肉不停地做出收缩和放松的反应，这一过程本身就是对神经系统兴奋与抑制机能很好地锻炼，从而使人的动作敏捷，反应灵敏迅速，思维灵活，精细果断，同时也改善神经系统对心血管系统、呼吸系统、运动系统等器官系统的调节功能，从而更好地保证大学生在校期间的学习。

二、运动对心理的影响

（一）体育运动有助于改善情绪状态

在繁重的学习压力下，有些大学生会产生忧愁、紧张和压抑等情绪反应。参加体育活动可以转变个体不愉快的意识、情绪，因为运动能够提高人的情绪唤醒水平。唤醒水平是指一个人情绪兴奋的水平，当达到一定的运动负荷时就会导致唤醒水平的提高，使人精神振奋、乐观自信、充满活力。

（二）体育运动有助于培养意志品质

意志品质是指一个人的果断性、坚韧性、自制力以及勇敢顽强和主动独立等精神。意志品质既是在克服困难的过程中表现出来的，又是在克服困难的过程中培养起来的。在体育活动过程中需要不断克服各种客观困难（如气候条件的变化、动作的难度、运动损伤等）和主观困难（如惰性、胆怯、畏惧、疲劳等），坚持参加体育活动可以培养坚强的意志品质，并能够将其迁移到学习、生活和其他工作中去。

（三）体育运动有助于培养人际交往能力

人际交往是指在社会活动中人与人之间进行信息交流和情感沟通的联系过程。人际交往能力强是一个人心理健康的重要标志之一。经常参加体育活动有助于培养学生的人际交往能力。因为体育活动增加了人与人接触和交往的机会。很多体育运动项目是以集体参与的方式表现出来的，参加运动的过程就是个人与他人紧密协作和配合的过程。

（四）体育运动有助于防治心理卫生问题和心理障碍

体育运动被公认为是一种有效的心理治疗方法。美国的一项调查显示，1750 名心理医生中，80%的人认为体育运动是治疗抑郁症的有效手段之一，60%的人认为应将体育运动作为一种治疗方式来消除焦虑症。由于学习压力和其他方面的挫折因素，导致焦虑症和抑郁症成为大学生常见的心理疾病，而通过体育运动可以减缓和消除这些心理疾病。

模块 2 运动的科学方法

一、运动的原则与方法

大学生是祖国的未来、社会的栋梁。实现“中国梦”和民族复兴的重任，不但需要他们掌握先进的科学文化知识，而且要求他们要有强壮的身体。要达到强健身体的目的，必须讲究科学锻炼身体的原则和方法。如果只凭主观热情，盲目锻炼，不仅不能取得良好的锻炼效果，有时还会损害身体健康。

（一）运动的基本原则

体育锻炼基本原则是体育锻炼客观规律的反映，也是参与者安排锻炼计划、选择锻炼内容、运用锻炼方法时必须遵循的基本准则。以下 6 项原则是人们在体育锻炼实践中总结出来的经验，为锻炼者达到理想的健身效果提供了科学的指导。

1. 自觉积极性原则

自觉积极性原则指体育锻炼者要有明确的健身目标，充分认识体育锻炼的价值，自觉积极地从事体育锻炼活动。体育锻炼的积极性是锻炼者进行自主锻炼的重要前提，是由被动锻炼转为主动锻炼的“催化剂”，是推动自我体育锻炼不断深入的内在动力。

2. 实效性原则

实效性原则是指体育锻炼时应根据锻炼者的年龄、性别、健康状况、运动基础、职业特点等实际情况，合理地选择锻炼内容、方法和安排运动负荷，科学地进行体育锻炼，以取得最佳的锻炼效果。

3. 经常性原则

经常性原则是指应长期地、不间断地、持之以恒进行体育锻炼。长期的体育锻炼能使人体的结构和机能产生适应性变化，增强体质，提高机体免疫力。短时间的体育锻炼能对身体产生一定的影响，但体育锻炼一旦停止，这种良性影响会很快消失。因此，体育锻炼贵在坚持，不能期望在短时间内取得显著效果，要想保持旺盛的体力和精力，就必须长期坚持体育锻炼。

4. 循序渐进原则

循序渐进原则是指体育锻炼必须遵循人体自然发展、逐步适应的基本规律，从实际出发，合理安排运动负荷，逐渐提高锻炼水平。在体育锻炼过程中，运动技能的学习应由易到难、由简到繁，运动量的安排应由小到大、逐渐提高。运动负荷的大小因人、因时而异。运动负荷是否适宜，对锻炼效果有很大影响。即便是同一个人，在不同的机能状态、不同的时间段，对负荷的承受能力也不尽相同。因此，进行体育锻炼时应循序渐进，随时调整运动负荷，逐步提高自己的锻炼水平。

5. 全面性原则

全面性原则是指体育锻炼必须追求身心的全面和谐发展，使身体形态、机能、身体素质及心理素质等方面得到全面协调的发展。人体是由各局部构成的一个整体，各局部均按“用进废退”的规律发展，体育锻炼能促进机体的新陈代谢，使各系统、组织、器官和谐地发展，达到身心均衡发展的完美状态。

6. 安全性原则

从事任何形式的体育锻炼都要注意安全，如果体育锻炼安排得不合理，违背了科学规律，就可能引起伤害事故的发生。安全性原则要求锻炼者在体育锻炼的过程中始终注意保护自己，做到安全第一。

（二）运动的方法

运动的方法是根据人体的发展规律，运用各种身体练习手段和自然因素来发展身体的途径和方法。运动的方法是贯彻体育锻炼原则，达到体育锻炼目的的桥梁。在运用过程中，应从实际出发，灵活应用，并注意它们的互补性，交替结合，有主有从。

1. 重复锻炼法

重复锻炼法是指按一定的负荷标准重复进行某项练习的方法。重复锻炼的次数和时间是决定健身效果的关键。确定和调节重复的次数和时间时，应考虑项目的特点和锻炼者的身体状况。

采用重复锻炼法时应注意以下几点：

（1）合理确定重复练习的要素。其中包括：重复练习的总次数，每次重复练习的距离或时间，每次重复练习的强度（如速度或重量等），每次重复练习之间的间歇时间等。

（2）切实保证每次重复练习的质量。不能因重复次数多而降低动作要求，也不能因为疲劳的出现而减少锻炼计划中规定的练习数量。

（3）克服厌倦情绪，防止机械呆板。在采用这一方法时，一方面要加强意志力锻炼，克服由于重复练习造成的枯燥感；另一方面可安排调整措施，例如，在练习前后穿插轻松活泼的辅助性练习等。

2. 间歇锻炼法

间歇锻炼法是指重复锻炼时在前后两次练习之间进行合理休整，它是提高锻炼效果的一种常用的锻炼方法。间歇锻炼的间歇时间的长短，主要以运动负荷价值阈为准。一般来说，负荷超过上限时，间歇时间应长些，以防止负荷继续上升，引起过多的体力消耗；负荷在下限时，间歇时间应短些，密度应大些。后次锻炼应在前次锻炼的效果未减退时进行，倘若间歇时间过长，在前次锻炼的效果消失后再进行后次锻炼，就失去了间歇的意义。

体育锻炼有效价值范围的心率为 120 ～ 140 次/分，运动中此心率至少应持续 5 分钟以上才能达到健身效果。

采用间歇锻炼法时应注意以下几点：

（1）正确确定间歇时间。间歇时间的长短要根据个人的身体状况和锻炼水平来确定。锻炼水平较差，承担的生理负荷较大，则间歇时间应长些；反之，间歇时间应短些。

（2）要在间歇时安排轻微活动。在间歇期应该进行积极性休息和放松，如进行慢跑、按摩肌肉和做深呼吸运动等，以此来促进静脉血流回心脏，保证机体的氧气供给。

（3）间歇锻炼法对机体承担负荷的能力要求较高，要加强对负荷承担情况的监测，如有不适，可及时调整锻炼方案。

3. 变换锻炼法

变换锻炼法是指在体育锻炼过程中，采用变换条件、变换环境、变换要求等来提高锻炼效果的一种锻炼方法。采用变换锻炼法可以有效地调节生理负荷，提高锻炼情绪，强化锻炼意志，克服疲劳和厌倦情绪。运用变换锻炼法时，常采用多种辅助性、诱导性和转移性练习，配合乐曲，利用日光、空气和水等外界条件。

采用变换锻炼法时应注意以下几点：

（1）要以锻炼的实际需要为前提。运用变换法时容易打破原有的锻炼习惯和行为定势，机体对此要有一个适应的过程。要根据长期计划的安排采用变换锻炼法。

（2）要灵活掌握变换锻炼的计划，注意积累有关材料和反馈信息。变换锻炼法由于改变常规的锻炼方式，具有尝试性，因此，必须加强锻炼过程的自我监督，视身体反应随时加以调整。要对新的锻炼方式及时观察和总结，为制订新的锻炼计划提供依据。

（3）在采用变换锻炼法时，要把注意力集中到所要解决的任务上。

4. 循环锻炼法

循环锻炼法是指把多种类型的动作和具有不同练习效果的手段组成一组锻炼项目，按照一定的顺序循环往复地进行锻炼的方法。

采用循环锻炼法时应注意以下几点：

（1）循环锻炼法所布置的各个练习点，内容搭配要选用已经掌握的简单易行的动作，同时要规定好练习的次数、规格和要求。

（2）初次锻炼者或体弱者，练习的时间不宜过长。

（3）根据自己在练习中的体力状态和身体反应，及时调整运动强度和练习方式，以防止运动损伤和过度疲劳。

（4）强调每组动作的质量，防止片面追求运动密度和数量的倾向。

5. 综合锻炼法

综合锻炼法是指在进行身体锻炼的过程中，为促进身体的全面发展，把能对身体不同部位起到不同健身效果的几个或更多的运动项目联系起来，形成一个可影响身体数个部位乃至全身所有部位的运动方法，如慢走—跳绳—立卧撑—引体向上—立定跳远等综合锻炼法。

采用综合锻炼法时应注意以下几点：

（1）根据身体锻炼的任务，选定练习组合的各项内容，使之相互配合，取长补短。

（2）合理确定各项练习的数量和次序。采用综合锻炼法时，既可将各个练习平均分配，求得均衡发展；也可确定一个中心项目，其余项目围绕此项做出适当安排。

（3）合理掌握练习间歇。综合锻炼法有两种间歇：练习间间歇和组合间间歇。练习间间歇时间较短，既作为上一项练习后的休息和体力恢复，又为下一项练习做准备；组合间间歇时间则可稍长，以保证机体能得到较充分的休息。

二、运动的卫生常识

体育运动的卫生是指为达到增强体质、增进健康的目的，改善和创造合乎生理要求的体育锻炼条件与环境所采取的卫生措施和要求。在医学知识的指导下锻炼身体，不仅能够实现自我保护，还能提高锻炼效果。

（一）体育运动的环境卫生

体育运动环境是指人们进行体育活动时的外界条件，如空气、水、场地和运动设施等，通常可分为自然环境和室内环境。无论在什么环境中从事体育运动，都应该具有空气清新、光线充足和水质洁净等卫生条件。

1. 自然环境

在环境优雅、空气清新、阳光和煦的户外进行体育运动，谁都会有一种心旷神怡之感。如果运动环境若被飘尘、二氧化硫、氮氧化合物和一氧化碳污染，随人的呼吸进入体内，便会刺激呼吸道引起呼吸功能降低和慢性支气管炎等疾病，会直接危害青少年的生长和发育。特别是在雾天、人口稠密区、交通繁忙的街道和工厂，空气中含尘埃、病菌和有害气体的数量就会更高，因此运动最好选择在运动场、湖边、海滨或树木覆盖比较浓密的地方进行。这样不仅空气的净化程度较好，而且负离子的数量也多，对增进健康和振奋精神都会有较大的好处。

长时间在高温环境中锻炼身体，极易导致因体温调节失控而中暑；如果运动环境的温度过低，会因冷空气刺激而引起感冒。室外运动时，要避免强烈日光照射，防止紫外线和红外线对人体造成损害。在强烈的阳光下活动，特别是在高原地区，应戴遮阳帽和太阳镜，以减少太阳光线对头部和眼睛的直接照射。在不影响体温调节的情况下，尽量减少皮肤被阳光直接照射的面积，或涂抹一些防晒霜，以保护皮肤。体育锻炼时，最好选择气温适宜的环境，使机体先有个适应过程。即使在适应之后，也应尽量避免在大风天、气温过低或过高等异常条件下锻炼身体。

2. 室内环境

在温度恒定、光线明亮的室内进行体育运动，会给人一种温馨舒适之感。室内环境没有阳光直接照射，加上运动人群集中，对卫生条件就有更特殊的要求。例如，体育馆光线应以不刺眼、均匀、不闪烁、不眩目、无浓影、不显著提高温度为准，放射光谱最好接近日光光谱；室内温度需控制在 23℃～25℃；有良好的自然通风条件或人工通风设备，这样才能保证室内空气足以维持锻炼者的正常生理活动。室内游泳池的水应为无色透明、无臭的清洁水。

（二）体育用品的卫生要求

体育用品是指从事体育锻炼者所需的运动服装、鞋袜等运动辅助物品，以及为保证安全锻炼而由个人准备的防护用品。体育用品必须符合卫生和安全要求。

运动服装是体育锻炼必备的物品，应具有美观大方、质地柔软和不易沾污等性能，规格要合体，并以穿着舒适、便于活动为原则。夏季服装面料应具有透气和吸湿性，最好选择针织内衣，外套则选用浅色、稍宽松的棉织品运动服；冬季温度较低，运动服装应以保暖性较好的棉织品为最佳，织物厚度则可根据地区温差及运动需要而定。

选择运动鞋袜时要注意与从事运动项目的特点相适应，与自己的脚码、脚形相一致，切忌穿得过紧或过松。应根据不同的球类运动选择运动袜。为了保护小腿，参加球类运动时，一般穿长袜；长跑用的袜子要柔软且具有透气和吸汗功能，最好是由针织或棉毛材料制成。运动鞋袜要经常洗涤、晾晒，以保持清洁卫生。

（三）体育运动过程的卫生常识

运动过程包括运动前、运动中、运动后三个阶段。为了使运动效果有利于促进身体健康，在保证适当运动负荷的同时，还必须遵循一般卫生学的原则，懂得处理符合卫生要求的有关细节问题。具体内容在前面已有叙述，此处不再赘述。

三、走出运动的误区

正确运动

（一）体重越轻越好

体重越轻越好，这种观念是错误的。

以瘦为美、瘦代表时尚是现代很多人的观点，特别是很多女孩，有时身材很匀称，甚至已经偏瘦了，还是要减肥。科学的观念是提倡健康体重，既不是越瘦越好，也不是越胖越好。关于体重，我们应该从三个方面理解：第一，肥胖有害健康；第二，减肥是要减去体内多余的脂肪；第三，体重过低同样对健康有害。

目前，人们普遍认识到了肥胖的健康危害。人体内过多的脂肪（肥胖）可引起人体的生理和心理上的一系列变化，带来许多健康危害。科学研究已经证实，超重、肥胖可增加患高血压病、脑卒中、心脏病、癌症（如乳腺癌和子宫内膜癌）、糖尿病等慢性病的风险；肥胖者更易患骨关节病、脂肪肝、胆石症、痛风和内分泌紊乱等病。同时，由于肥胖影响到体形，也带来心理的压力，产生自卑，引起心理障碍。对处于生长发育期的儿童青少年，肥胖还会影响其第二性征的发育。因此，要通过健康的生活方式保持健康的体重，如果超重或肥胖则要减肥，而减肥的主要目的是减去体内多余的脂肪。

我们也应该清楚地知道，脂肪组织是人体必需的成分，有很多重要的生理功能。

脂肪的作用主要有：保护和固定器官；保温；供给必需脂肪酸；携带脂溶性维生素并促进其吸收利用。对于青春发育阶段的女孩来讲，体脂含量尤为重要，如果体内脂肪含量不足体重的17%，就很难形成月经初潮，不利于生殖系统的发育及功能的完善；对于育龄妇女，体内一定的脂肪含量也是必需的。因此，不能简单地认为脂肪含量越少越好，而是应该保持在正常范围内。

体重过低同样人会带来健康的危害。体重过低与免疫力低下、月经不调或闭经、骨质疏松、贫血、抑郁等病症有关；孕妇体重过低还会影响宝宝的健康；体重过低也会影响未成年人的身体和智力发育。

（二）减肥就是降体重

人们往往把降体重和减肥混为一谈，这种认识是不准确的。

减肥指减去身体多余的脂肪，而降体重可能是脂肪的减少，也可能是身体瘦体重的减轻，后者不是科学的减肥方法。

人体体重包括了50%～60%的水分、15%～30%的脂肪和15%～30%的肌肉和骨骼。女性体脂控制在25%以下为宜，如果低于10%～12%，可能出现月经紊乱、缺铁性贫血和免疫力降低等一系列问题。

因此，在决定是否要减肥之前，应先测量身体成分，并特别关注体脂百分比。如果体脂百分比超过了正常的范围，则要通过运动加饮食控制的方法来降体重，减少体内的脂肪含量；如果体脂百分比并不高，即使体重大，也不必减肥。这是因为肌肉等瘦体重较大，是身体机能好的表现。

（三）不吃主食就是减肥

不吃主食就是减肥，这种观点是片面的。

主食指谷类及薯类。谷类包括米、面和杂粮；薯类包括马铃薯（也叫作土豆或洋芋）、甘薯（也叫作红薯、白薯、山芋或地瓜）、芋头和山药等。这类食物主要为我们提供碳水化合物、蛋白质、膳食纤维及B族维生素，是我国传统膳食中能量的主要来源。

随着我国经济的发展，居民膳食结构发生了很大变化，主食减少了，而脂肪和蛋白质的摄入比例相应增大。一些减肥的人更是把主食的摄入当成大敌，认为减肥就是要不吃主食，这是个误区，并且会给健康带来危害。

（1）如果脂肪和蛋白质提供的热量过高，而碳水化合物提供的热量过低，对慢性病的预防不利。碳水化合物是人体不可缺少的营养物质，它进入人体后能够很快产生能量，也是红细胞唯一可利用的能量，是神经系统、心脏和肌肉活动的主要能源，它对构成机体组织、维持器官系统的正常功能、增强耐力等都起到重要作用。可能很多人受到由美国人阿特金斯提出的低碳水化合物减肥理论的影响，选择不吃主食减肥的方法，而这种理论目前已经被证明是误导。这种方法在开始阶段是可以很快地减轻体重，主要原因是加快了体内水分的流失，而以后这种膳食减少体内脂肪的作用与其他低能量膳食并没有区别。而且，这种减肥膳食有明显的副作用，容易导致口臭、腹泻、疲劳和肌肉痉挛，并且长期坚持的后果则是增大了患心血管病的风险。

（2）碳水化合物不是血糖的唯一来源，脂肪、蛋白质等非糖类物质在人体内经过糖异生，也可转化成血糖。不论是碳水化合物还是蛋白质和脂肪，摄入过多，都会在体内变成脂肪储存起来。来自碳水化合物的能量在体内更易被利用，而来自脂肪的能量更易转变为脂肪在体内储存。

（四）跑步、游泳是有氧运动，力量练习是无氧运动

很多人以为跑步、游泳就是有氧运动，而力量练习、球类运动就是无氧运动，其实这种观点是错误的。

区分有氧运动、无氧运动的关键不在于运动的形式，而在于运动时的能量代谢方式，从能量代谢的角度来讲，有氧运动主要指运动时人体的能量供应以有氧代谢的方式进行，此时，人体吸入的氧气可以满足机体对氧气的需要量，氧气的供应达到了供需平衡。区分有氧运动和无氧运动以运动强度为标志。如果跑的速度慢，运动强度属于中小强度，此时，机体的供能形式是有氧代谢，就是有氧运动；而跑速快，如100米、200米短距离的比赛（全速跑）就是无氧运动，此时的机体供能主要以三磷酸腺苷、磷酸肌酸无氧糖酵解为主。其他的运动方式，如球类、力量练习都如此，当运动强度小以有氧代谢的方式供能就是有氧运动。

我们不能根据运动的方式简单地归纳有氧运动与无氧运动，而应根据运动强度来判别，同一种运动方式，强度大、激烈的运动就可能是无氧运动，而强度小、比较舒缓的运动就是有氧运动。

（五）运动强度越大越好

体育锻炼要因人而异。运动强度要根据每个人的锻炼目的、体质状况和运动习惯而定。既不是运动强度越大越好，也不是运动强度越小越好。

运动量过小达不到锻炼的目的，运动量过大易引起过度紧张和过度疲劳，反而对健康产生危害。过度紧张往往在一次大强度的训练或者比赛后即刻或短时间内发生，此时，运动的负荷超出了机体的耐受能力，会出现一系列反应。对于平时没有锻炼习惯、运动能力和体质水平较差的人，尤其是患有高血压病、冠心病等慢性病的人，都要特别注意循序渐进的原则。另外，一次大强度、大运动量的锻炼还易引起运动损伤。没有锻炼习惯的人，肌肉力量较弱，反应能力、协调性等较差，对身体的控制能力相对较弱，耐力水平也比较差。因此，运动强度过大或者运动量过大时，人们就容易出现肌肉拉伤、关节肌肉扭伤或者比较严重的肌肉酸痛。

适量运动

（六）运动损伤后马上揉捏或热敷

这种做法是错误的。正确的方法是冷敷、加压包扎、制动和抬高患肢。

很多人在发生了急性闭合性软组织损伤后马上就开始热敷，并且采取按摩等方法，试图减缓症状，殊不知会起到相反的作用。这样做加重了受伤部位的出血，如果盲目活动还会造成关节习惯性扭伤，关节囊、韧带松弛，继发关节病变。

发生运动损伤后应首先检查有无合并伤，有无肌肉断裂、脑震荡、内脏破裂等严重情况，然后立即送医院诊治。

模块3 运动处方的制订

一、运动处方的概念

运动处方是由康复医师、体疗师、体育教师或健身指导员等，以处方者个人的年龄、性别、健康状况、伤病的诊断、运动史及功能评定的结果为依据，为从事健身锻炼者或康复对象以处方的形式规定其锻炼的内容和运动量，并指出运动中要注意的事项，使其有计划地参加锻炼，达到健身或康复的目的。

二、运动处方的分类

按锻炼目的和对象划分：健身性、康复性、保健性。

按锻炼的作用划分：力量、耐力、柔韧性。

三、运动处方的内容

一个完整有效的运动处方应该包括健康检查、运动负荷测定、体能测定、运动处方及效果检查这几部分。制订运动处方时，应该把运动目的、运动项目、运动强度、运动时间、运动频度等纳入进来。

（一）运动目的

运动目的，即通过有目的的锻炼达到预期的效果。由于个人的情况千差万别，运动处方的目的有健身、娱乐和治疗等多种类型。

（二）运动项目

在运动处方中，为锻炼者提供最合适的运动项目关系到锻炼的有效性和持久性。选择运动项目，要考虑运动的目的是健身的还是治疗的；要考虑运动条件，如场地器材、余暇时间、气候等；还要结合体育兴趣、爱好等。

（三）运动强度

运动强度指运动的剧烈程度，是衡量运动量的重要指标之一，可用每分钟的心率次数来表示。运动强度是运动处方的核心，也是设计运动处方中最困难的部分，需要有适当的监测来确定运动强度是否适宜。

一般认为大学生运动中的心率120次/分以下为小强度，120～150次/分为中强度，150～180次/分或180次/分以上为大强度。测量运动强度的简易办法是：测量运动后10秒心率×6，就是运动时1分钟的心率。

（1）适宜运动强度范围，可用靶心率来控制：以本人最高心率的60%～80%的强度作为标准，靶心率 =（220– 年龄）×（60% ～ 80%）。

如 20 岁的靶心率是 120 ～ 160 次 / 分。

（2）最适宜运动心率，计算公式如下：

最大心率 =220– 年龄

心率储备 = 最大心率 – 安静心率

最适宜运动心率 = 心率储备 ×75%+ 安静心率

（四）运动时间

运动时间指一次锻炼的持续时间。它与运动强度紧密相关：强度大，时间应稍短；强度小，时间应稍长。除去必要的准备活动与整理活动外，有氧锻炼一般在 30 分钟左右就可以达到较好的效果。

（五）运动频度

运动频度指每周的锻炼次数。日本学者池上晴夫研究表明：1 周运动 1 次，肌肉酸痛和疲劳每次发生，运动后 1 ～ 3 天身体不适，效果不蓄积；1 周运动 2 次，酸痛和疲劳减轻，效果有点蓄积，不明显；1 周运动 3 次，无酸痛和疲劳，效果蓄积明显；1 周运动 4 ～ 5 次，效果更加明显。可见，1 周运动 3 次以上，效果才明显。

四、运动处方制订的程序

（一）一般体检

收集病史、运动史。了解运动目的、运动情况、社会环境、有无指导、对运动的期望。

（二）临床检查

身体测量和体质测定。其目的为：对现在的健康状况进行评价；判断能否进行运动或运动负荷试验；判断是否有潜在性疾病或危险因素。

（三）运动试验及体力测验

运动试验是制订运动处方的基本依据之一，常用的方法是“递增负荷运动试验”。只有运动负荷试验无异常的人才能接受体力测验（肌力、爆发力、柔韧性等运动能力和全身耐力测验）。库珀等学者的研究证明，12 分钟跑测验与最大摄氧量的相关系数最高。库珀提出的有氧代谢运动的体力测验包括走、跑、游泳三种方式，可任选其中之一，用来检查和测量心血管系统功能。需要指出的是，参加测验的人必须符合 35 岁以下，身体健康，无器质性心脏疾病和高血压病；有半年以上运动经历；按库珀介绍的锻炼计划至少运动了 6 周等条件。

（四）制订运动处方，安排锻炼计划

运动处方中需要制订出运动目的、运动种类、运动强度、运动时间、运动频率、

运动量和运动进程。

（五）善后工作和复查

与检查者保持联系，及时掌握运动处方运用的情况以及用后的反应，运动处方可根据实际情况做出相应的调整。

五、大学生运动处方示例（表2-3-1）

表 2-3-1 个人运动处方

姓名：罗明	性别：男	年龄：20	专业：艺术设计
体育爱好	羽毛球，篮球，电子竞技		
健康检查	身高 1.75 米，体重 100 千克，肺活量 4200 毫升，1000 米平均成绩 5 分 50 秒，仰卧起坐 30 个 / 分，引体向上 0 个 / 分。无过往病史，体质一般，体能较差，身体肥胖，心肺功能稍差		
运动目的	降脂减肥，增强体质		
运动项目	中速跑：12 分钟，跑后拉伸 俯卧撑：3 × 15 个（早晚各一次） 仰卧起坐：3 × 30 个（早晚各一次）		
运动时间	周一至周五：早 30 分钟，晚 30 分钟（周期：18 周）		
运动频率	每周 5 次		
运动强度	由小逐渐加大，心率在靶心率范围		
注意事项	跑步前做好准备运动，跑步后充分拉伸肌肉或按摩；跑步前期要循序渐进，可走跑结合，量力而行，控制呼吸；注意控制饮食和补水		

专题三

运动损伤

本章导读

随着人们对体育锻炼的重视，运动健身已经成为人们生活中不可缺少的内容。在运动给自身带来健康、快乐的同时，也不能忽视运动过程中潜在的安全隐患与损伤风险。只有掌握一定的运动损伤处置和急救方法，预防运动损伤的发生，才能更好地进行自我保健。

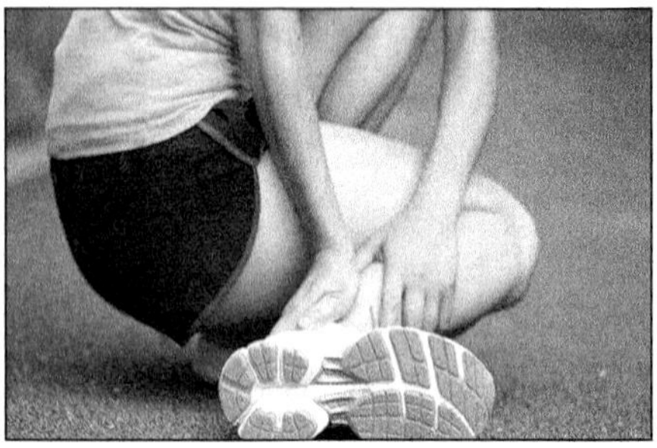

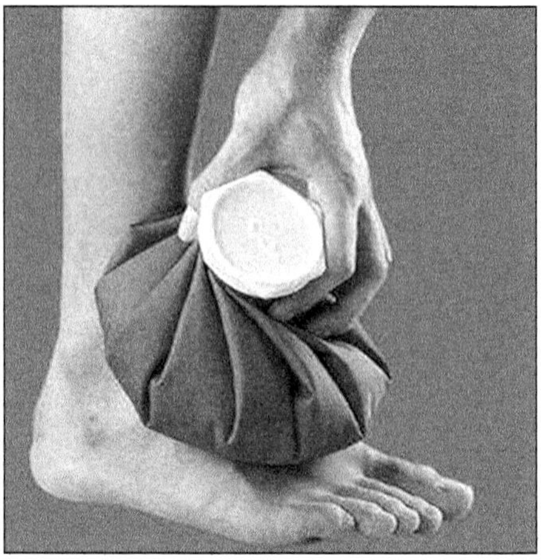

学习目标

- ❖ 了解运动损伤的处置方法。
- ❖ 掌握不同运动损伤的急救方法。
- ❖ 掌握运动中的自我监督和消除疲劳的方法。

模块1 运动损伤的处置

运动损伤分为开放性损伤和闭合性损伤。运动损伤的处理原则，一般分为前、中、后三个阶段。对于急性损伤前期（24 小时以内）的处理原则是制动、止血、防肿、镇痛，即减轻炎症。可根据具体情况选用一种处理方法或几种处理方法并用。

一、开放性软组织损伤的处置

常见的开放性软组织损伤有擦伤、切伤、刺伤和撕裂伤，局部皮肤或黏膜破裂，伤口与外界接触，常见组织液渗出或血液自伤口流出。紧急处理的原则是及时止血和处理伤口，预防感染。

（一）擦　伤

擦伤多发生在摔倒时。对于伤口较脏的擦伤可先用生理盐水洗净伤口，然后再用酒精棉球或碘伏消毒。伤口较浅、面积较小的擦伤无须包扎。

（二）切伤与刺伤

切伤与刺伤的伤口往往较深、较小。如果伤口较脏，除了进行伤口的止血、消炎、包扎外，还要注射破伤风抗毒素。

（三）撕裂伤

撕裂伤中以头部、面部皮肤伤较多见，例如拳击运动中，眉弓被对方肘部碰撞而引起眉际皮肤撕裂等。若撕裂的伤口较小，经消毒处理后，贴上创可贴即可；若撕裂伤口较大，则须止血，缝合伤口；若伤情和污染较重，应注射破伤风抗毒素。

二、闭合性运动损伤的处置

（一）挫　伤

（1）征象：挫伤多发生在头部、胸部、四肢，因为这些地方经常暴露在外，常会遇到碰、跌、撞、打、摔等意外情况，受伤后一般表现为局部红肿、疼痛、青紫淤血、功能障碍。

（2）原因：首先是运动前准备活动做得不够，肌肉、关节没有得到充分的活动；其次是活动时用力过猛，超过了肌肉、关节和韧带的负荷限度。

（3）处置：应根据情况及时处理挫伤。如果受伤部位红肿、疼痛，可先用冷水或冰进行局部冷敷，抬高受伤部位，必要时加压包扎，24 小时后改用热敷，用按摩来活血、消肿、止痛。伤势减轻后再做针对性的活动，使关节、肌肉恢复功能，如下蹲、弯腰、举腿等，可以避免伤后关节不灵活或发生肌肉萎缩。

（二）肌肉损伤

（1）征象：如果是细微的肌肉损伤，则症状较轻；如果是肌纤维完全断裂，则症状较重。其一般表现为伤处疼痛，局部肿胀、压痛，肌肉紧张或抽筋，伤后肌肉功能减弱或丧失。

（2）原因：准备活动不充分，肌肉的生理机能尚未达到剧烈活动所需的状态就参加剧烈活动；体质较弱，运动水平不高，肌肉的弹性、伸展性和力量较差；疲劳过度也可能导致肌肉损伤。

（3）处置：肌肉损伤治疗要根据具体情况而定，少量肌纤维断裂者，应立即采取局部冷敷、加压包扎等措施，并抬高伤肢。对于肌肉大部分或完全断裂者，应在加压包扎后立即送医院进行手术缝合。

（三）关节韧带损伤

（1）征象：关节韧带损伤后，一般表现为压痛、自感疼痛，轻者发生韧带部分纤维的断裂，重者韧带纤维完全断裂，引起关节半脱位或完全脱位，从而出现关节功能障碍。

（2）原因：上肢关节以肩关节、肘关节、腕关节损伤最为常见，例如，掷标枪引枪后的翻肩动作错误造成肩关节、肘关节扭伤；下肢关节以髋关节、膝关节、踝关节损伤较多，如从高处跳下，平衡、缓冲不够，使膝关节、踝关节受伤；做“下桥”练习时，过分提腰造成腰椎损伤等。

（3）处置：发生关节、韧带扭伤应当在24小时内采用冷敷，必要时加压包扎，24小时后采用理疗、热敷、按摩、针灸治疗，待疼痛减轻后可增加功能性练习。对急性腰部损伤，如果出现剧烈疼痛，切不可轻易处理，应让患者平卧，并用担架送至医院就诊。

（四）关节脱位

（1）征象：因受外力作用，关节面失去正常的连接关系称为关节脱位，又称脱臼。关节脱位可分为完全脱位和半脱位（或称错位）两种。关节脱位后常出现畸形，与健肢相比不对称，表现为局部疼痛、压痛和关节肿胀，并失去正常活动功能，甚至发生肌肉痉挛等现象。

（2）原因：运动中发生的关节脱位大都是间接外力撞击所致。例如，摔倒时用手撑地，引起肘关节或肩关节的脱位。

（3）处置：用长度和宽度相称的夹板固定伤肢。如果没有夹板，可将伤肢固定在自己的躯干或健肢上，防止震动，随后及时送医院治疗。必须指出的是，如果没有把握做整复处置，切不可随意做整复手术，以免增加进一步的伤害。

（五）脑震荡

（1）征象：受伤时表现为神志不清、脉搏徐缓、肌肉松弛、瞳孔稍大但能对称、神经反射减弱或消失；清醒后患者常有头痛、头晕、恶心感；平时情绪烦躁，注意力不易集中，出现耳鸣、心悸、多汗、失眠、记忆力减退等。

（2）原因：脑震荡是指头部受到外力打击后，大脑管理平衡的膜半规管、椭圆囊、球囊等感应器官机能失调，引起意识和机能的暂时性障碍。体育锻炼时，两人头部相撞、撞击硬物或从高处跌下时头部撞地，都可能造成脑震荡。

（3）处置：立即让患者平卧，头部冷敷；若有神志不清，则指压人中、内关、合谷穴；若呼吸发生障碍，立即进行人工呼吸。完成上述处理后，若出现反复昏迷或耳鼻口出血，两瞳孔放大且不对称时，则表明病情严重，应立即送至医院救治。在运送途中，要让伤者平卧，头部固定，避免颠簸。

轻微的脑震荡一般都可自愈，无须住院治疗，但要注意休息，保持情绪稳定，减少脑力劳动。

模块2　运动损伤的急救方法

一、心肺复苏

（一）心肺复苏的概述

当人突然发生心跳、呼吸停止时，必须在4分钟内建立基础生命支持，保证人体重要脏器的基本血氧供应，直到建立高级生命支持或自身心跳、呼吸恢复为止，其具体操作即心肺复苏。

心跳、呼吸骤停是临床上最紧急的情况，70%以上的猝死发生在进入医院之前。心跳停止4分钟内进行心肺复苏，并于8分钟内进行进一步生命支持，则病人的生存率约为43%。心肺复苏强调黄金4分钟，通常4分钟内进行心肺复苏，有32%的概率能救活病人，4分钟以后再进行心肺复苏，只有17%的概率能救活病人。

心肺复苏是针对呼吸心跳停止的急症危重病人所采取的抢救关键措施，即胸外按压形成暂时的人工循环并恢复病人的自主搏动，采用人工呼吸代替自主呼吸，快速电除颤转复心室颤动，以及尽早使用血管活性药物来重新恢复自主循环的急救技术。心肺复苏的目的是开放气道、重建呼吸和循环。人们只有充分了解心肺复苏的知识，并接受过此方面的训练后才可以为他人实施心肺复苏。

（二）心肺复苏的操作步骤与方法

如果是专业医护人员，要求其在10秒内做出是否有脉搏的判断；对一般非专业医务人员不要求检查脉搏。在新的《心肺复苏指南》中，心肺复苏的顺序是：胸外按压（C）、开放气道（A）、人工呼吸（B）。具体操作步骤与方法如下：

1. 判断意识与呼吸

一般来说，事故发生后首先要进行的是意识的诊断，也就是检查病人是否有反应。

如何判断病人有没有反应呢？我们可以用双手轻拍病人的肩膀，然后对其侧耳根部大声呼喊“喂，你怎么了，需要帮助吗？”等。如果伤病员有意识，则保持康复体位；如果通过这种方法病人仍没反应，说明病人意识已经丧失，接着，检查呼吸，观察病人胸部起伏 5 ～ 10 秒，以判断病人呼吸状况，确定患者是否有呼吸以及呼吸是否正常（无呼吸或仅仅是喘息），以尝试区分濒死喘息的患者（需要心肺复苏的患者）以及可正常呼吸且不需要心肺复苏的患者。（图 3–2–1）

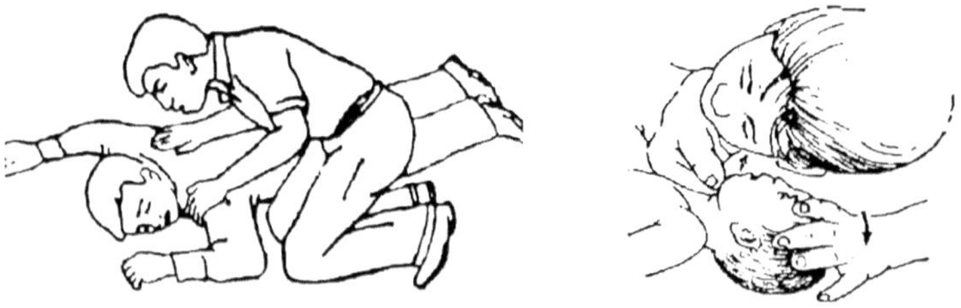

图 3–2–1

2. 呼喊求救

在经过判断后，应尽快呼救。呼喊附近可以帮忙的人，同时拨打“120”急救电话。

3. 调整体位

调整体位是针对需要进行心肺复苏的患者，如果病人突然没有意识了，同时大动脉波动消失，具备这两点就要做心肺复苏。在抢救的时候需要注意病人的体位，病人发生意外时可能什么姿势都有，而我们需要把病人摆放成仰卧位，因为只有在仰卧位时才能进行有效抢救。在我们搬动病人使之成为仰卧位时，不可避免地要移动病人，在移动时一定要注意保护病人的颈部，应该托住病人的颈部进行轴向搬动，同时要解开病人的衣服和裤带。（图 3–2–2）

图 3–2–2

4. 胸外按压

胸外按压是利用人工的力量，间接压迫心脏，使心脏被动地收缩和舒张，维持血液循环。

按压位置：剑突上两横指，两乳头连线的中点，先沿着肋弓找到剑突，再确定按压部位。抢救者将一手的中指沿病人一侧的肋弓向上滑移至双侧肋弓的汇合点，中指定位于此处，食指紧贴中指并拢，以另一手的掌根部紧贴食指平放，使掌根的横轴与胸骨的长轴重合。此掌根部即为按压区，固定住不要移动。此时可将定位之手重叠放在另一只手的手背上，双手掌根重叠，十指相扣，使下面手的手指抬起，以避免按压时损伤肋骨。双臂绷直，用上身力量用力按压。（图 3–2–3）

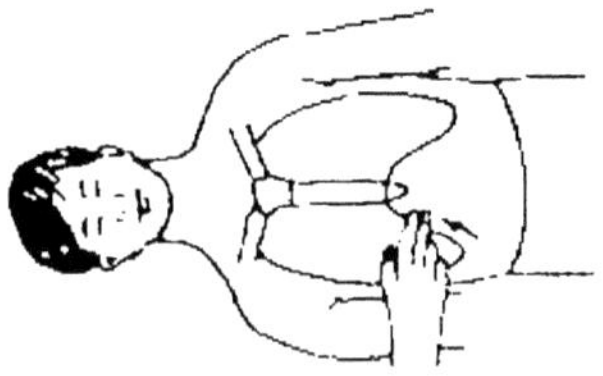

步骤 1
中指沿肋弓向上滑移

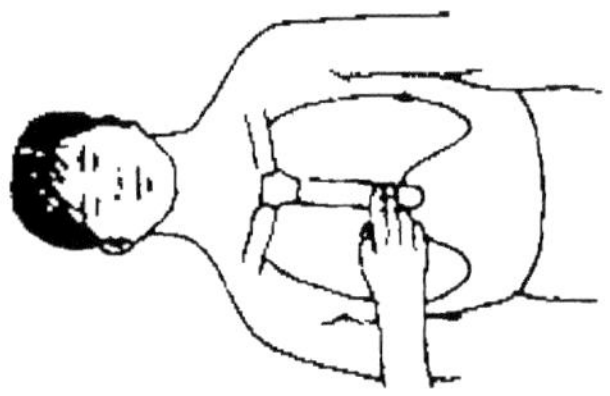

步骤 2
中指触到剑突

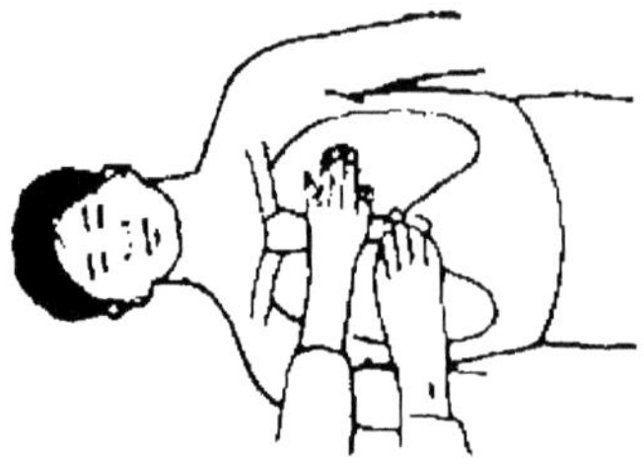

步骤 3
另一手掌根部紧贴食指放在胸骨上

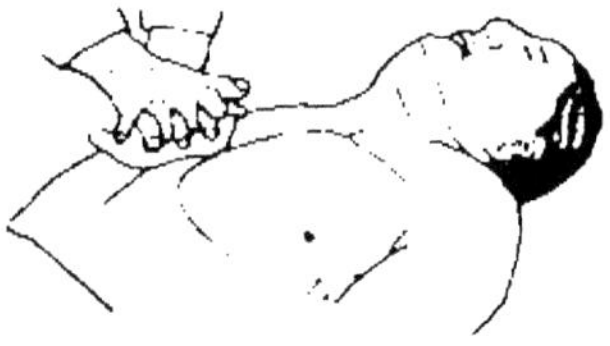

步骤 4
四指交叉抬起不接触胸壁进行按压

图 3–2–3

5. 打开气道

开放气道时，要注意观察患者口腔里有没有分泌物和异物，有异物要及时清理，如有假牙一并清除，畅通气道。开放气道手法主要有仰面抬颌法和托下颌法两种。《心肺复苏指南》推荐在未确定颈椎损伤时，使用仰面抬颏法开放气道，当高度怀疑颈椎损伤时，使用托颌法。因为后者难度较大，不利于进行人工通气，使用不当易导致气道阻塞，故一般情况下不建议使用该方法。

（1）仰面抬颌法

把一只手放在患者前额，用手掌把额头用力向后推，使头部向后仰；另一只手的手指放在下颌骨处，向上抬颌，使牙关紧闭。向上抬动下颌时，勿用力压迫颈前部颌下软组织，否则有可能造成气道梗阻，避免用拇指抬下颌。（图 3–2–4）

（2）托下颌法

把手放在患者头部两侧，肘部支撑在患者躺的平面上，握紧下颌角，用力向上托下颌。如患者紧闭双唇，可用拇指把口唇分开。如果需要行口对口呼吸，则将下颌持续上托，用面颊贴紧患者的鼻孔。（图 3–2–5）

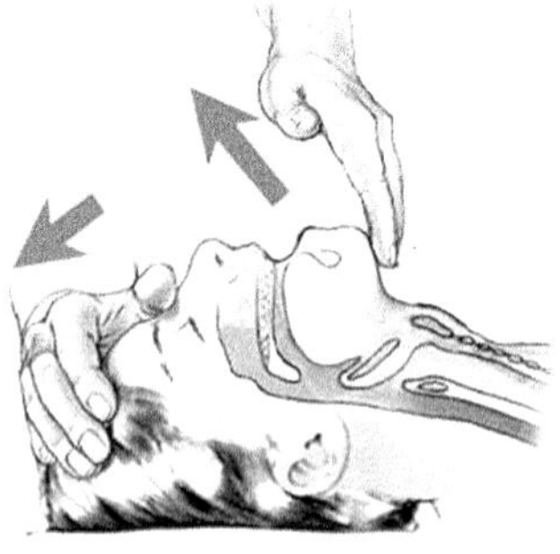

图 3–2–4

图 3–2–5

6. 人工呼吸

开放气道后进行人工通气。如果在医院外，可以进行口对口人工呼吸，吹气的量不能太大或太急促，在平静状态下给病人吹气，每次吹气 1 秒，间隔 1 秒再进行第二次吹气。连吹两口气之后立即进行按压胸部，对成人患者的压通气比为 30 ∶ 2，即每按压 30 次吹气两次，这是 1 个人在现场的操作方法；如果是两个人，则 1 人负责按压 1 人负责通气，切勿按压和通气同时进行。一直等到急救车到来，也就是在医务人员来之前我们需要按照“判断意识—呼救—胸外按压—开放气道—人工呼吸”的程序进行抢救，在这期间不能耽误时间，否则会直接影响心肺复苏的效果。

口对口人工呼吸时要用一手将病人的鼻孔捏紧（防止吹气气体从鼻孔排出而不能由口腔进入到肺内），深吸一口气，屏气，用口唇严密地包住昏迷者的口唇（不留空隙），注意不要漏气，在保持气道畅通的操作下，将气体从病人的口腔吹入到肺部。吹气后，口唇离开，并松开捏鼻的手指，使气体呼出。观察人的胸部有无起伏，如果吹气时胸部抬起，说明气道畅通，口对口吹气的操作是正确的。（图 3–2–6）

图 3–2–6

对不能经口通气的病人应用口对鼻人工呼吸，通常是口唇不能被打开、口腔严重损伤、口不能完全被封住等情况。其操作方法是：首先开放患者气道，使其头后仰，用手托住患者下颌使其口闭住。深吸一口气，用口包住患者鼻部，用力向患者鼻孔内吹气，直到其胸部抬起，吹气后将患者鼻部松开，让气体呼出。如吹气有效，则可见到患者的胸部随吹气而起伏，并能感觉到气流呼出。

二、骨折固定

固定对骨折、关节严重损伤、肢体挤压伤和大面积软组织损伤等可以临时减轻痛苦，减少并发症，且有利于伤员的运送。对开放性软组织损伤，应先止血再包扎。固定时要松紧适度，牢固可靠。固定技术分外固定和内固定两种。医院外急救多受条件限制，只能做外固定。目前最常用的外固定有小夹板、石膏绷带和外展架等。

（一）骨折的判断

骨折后常有下列专科体征：

1. 畸　形

由于骨折移位，使得受伤肢体的形状发生改变。

2. 反常活动

在肢体没有关节的部位出现不正常的活动。

3. 骨擦音或骨擦感

骨擦音或骨擦感由骨折两断端的相互摩擦引起。

只要伤员有上述三种体征之一，即可诊断为骨折。除此之外，骨折还有一般表现，即骨折部位出现疼痛和压痛，局部有肿胀、淤斑，骨折部位出现功能障碍。有上述表现者，应诊断有骨折或怀疑有骨折存在，均应固定。

（二）骨折急救固定法

1. 锁骨骨折固定法

3 条三角巾折叠成宽带，双肩腋下填上软布团或棉花团，然后用两条宽带分别绕过伤员两肩在背后打结，形成两个肩环，再用第三条宽带在背后穿过两肩部，拉紧打结，最后将两前臂缚扎固定或将伤侧肢体挂在胸前。（图 3–2–7）

2. 肱骨干骨折固定法

将两块长短、宽窄适宜的有垫夹板，分别放在伤臂的内侧和外侧，屈肘 90°，用三四条宽带将骨折上下部缚好，再用小悬带把前臂挂在胸前，最后用宽带或三角巾将伤臂固定于体侧。（图 3–2–8）

3. 前臂骨折固定法

用两块有垫夹板分别放在前臂的掌侧和背侧，前臂处于中立位，屈肘 90°，用三四条宽带缚扎夹板，再用大悬臂带把前臂挂在胸前。（图 3–2–9）

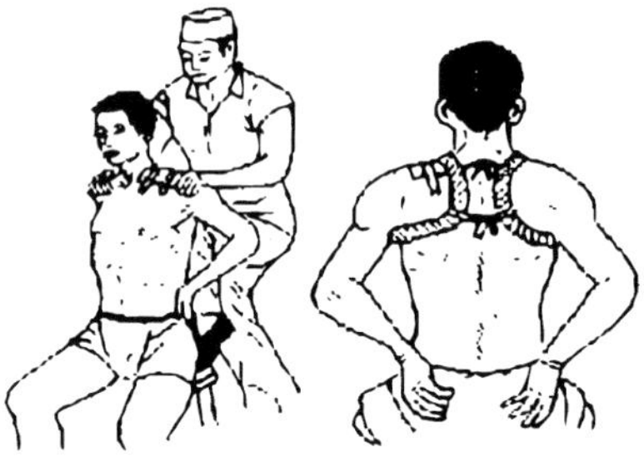

图 3–2–7

图 3–2–8

图 3–2–9

4. 手腕部骨折固定法

用 1 块有垫夹板放在前臂和手的掌侧，手握绷带卷，再用绷带缠绕固定，然后用大悬臂带把患臂挂于胸前。（图 3–2–10）

5. 股骨骨折固定法

用两块长夹板放在伤肢的内侧和外侧，内侧夹板上包大腿根部，下至足跟；外侧夹板上至腋下，下达足跟，然后用 5 ～ 8 条宽带固定夹板，在外侧打结。（图 3–2–11）

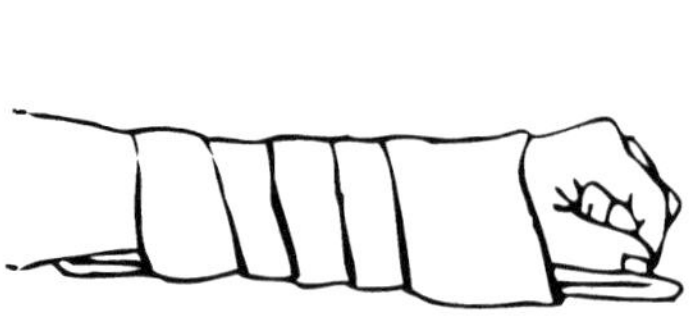

图 3–2–10

图 3–2–11

6. 小腿骨折固定法

用两块有垫夹板放在小腿的内侧和外侧，两块夹板上至大腿中部，下至足部，然后用四五条宽带分别在膝上、膝下及踝部缚扎固定。（图 3–2–12）

7. 踝足部骨折固定法

取 1 块直角夹板置于小腿后侧，用棉花或软布在踝部和小腿下部垫妥后，用宽带分别压在膝下、踝上和足跖部缚扎固定。（图 3–2–13）

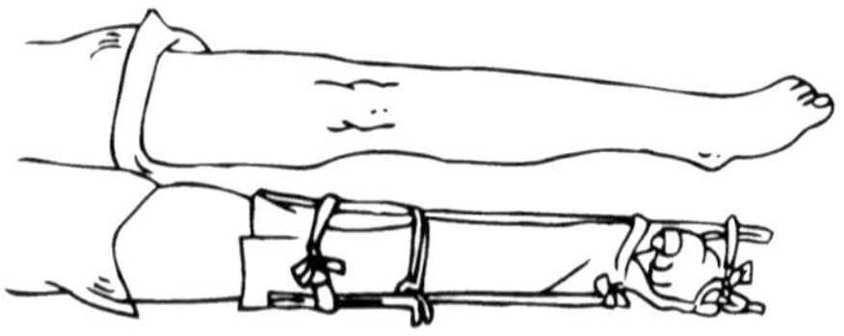

图 3–2–12

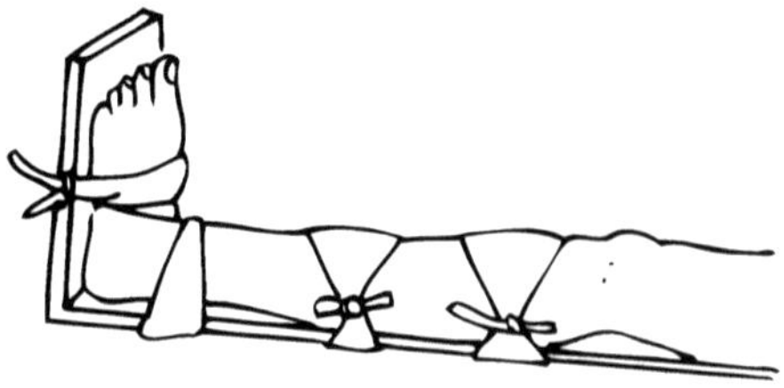

图 3–2–13

8. 胸腰椎骨折固定法

疑有胸腰椎骨折，尽量避免骨折处移动，以免损伤脊髓。用硬板担架或门板轻轻移伤员至木板上，取仰卧位，用数条宽带缚扎伤员于木板上。若为软质担架，则令伤员采取俯卧位，使脊柱伸直，禁止屈曲，送至医院。（图 3–2–14）

9. 颈椎骨折固定法

务必使伤员头部固定于伤后位置，不屈、不伸、不旋转等，数人合作将伤员抬至木板上，头部两侧用沙袋或卷起的衣服垫好固定，用数条宽带把伤员缚扎在木板上。否则，有引起脊髓压迫的危险。（图 3–2–15）

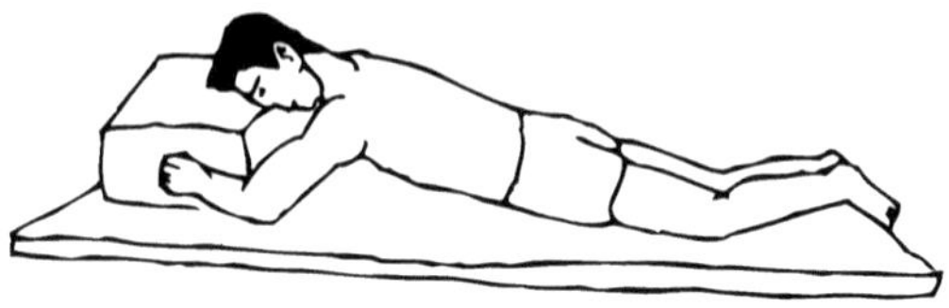

图 3–2–14

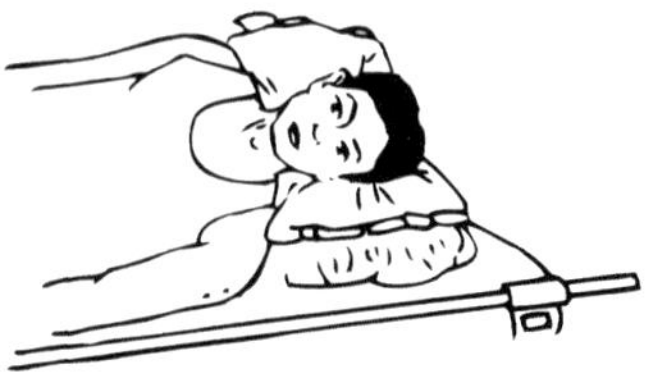

图 3–2–15

（三）固定注意事项

（1）遇有呼吸、心跳停止者先采取心肺复苏措施；出血休克者先止血，病情有根本好转后进行固定。

（2）院外固定时，对骨折后造成的畸形禁止整复，不能把骨折断端送回伤口内，只要适当固定即可。

（3）代用品的夹板要长于两头的关节并一起固定。夹板应光滑，夹板靠皮肤一面最好用软垫垫起并包裹两头。

（4）固定时应不松、不紧而牢固。

（5）固定四肢时应尽可能地暴露手指（足趾）以观察是否有指（趾）尖发紫、肿胀、疼痛和血液循环障碍等。

三、止血法

血液是维持生命的重要物质。健康人的血容量占体重的 7% ～ 8%，若急性大出血达量总血量的 20%，即可出现面色苍白、头晕、乏力、口渴等急性贫血症状；若出血超过全身总血量的 30%，即可危及生命。因此，对于外出血的伤员，尤其是大动脉出血者，必须立即止血。常用的止血方法有以下几种：

（一）压迫止血法

1. 间接指压法

这一方法简便有效，可用于浅部动脉出血，方法正确可即刻止血。需要注意，动脉出血时指压伤口的近心侧，静脉出血时指压伤口的远心侧。常用的压迫止血点如下：

（1）头部出血：头顶、额部及颞部出血，压迫颞动脉。压点在耳前，用手指正对颧骨后端骨面压迫。（图 3–2–16）

（2）面部出血：压迫颌外动脉，压点在下颌角前约 3 厘米处。（图 3–2–17）

（3）颈部出血：压迫颈总动脉，压点在甲状软骨外搏动处。注意不要同时压迫两侧的颈总动脉，以免引起大脑出血。（图 3–2–18）

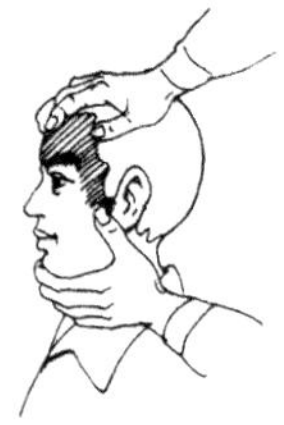
图 3–2–16

图 3–2–17

图 3–2–18

（4）上肢出血：腋部和上臂出血时压迫锁骨下动脉，压点在锁骨上方，胸锁乳突肌外缘。前臂出血压迫肱动脉，使患肢外展，用拇指压迫上臂内侧上 1/3 处。（图 3–2–19）

（5）下肢出血：大腿部出血压迫股动脉，压点在腹股沟中点该动脉搏动处。（图 3–2–20）

图 3–2–19

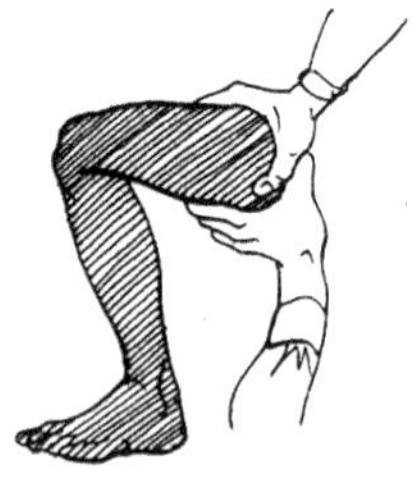
图 3–2–20

2. 加压包扎法

加压包扎法适用于小静脉和毛细血管出血。方法是将伤口消毒后，用无菌敷料覆盖，再用丝布等折叠成相应大小的垫，置于无功敷料上面，最后，用绷带紧紧包扎，以止血为度。

3. 加垫屈肢止血法

加垫屈肢止血法用于肢体（如前臂、手和小腿、足部）出血。将棉垫或绷带卷放在肘窝或膝关节窝上，令肘关节或膝关节尽量弯曲，再用绷带做“8”字形包扎。

（二）止血带止血法

止血带止血法适用于四肢动脉大出血、创面大或不整齐时。常用皮管、橡皮带、气压式止血带等工具来止血，亦可根据现场情况来选材止血，比如用布带、手帕、领带、长袜等折叠成带状或用衣服撕成布条，宽度至少在5厘米以上，用作代止血带。使用止血带的施救者应受过专业训练。

方法：用止血带在出血部位的近端（近心侧）扎紧（上肢应在上中1/3交界处；下肢在靠近大腿根部），止血带松紧要适度，以伤口停止出血为度。

使用止血带时，还应注意下列事项：

（1）应先抬高肢体，结扎后肢体远端应呈蜡白色，如果出现紫红色表示方法不当；

（2）应在止血带与皮肤之间加垫衬软物，以防止皮肤损伤或肢体麻痹等；

（3）松紧要适宜，冬季要注意伤肢保温；

（4）上止血带的时间不宜过久，记录下使用止血带的时间，并标志于显眼处。上肢每隔30分钟、下肢每隔1小时左右放松1次（冬季间隔要短些），每次放松两三分钟（此时用指压法暂时止血），以免时间过久引起肢体坏死，此时须重新标明时间；

（5）松解时要缓慢，以防凝结在血管破裂处的血块脱落。

（三）充填止血法

充填止血法多用于躯干部位的大伤口，运动中很少使用，多用盐水纱布充填伤口压迫止血。

模块3 运动损伤的预防

一、运动中的自我监督

自我监督又称自我检查，是健身爱好者在体育锻炼过程中，为了保证锻炼的有效进行，主动观察自己身体变化而采取的一种措施。经常性地进行自我监督，可以及时掌握锻炼的效果，掌握身体发展、变化情况，对于增进信心、坚持科学锻炼、防止运动过量或不足、养成良好的运动卫生习惯等有重要意义。自我监督包括主观感觉和客观检查两部分。

（一）自我感觉

身体锻炼的效果，主要取决于锻炼刺激的适宜程度、刺激量的大小。人们可以从自身身体的变化感觉来监测锻炼的合理与否，如从锻炼中的排汗量判断能量的消耗情况；从锻炼时注意力是否集中，判断大脑的兴奋度和心理负荷；从肌肉的酸痛和疲劳程度，判断生理负荷的大小等。同时，还可以从锻炼前后的食欲好坏、睡眠质量高低、疲劳消除快慢来判断机体恢复情况；从学习效率的高低、情绪的好坏等情况来鉴定心理负荷是否适量。应该指出，在对各种自我感觉进行综合评价的同时，也应对“量”进行动态分析，它是随着锻炼系统长期的进行、体质的增强而不断变化提高的。

表 3–3–1 是锻炼者运动前后进行自我监督的评价内容。

表 3–3–1　自我感觉监督评价表

负荷量			不足	适量	过量
自我感觉	锻炼中	喘息	小	中等	急剧
		汗量	无	少许	汗流浃背
		疲劳	无	稍感	疲惫不堪
		协调	不够	协调	不协调
		注意力	一般	集中	分散
	锻炼后	食欲	不变	增加	无食欲
		睡眠	不变	良好	失眠多梦
		疲劳	无	适宜	疲惫不堪
		情绪	不变	良好	不好
		注意力	不变	集中	分散

体育锻炼与运动员的运动训练不同，锻炼时轻松自如，并有一种满足感是监测锻炼者运动量的一项主观指标。锻炼后有适当的疲劳感，而且对运动保持浓厚的兴趣，说明运动量适合机体的机能状况；如果运动时气喘吁吁、呼吸困难，运动后极度疲劳甚至厌恶运动，则说明运动量过大，应及时调整运动量。

（二）客观检查

1. 脉搏率（脉率）

脉搏率变化，特别是晨间基础脉搏率的变化情况，对判断身体功能与健康水平有着很重要的意义，这种方法简单易行，易于掌握。

晨脉是指每天早晨清醒后（不起床）的脉搏数。晨脉的测量应在早晨起床前进行，具体方法是仰卧测 30 秒的脉搏数再乘以 2，即为每分钟的脉率，这样测量误差较小。一般无特殊情况，每个人的晨脉是相对稳定的。如果体育锻炼后，第二天的晨脉基本不变，说明身体状况良好或运动量合适；如果体育锻炼后，第二天的晨脉比以前增加 5 次/分以上，说明前一天的活动量偏大，应适当调整运动量；如果长期晨脉增加，则表明近期运动量过大，应该减少运动量，或暂时停止体育锻炼，待晨脉恢复正常时，再进行体育锻炼。

在脉搏率测量过程中，既要注意频率的变化，也要注意节律的变化。健康人的心率正常值在 60 ~ 100 次/分之间。年龄越小，心率越快。一般情况下，经常参加体育锻炼的人，安静时脉搏频率较缓，在 55 次/分左右。在锻炼过程中，若脉率比过去减少或变化不明显，且节律齐，就表明锻炼者身体功能良好，锻炼还有潜力。如果发现脉搏跳动节律不齐或有间歇性的停跳现象，应做具体分析。

2. 体　重

参加体育锻炼后，体重一般有下列变化：刚参加运动的人，由于身体里的水分和脂肪大量消耗，体重下降；经过一段时间的锻炼，体重比较稳定，运动后减轻的体重能够完全恢复；长期坚持锻炼的人，肌肉逐渐发达起来，体重有所增加，而且保持一定水平。自我监督时，每周可测 1 次（每次测定一般应安排在每周的同一个时间），只要按照以上三个阶段发展，即为正常情况。

3. 肺活量

运动能使呼吸功能显著增强，肺活量的大小在一定程度上反映出呼吸功能的好坏。经常参加锻炼，能使肺活量增加，但在过度训练时，肺活量就会减少。

4. 运动成绩

坚持合理锻炼，运动成绩应逐步提高或保持在一定水平上，如果运动成绩反而下降，就要从锻炼方法、运动量安排、身体健康等方面找原因。

二、运动后的疲劳消除

（一）运动性疲劳的产生和表现

参加体育运动和比赛到一定的程度，人体会产生工作能力的暂时性下降，这种现象称为运动性疲劳。疲劳时，机体的工作能力下降，经过一段时间的休息，工作能力就会恢复，只要不是过度疲劳，并不损害机体的健康。运动性疲劳是一种生理现象，是机体的一种保护性机制，它可以避免机体因过度劳累而导致健康受损。如果机体经常处于疲劳状态，前一次疲劳还没有消除，新的疲劳又产生了，就有可能产生疲劳的积累，出现过度疲劳。如果机体长时间处于过度疲劳状态，则有可能使机体内器官功能下降，机体免疫力下降，健康水平降低。若在运动后能采取一定的措施，则可以及早消除疲劳，使体力很快得到恢复。

运动性疲劳的表现：肌肉力量开始下降，肌肉收缩和放松速度减慢。动作僵硬、不协调，神经反应速度减慢，动作迟钝，注意力不集中，动作变形，失误增多，肌肉痉挛或疼痛，同时机体还会出现呼吸困难、呼吸节律紊乱、口干、心悸、恶心甚至呕吐等。

（二）运动性疲劳的判定

判断运动性疲劳的出现及其程度，对科学地锻炼身体、增强体质，合理地安排运动强度及提高运动成绩都有着重要的意义。在学校体育运动和自我锻炼中，可采用比较简易的方法来判断运动性疲劳及其程度。（表 3-3-2）

表 3-3-2 运动性疲劳的判定

内 容	轻度疲劳	中度疲劳	重度疲劳
自我感觉	无任何不适	疲乏、腿痛、心悸	除疲乏、腿痛、心悸外，还有头痛、胸痛、恶心，甚至呕吐等症状，有些症状存在的时间较长
面 色	稍 红	相当红	十分红或苍白，有时呈紫色
排汗量	不 多	稍多，特别是肩带部位	非常多，尤其是整个躯干部分，在汗衫和衬衣上可出现白色盐迹
呼 吸	中度加快	显著加快	显著加快，并且表浅（其中有少数深呼吸出现），有时呼吸节奏紊乱
动 作	步伐轻稳	步伐摇摆不稳	摇摆现象显著，在行进时掉队，出现不协调动作
注意力	比较好，能正确执行指令	执行口令不准确，改变方向时有时发生错误	执行口令缓慢，只对大声口令才能接受

（三）消除运动性疲劳的方法

为了使运动中消耗的物质和各器官系统的机能得到尽快恢复，避免疲劳累积而造成过度疲劳，一般可采用下述消除运动性疲劳的方法：

1. 放松活动

放松活动包括慢跑、呼吸体操及各肌群的伸展练习。运动后做伸展练习，可消除肌肉痉挛，改善肌肉血液循环，减轻肌肉酸胀和僵硬程度。

2. 按摩和物理方法

按摩可改善局部或全身血液循环状况，促进代谢产物的消除，减轻肌肉的酸痛感和僵硬感，提高肌肉的收缩力，改善关节的灵活性。

消除运动性疲劳的物理疗法种类较多。训练和比赛后采用局部热敷和进行温水浴是简单易行的手段。

3. 补充营养物质

运动时消耗的物质要靠饮食中的营养物质来补充，体育锻炼和比赛后，合理补充营养有助于运动者恢复体力和消除运动性疲劳。建议运动后根据运动项目的特点补充足够的糖、蛋白质、维生素（维生素 B_1、维生素 B_6、维生素C、维生素E）、无机盐（钠、磷、铁）、水等。

4. 充足的睡眠

充足的睡眠是消除疲劳、恢复体力的最好方法之一。睡眠时大脑皮质的兴奋度降低，体内分解代谢处于最低水平，而合成代谢则相对较高，有利于体内能量的蓄积。因此，运动者应保证充足的睡眠时间，一般每天为 8 ～ 9 小时。在大运动量训练和比赛期间，睡眠时间应适当延长。

三、运动损伤预防的措施

参加体育锻炼是为了增强体质，增进身心健康。如果在体育锻炼时，没有采取积极的预防措施，就可能发生各种伤害事故，轻者影响生活和学习，重者可造成残疾甚至危及生命。因此，了解运动损伤的预防措施就显得很重要了。首先要从思想上对运动损伤的预防给予重视，并注意遵守体育锻炼的一般原则，此外，还应做好以下几个方面的工作：

为什么运动前要做准备活动

为什么运动后要做放松活动

准备活动的方法

放松活动的方法

（一）做好准备活动与整理活动

在运动前一定要认真做好准备活动。对运动中容易受伤的部位，要相应地做一些辅助性的活动。例如，打篮球、踢足球之前有针对性地活动一下踝关节、膝关节，压腿等。冬天进行户外活动时，准备活动的时间要适当长些，要按循序渐进的原则进行。一般应选择靠近背风处的场地和阳光充足的地方。已受伤部位的准备活动要谨慎小心，正式比赛或练习时要量力而行。

整理活动是人体由运动状态（无序状态）过渡到相对安静状态（有序状态）的活动过程，它是促进体力恢复的一种有效手段，其有助于人体机能尽快恢复常态和偿还氧债。整理活动应侧重于全身性放松，特别是在紧张剧烈的运动之后，一定要进行全身放松运动，以免身体受到损害。整理活动之后，还要注意保暖，防止着凉感冒。

（二）加强保护与自我保护

每个参加体育锻炼的人都应掌握一定的自我保护方法。例如，身体失去平衡时，应立即向前或向后跨出一大步，以防摔倒；当快要跌倒时，要立刻低头、屈肘、团身，以背部着地，顺势做滚翻动作，绝对不可直臂撑地。

如果没有合适的场地，活动的节奏要放慢。青少年处在生长发育的关键期，不宜在坚硬的地面上反复进行跑跳练习，因为长时间在坚硬的地面上跑跳，容易引起过早骨化或骺软骨的损伤，从而影响骨骼的正常生长发育。

（三）合理安排运动负荷

运动负荷安排不足，不能达到促进人体运动能力提高的目的；负荷安排过大，超出了人体所能承受的负荷，很容易发生损伤。在参加运动中要遵循运动的科学原则，根据年龄、性别、个人健康状况、运动水平等，区别对待，循序渐进，合理安排运动负荷。

（四）加强易伤部位的训练

加强对易伤部位和相对薄弱部位的练习，提高机能，是预防运动损伤的积极措施。

例如，为了预防膝部损伤，就要注意加强股四头肌力量练习，以稳定膝关节。

（五）保持良好心态

每次运动的量不要太大，防止疲劳的积累。睡眠要充分，晚上不要熬夜。练习或比赛时要控制自己的情绪，不可冲动，否则既影响比赛，也影响学生之间的友谊。运动的目的是锻炼身体，应坚持“友谊第一，比赛第二”的原则。在活动过程中，要遵守规则，不要故意犯规，特别是在球类运动中。

专题四

营养与健康

本章导读

营养是人类进行运动的重要物质基础。人体的各种生理活动和体力活动，乃至生命的存在，都离不开营养。随着科学的发展，人们不仅可以用科学的营养方法和合理的膳食来保持健身人群的身体健康和良好的体能，而且能够对我们的体重进行合理的控制和管理。

学习目标

- 了解各类营养素及其对人体的作用。
- 学会用合理膳食保持健康。
- 了解体重及体重控制的相关知识。

模块 1 营养素

生命的存在，有机体的生长发育，各种生理活动及体力活动的进行，都有赖于物质代谢过程。人体内进行物质代谢必须不断地从外界获得新的物质，主要是从食物中摄取。营养是指人体吸收、利用食物或营养素的过程，也是人体摄取食物以满足机体生理需要的生物化学过程。营养素是指能在体内消化吸收、供给热能、构成机体组织和调节生理机能，为身体进行正常物质代谢所必需的物质。人体所需要的营养素有糖、脂肪、蛋白质、维生素、矿物质、膳食纤维和水七类。

一、糖（碳水化合物）

营养与健康

（一）生理作用

1. 供给热能

碳水化合物是人体热能最主要和最经济的来源。每 1 克糖在体内氧化可产生 17 千焦（4 千卡）热量。每日膳食中热能的供给量 60% ～ 70% 来自于糖类。糖类在供能上有许多优点，比脂肪和蛋白质更容易消化吸收，产热快、耗氧少，而且在无氧的情况下也可分解供能。

2. 保护肝脏

糖除了供给热能还有保护肝脏及解毒的作用。肝糖原含量高时，生成的葡萄糖醛酸对四氯化碳、酒精、砷等有较强的解毒能力。另外，糖对各种细菌引起的毒血症也有较强的抵抗力。从这个意义来讲，摄入足量的糖，使肝脏合成充足的糖原，可保护肝脏免受有害因素的损害，并保持肝脏的正常解毒功能，对身体健康是有益的。

3. 构成组织

碳水化合物存在于一切细胞中，含量占 2% ～ 10%，如构成细胞膜的糖蛋白，构成结缔组织的粘连蛋白。另外，糖和磷酸、碱基组成的核糖核酸和脱氧核糖核酸是构成细胞质和细胞核的重要成分。糖和蛋白质结合生成的糖蛋白是软骨、骨骼和眼球的角膜、玻璃体的组成成分。

4. 抗生酮作用

当碳水化合物供给不足时，脂肪则氧化不全，可产生过量的酮体。酮体是酸性物质，在体内积存过多可引起酸中毒。只有在一定量碳水化合物存在时，脂肪氧化才能彻底，不产生过量的酮体。因为脂肪在体内代谢产生的乙酰基必须与草酰乙酸结合，进入三羧酸循环中才能被彻底氧化，而草酰乙酸的形成是葡萄糖在体内氧化的结果，所以，碳水化合物有抗生酮的作用。

5. 维持中枢神经

大脑的能量代谢极强，其重量仅占体重的 2%，而能量消耗却占全身基础代谢的

25%。脑组织无能量储备，全靠血糖供给能量，每天需要 100 ～ 120 克葡萄糖。糖是大脑的唯一能源物质，血糖水平正常才能保证大脑的功能。当血糖含量下降到正常值以下时，因供脑组织能物质不足可发生头晕、昏厥等低血糖症状。

6. 节省蛋白质

碳水化合物有利于机体的氮储留。蛋白质以氨基酸的形式被吸收，并在机体内合成组织蛋白质或其他代谢产物，这些过程均需要能量。例如，摄入蛋白质并同时摄入糖类，可促进三磷酸腺苷形成，有利于氨基酸的活化及蛋白质的合成，使氮在体内储留增加。这是因为供给充足的碳水化合物可以节省蛋白质作为能源的消耗。

（二）供给量与来源

碳水化合物的主要生理功能是供给热量，因此，一个人一天需要多少碳水化合物，应根据人体每天需要的热量而定。而人体每天的需要同年龄、性别、体形、生活方式、健康状况和劳动强度等密切相关。在同样的生活、劳动条件下，由于年龄、性别和体形等不同，人所需要的热量也有所差别。

从年龄来说，按每千克体重计算，正在生长发育的儿童和青少年需要的热量比成年人要多。人过中年后，所需热量相应会减少一些。成年人的热量供给标准是以年龄 18 ～ 40 岁，体重分别为 53 千克、63 千克的女子和男子为基础，随年龄的增长而递减，如 40 ～ 49 岁减少 5%，50 ～ 59 岁减少 10%，60 ～ 69 岁减少 20%，70 岁以上减少 30%。

按照我国人民的膳食习惯，每天应摄入的碳水化合物以占总热量的 60% ～ 70% 为宜。例如，供给热能 12552 千焦（3000 千卡），其中碳水化合物应占 7531 ～ 8159 千焦（1800 千卡～ 1950 千卡），即以 450 ～ 488 克为宜。

糖的来源很广，各种粮食、根茎类食物等都含有大量的淀粉和少量的单糖和双糖。蔬菜和水果除含有少量单糖外，还含纤维素和果胶。此外，食糖中的蔗糖是最普遍的食用糖。近年来，研究成果表明，肥胖症、糖尿病、心血管疾病等都与蔗糖摄入过多有关，因此，蔗糖的摄入不应超过总热量的 10%。

二、脂 肪

（一）生理作用

1. 供给热能并维持体温

脂肪是供热的营养素。1 克脂肪在体内氧化可产生 38 千焦（9 千卡）热量，其产热量是碳水化合物和蛋白质的 1.52 倍。脂肪被吸收后，一部分被利用消耗，一部分则储存于体内，当肌体代谢需要时可释放能量。皮下脂肪还能使体内温度不易外散，有助于维持体温和御寒。

2. 构成组织细胞

脂肪（主要是磷脂和胆固醇等）是构成脑和神经组织的主要成分。组织细胞的各种膜——细胞膜、细胞器膜等，都是由脂类物质与蛋白质结合而成的。

3. 促进脂溶性维生素的吸收

脂溶性维生素A、维生素D、维生素E、维生素K等不溶于水。它们只有溶于脂肪中才能被吸收和利用，因此，摄取脂肪就能使食物中的脂溶性维生素溶解于脂肪中，可以一起被吸收。

4. 供给必需脂肪酸

人体所需的必需脂肪酸主要靠膳食提供。

5. 改善食欲，增加香味

油脂烹调的食物因其特有的香味能改善人们的食欲。

6. 增加饱腹感

脂肪在胃中滞留时间较长，约3.5小时，能延迟胃的排空，有助于控制饥饿感发生，这是因为脂肪进入十二指肠，能刺激产生肠抑胃素。

7. 防　护

分布于腹腔、皮下、肌纤维间的脂肪有保护脏器、组织及关节的作用。

（二）供给量与来源

成年人脂肪的供给量一般每天应占总热量的20%～25%，即60～80克。在寒冷条件下可增加脂肪的摄入量，在炎热环境下脂肪供给量应适当减少。重体力劳动者为避免食物体积过大，可适当提高脂肪的摄入量。考虑到脂肪酸对人体健康的影响，脂肪供给不仅要考虑到量，还要考虑到质，即不饱和脂肪酸应多一些，饱和脂肪酸应少一些。在膳食中饱和脂肪酸、单不饱和脂肪酸与多不饱和脂肪酸供给量的比例以1∶1∶1最为合理，也有人认为以1.25∶1.5∶1为好，这就意味着要多食用植物油。一般认为，膳食中的脂肪中植物油应占2/3，随着年龄的增大，动物油的摄入量应逐步减少。

脂肪按其食物来源可分为动物性脂肪和植物性脂肪。

动物性脂肪是指由动物组织和动物资源离析出来的脂肪，主要含有饱和脂肪酸。饱和脂肪酸的熔点较高，一般呈固态，容易凝固、沉淀在血管壁上，可导致动脉硬化。动物脂肪中有较多的胆固醇，它在人体内有重要的生理作用，但中老年人血液中胆固醇过高时，容易患动脉硬化、高血压病等疾病，因此，中老年人应少吃动物性脂肪。供给机体脂肪的动物性食物主要有猪油、牛油、鱼油、奶油和蛋黄油等。

植物性脂肪主要含有不饱和脂肪酸，熔点都比较低，在室温下呈液态，不容易凝固、沉淀在血管壁上。植物油不含有胆固醇，而含有豆固醇、谷固醇等植物固醇。其植物固醇不但不能被人体吸收，还能阻止人体吸收胆固醇。供给机体脂肪的植物性食物有花生、大豆、芝麻和菜籽等油料作物榨取的油类。橄榄油、花生油和菜籽油中的单不饱和脂肪酸、多不饱和脂肪酸和饱和脂肪酸的含量接近，长期食用对动脉硬化无明显影响。此外，蛋黄，瘦肉，动物的脑、肝及肾等内脏含磷脂丰富，但也含有较多的胆固醇。

三、蛋白质

（一）生理作用

1. 构成人体组织与修补人体组织，促进生长发育

蛋白质是构成组织和细胞的主要物质。人的骨骼、大脑、神经、皮肤、肌肉、内脏、血液，甚至指甲、头发都是以蛋白质为主要成分构成的。对于身体的发育成长、成长后衰老组织的更新、损伤后组织的再生修补，蛋白质都起着重要的使用。蛋白质占人体重量的18%，平均每天约有3%的蛋白质被更新，因此人每天需要摄取一定的蛋白质。生长发育期、疾病恢复期和手术后需要供给较多的蛋白质。

2. 构成机能物质

人体有许多具有重要生理作用的物质，也是以蛋白质为主要组成成分或由蛋白质提供必需的原料，例如，对代谢过程具有催化作用和调节作用的酶和激素，承担氧运输和储存的血红蛋白及肌红蛋白，维持渗透压的血浆蛋白，发挥免疫作用的免疫球蛋白，进行肌肉收缩的肌凝蛋白和构成机体支架的胶原蛋白等，因此蛋白质是生命存在的形式，也是生命活动的物质基础。

3. 增强机体抵抗力，构成抗体

机体抵抗力的强弱，决定于抵抗疾病的抗体的多少，抗体的生成与蛋白质有密切关系。近年被誉为抑制病毒的法宝和抗癌生力军的干扰素，也是一种糖和蛋白质的复合物。

4. 调节渗透压

正常人血浆与组织之间的水不停地交换，但却保持着平衡。其之所以能平衡，有赖于血浆中电解质总量和血浆蛋白浓度。在组织液与血浆的电解质浓度相等时，两者间水分的分布就取决于血浆中白蛋白的浓度。膳食中长期缺乏蛋白质时，血浆蛋白的含量便会降低，血液内的水分便过多地渗入周围组织，造成营养不良性水肿。

5. 供给热能

虽然蛋白质在体内的主要功能并非供给热能，但陈旧的或已破损的组织细胞的蛋白质，也会不断地分解释放能量。另外，由于每天从食物中摄入的蛋白质中有些不符合人体需要，或者数量过多的，也将被氧化分解而释放能量，所以蛋白质也可以供给部分热能。每克蛋白质在体内氧化时可产生16.7千焦（4千卡）热能，人体每日热能的5%～10%来自蛋白质。

6. 增强神经系统功能

神经传导、信息加工及思维活动都与蛋白质有关。它可明显地影响大脑皮层的兴奋和抑制过程。在婴幼儿大脑发育时期，蛋白质供给不足，会使脑细胞数量减少，从而影响智力发育。

（二）供给量与来源

一个人一天需要补充多少蛋白质，这应根据年龄、性别、劳动强度和健康状况来定。一般成年人每天每千克体重需要 1 ～ 1.5 克蛋白质；正在生长发育的青少年、孕妇、乳母每天每千克体重需要 1.5 ～ 3 克蛋白质；患病情况下可根据病情相应地增减。此外，仅考虑蛋白质的量是远远不够全面的，还需注意蛋白质的营养价值。

人体所需蛋白质一般来源于动物性食物和植物性食物。动物性食物包括瘦肉、鱼类、奶类和蛋类等，属于优质蛋白质，其营养价值一般高于植物性食物，所以一般认为动物性食物营养较高；植物性食物包括米、面、大豆和蔬菜等，除大豆、芝麻和葵花籽等是优质蛋白质外，其余均不属于优质蛋白质。植物性食物中，谷类虽然蛋白质含量不算高，但它是我国人民的主食，每天 70% 的蛋白质来自谷类，不可忽视。植物性食物中的大豆蛋白质含量高达 40%，是植物性食物中蛋白质含量最高的食物，而且营养价值也高，是优质蛋白质的重要来源。

四、维生素

维生素是维持人体生命正常代谢和功能所必需的一种营养素。人体不能合成维生素，必须从食物中获得。维生素不能为机体提供热能，也不是机体的构成物质。虽然机体对维生素需要量很少，但因其各有重要的生理功能，故当机体中某种维生素缺乏或不足时，就会引起代谢紊乱以及出现相应病理症状，称之为维生素缺乏症。

在维生素的化学结构未阐明之前，维生素的命名一般是按发现的前后，在维生素之后加上 A、B、C 和 D 等拉丁字母标志，如维生素 A、维生素 B、维生素 C 和维生素 D 等。此外，初发现时，以为是一种，其后发现是几种混合存在，于是在字母右下方注以 1、2、3 等加以区别，如维生素 A_1 和维生素 A_2 等，但这种命名系统正逐渐被基于它们的本质或生理功能的命名所取代，如硫胺素、抗癞皮病维生素、生育酚和抗坏血酸等。

维生素的种类繁多，结构各异，生理功能也各不相同。通常按其溶解性质分为脂溶性维生素和水溶性维生素两大类。脂溶性维生素包括维生素 A、维生素 D、维生素 E 和维生素 K，只溶于有机溶剂而不溶于水，在食物中常与脂类一起，在吸收过程中与脂类相伴进行，可储存于脂肪组织和肝脏中，过量可引起中毒。水溶性维生素有 B 族维生素（维生素 B_1、维生素 B_2、维生素 B_3、维生素 B_6、维生素 B_{12}、泛酸、叶酸）、维生素 H 和维生素 C 等，易溶于水，在食物清洗、加工和烹调过程中处理不当易损失，在体内仅有少量储存，易排出体外。维生素的生理功能、供给量及食物来源见表 4–1–1、表 4–1–2。

表 4–1–1 脂溶性维生素的生理功能、缺乏症、日需量及来源

名 称	生理功能	缺乏症	成人日需量	来 源
维生素 A（视黄醇）	维持正常视力；防癌；促进骨骼、牙齿正常发育	夜盲症、干眼	2500 国际单位	动物肝脏、菠菜、胡萝卜和杧果等
维生素 D（钙化醇）	促进肠道钙、磷吸收；促进生长和骨骼钙化	佝偻病（儿）、软骨病（成）	100 国际单位	鱼肝油、肝、乳和蛋黄等

续 表

名 称	生理功能	缺乏症	成人日需量	来 源
维生素 E（生育酚）	与生殖机能有关；抗氧化；防止肌肉萎缩	人类未发现缺乏症	10 毫克	植物油、蛋类、谷类和干果等
维生素 K（凝血维生素）	促进凝血酶原的合成，防止出血	凝血时间延长；皮下、胃肠道出血	1 毫克	动物肝脏、绿色蔬菜等

表 4-1-2 水溶性维生素的生理功能、缺乏症、日需量及来源

名 称	生理功能	缺乏症	成人日需量	来 源
维生素 B_1（硫胺素）	促进糖的氧化；增进食欲	脚气病、肠道功能障碍	1.2 毫克	谷物外皮及胚芽、酵母和豆类等
维生素 B_2（核黄素）	参与生物氧化	舌炎、唇炎、口角炎等	1.8 毫克	肝、蛋黄、黄豆和绿色蔬菜等
维生素 B_3（烟酸）	参与生物氧化，维持皮肤健康	癞皮病	19.8 毫克	谷类、花生、酵母和肉类等
维生素 B_6（吡哆醇）	与蛋白质、脂肪代谢的关系非常密切	脂溢性皮炎、肌肉无力	1.6 毫克	蛋黄、谷类、豆类和肝等
维生素 B_{12}（钴胺素）	促进甲基转移核酸合成以及红细胞成熟	巨幼红细胞性贫血	2 微克	肝、肉和鱼等
维生素 H（生物素）	参与体内二氧化碳的固定	人类未发现典型缺乏症	0.1 毫克	动植物及微生物等
维生素 B_9（叶酸）	与蛋白质核酸合成红细胞及白细胞成熟有关	巨幼红细胞性贫血	0.2 毫克	肝、酵母和绿色蔬菜等
维生素 C（抗坏血酸）	参与体内氧化还原反应，参与细胞间质形成	坏血病	60 毫克	新鲜水果和蔬菜等

五、矿物质

矿物质又称无机盐。人体内含有的各种元素，除了碳、氢、氧和氮主要以有机化合物形式存在外，其余各种元素统称矿物质。人体内矿物质的种类很多，约占体重的 5%，是构成机体组织和调节生理机能的重要物质。其中含量较多的有钙、镁、钾、钠、磷、硫和氯等七种元素，称之为常量元素。其他如铁、碘、氟、硒、锌、铜、钼、锰、铬、镍、钒、锡、硅和钴等 14 种含量很少的元素，称之为微量元素。

矿物质在体内不能合成，只能通过食物来补充。人体在物质代谢中每天有一定量的矿物质从各种途径排出体外，因而必须从食物中得到补充。矿物质在食物中分布很广，一般都能满足机体需要。其中较易发生缺乏的为钙、铁、碘、锌和硒。

矿物质是构成人体最基本的物质之一。它们的主要作用可概括为以下几个方面。

（一）构成骨骼和牙齿的主要成分

钙、磷是骨骼和牙齿中必不可少的成分；镁也是组成骨骼的成分；氟在体内需要量虽然不大，但也是骨骼和牙齿中不可缺少的成分。

（二）构成软组织的重要成分

铁是合成血红蛋白、肌红蛋白、细胞色素和其他酶系统的主要成分，也是肌肉、肝、脾和骨髓必不可少的成分，若缺乏，则造成血红蛋白携氧能力降低。

（三）调节生理机能

钠、钾共同维持体内正常的渗透压、酸碱平衡及体内水分的保留。碘是合成甲状腺激素的主要成分，可调节和控制机体的基础代谢，促进体内的氧化作用。钙是维持所有细胞正常功能的物质，如心脏的正常搏动、肌肉神经正常兴奋的传导和适宜性的维持，都必须有一定量的钙离子存在。如果血钙量下降，则使神经肌肉的兴奋性增高。

（四）参与免疫机能的形成

现代研究结果认为，锌、锡、铁、铜、锗等元素与机体免疫水平有密切关系。例如，锌有激活胸腺素，增强免疫反应和T淋巴细胞功能的作用，缺锌时会使胸腺明显萎缩，T淋巴细胞数量减少，功能降低，细胞免疫力减退；硒有促进体内抗体形成的作用。

（五）维持组织的正常兴奋性

神经肌肉的兴奋性与某些离子浓度和比例有关。钠离子、钾离子浓度升高可提高神经兴奋性。钙离子和镁离子浓度升高则可降低神经肌肉兴奋性。心肌细胞的兴奋性升高与钠离子、钙离子浓度升高有关，钾离子和镁离子浓度升高，心肌细胞兴奋性降低。

（六）保护人体细胞不发生癌变

近年来，研究发现癌症患者体内存在着微量元素的平衡失调。例如，肺癌与锌和硒含量低，铬和镍含量高有关；肝癌与锰、铁含量低而铜含量高有关。硒具有调节癌细胞的增殖、分化的作用，可抑制体内癌细胞的浸润和转移，以延缓肿瘤的复发。铜元素可直接杀伤癌细胞，又可抑制癌细胞脱氧核糖核酸的合成，并能促进癌细胞的诱导分化。

（七）延缓机体衰老过程

人体的过氧化是细胞破坏进而导致衰老的主要原因，而锌、硒、铜和锰等元素具有清除导致细胞老化的过氧化物质的作用。锰、铜和锌是超氧化物歧化酶的重要成分，这种酶能破坏自由基，发挥抗衰老作用。硒的主要功能是增加谷胱甘肽过氧化物酶的活性，从而达到延缓衰老的目的。各种矿物质的生理功能、需求量及食物来源见表 4–1–3。

表 4-1-3 人体必需矿物质的生理功能和供给量

元素	生理功能	缺乏症	日供给量	来源
钙	构成骨骼和牙齿的成分，维持神经肌肉的兴奋性，参与凝血	软骨病、肌肉痉挛和流血难止	成年人 800 毫克 少年 1000 毫克 儿童 600 毫克	乳品、小虾米、骨头汤、豆类和蔬菜
磷	构成骨骼和牙齿的成分，核酸的成分，酶的组成成分，参与物质和能量代谢	软骨病和食欲不振	成年人 400 毫克	动物性食品
钾	维持细胞渗透压，维持体内酸碱平衡，加强肌肉兴奋性，参与蛋白质和糖代谢	倦　怠	成年人 4 克	谷类、豆类和天然食品
钠	维持细胞渗透压，维持体内酸碱平衡，加强肌肉的兴奋性	厌食、眩晕、倦怠、无力和血压降低	成年人 5 克	食　盐
氯	胃酸的主要成分，维持细胞渗透压，维持体内酸碱平衡，唾液淀粉酶激活剂	食欲不振	成年人 5 克	食　盐
镁	多种酶的活性剂，维持神经肌肉的兴奋性，参与体内蛋白质的合成	肌肉震颤、心跳过速和情绪不安	成年人 200 ～ 300 毫克	谷类、豆类和蔬菜等
铁	血红蛋白的组成成分，参与氧和二氧化碳运输	缺铁性贫血	成年人男 12 毫克 成年人女 18 毫克	肝、肾、菌藻类、蛋黄和豆类
碘	甲状腺素的组成成分，促进代谢和生长发育	甲状腺肿、生长迟缓和智力低下	成年人 100 ～ 140 毫克	海带、紫菜和海产品
锌	参与核酸和蛋白质的代谢	生长停滞、厌食和少年期性发育不全	成年人 10 ～ 15 毫克	动物性食物和谷类
铜	促进铁的吸收和利用，参与物质氧化	贫血、生长迟缓和情绪易激动	成年人 2.0 毫克	饮用水和各种食物
硒	抗氧化作用，保护细胞膜	克山病	成年人 50 微克	谷物和蔬菜
氟	构成牙齿、骨骼的成分，预防龋齿	儿童和成年人骨质疏松症	成年人 1.5 毫克	饮用水

六、膳食纤维

膳食纤维是一类多聚物的混合体，是不被人体肠道分泌物消化的植物成分，包括纤维素、半纤维素、木质素、果胶、黏液和树胶等。它们虽然不能被机体消化和吸收，但却是人体必需的营养素之一。膳食纤维有利于营养物质的消化吸收，具有预防多种疾病的作用。

（一）生理作用

1. 产生饱腹感

食物纤维进入消化道后，在胃内吸水膨胀，产生饱腹感，延缓胃的排空速度，从而降低小肠对营养素吸收的速度，可以抑制多食并抗饥饿，有助于糖尿病患者和肥胖症患者成功地控制饮食量。

2. 降低血脂

食物纤维进入人体后，能与胆汁酸和胆固醇等结合成不被人体吸收的复合物，因此能阻断胆固醇和胆汁酸的肠肝循环，可减少肠道对胆固醇的吸收，从而能促进胆汁酸和胆固醇随粪便排出，降低血胆固醇水平，有助于防治冠心病和胆石症的发生。此外，膳食纤维还具有结合锌的能力，从而降低锌与铜比值，对心血管系统有保护作用。

3. 降　糖

纤维素进入胃肠道后，可如同海绵一样吸水膨胀呈凝胶状，增加食物的黏滞性，延缓食物中葡萄糖的吸收。另外，膳食纤维还可增加胰岛素的敏感性，减轻胰岛素抵抗，增大胰岛素的降糖作用。

4. 清除肠道内“垃圾”和毒素

结肠癌和直肠癌发病率与膳食纤维摄入量呈负相关。食物纤维在肠道内好像“清道夫”，不断地清除肠道内的“垃圾”和毒素，将有害物质排出体外，减少某些致病因子对大肠的刺激，同时减少大便滞留时间，减少有害物质的吸收和对肠黏膜的毒害。食物纤维可改良肠道菌群，使益生菌数量增加，从而减少某些致癌物的产生和活化，因而降低肠癌的发病率。

5. 降低龋齿和牙周病的发病率

食物纤维既能增加口腔咀嚼时间，也能刺激唾液的分泌，这增加了缓冲酸的能力，也有利于口腔和牙齿的清洁。此外，口腔在咀嚼富含纤维素的食物时，由于纤维素对牙齿和牙龈组织反复地摩擦，因此能按摩牙龈组织，加强血液循环，维护组织健全。纤维素还能清除牙面的糖和蛋白质，可减少龋齿的发生。

食物纤维虽然有益于人体健康，但也不宜过多。食物纤维在减少一些有害物质吸收的同时，还会减少一些营养素的吸收。膳食纤维对消化道有刺激作用，对胃肠溃疡患者会加重病情，应禁止其摄入。

6. 利于消化，防止便秘

膳食纤维不经消化就进入大肠。因为纤维素和果胶有强吸附水的能力，所以能使粪便变软，体积增大，从而刺激肠蠕动，有助于排便。

（二）供给量与来源

正常成年人每日食物纤维供给量为 10 ～ 15 克。食物纤维的来源是植物性食物，包括谷类、豆类、蔬菜、水果、薯类、菌类和藻类。

七、水

（一）生理作用

1. 机体的重要成分

水分占成年人体重的 1/3，血液、淋巴和脑脊液含水量高达 90% 以上，肌肉、神经、内脏、细胞和结缔组织含水量为 60% ～ 80%，脂肪组织和骨骼含水量在 30% 以下。

2. 参与物质代谢过程

水是良好的溶剂，能使物质溶解，加速化学反应。物质的消化、吸收、生物氧化以及排泄，都需要水的参与，否则不能正常进行。

3. 调节体温

水的比热高，血液流经体表部位时，其不会因环境温度的差异而发生大的改变，有利于体温保持稳定。此外，水分的蒸发散热（排汗）有利于人体在炎热季节或环境温度较高时，通过蒸发来维持体温的正常。

4. 体内物质的运输

水的流动性大，在体内形成体液，循环运输物质。

5. 保持腺体的正常分泌，起到润滑的作用

各种腺体分泌的物质是液体形式，若缺乏水，其分泌受影响。水作为关节、肌肉和脏器的润滑剂，可以维护其正常功能，如泪液可防止眼球干燥，关节液可减少运动时关节之间的摩擦。

（二）需要量与来源

体内的水分必须保持衡定。正常情况下，体内水分的出入量是平衡的。体内虽然不储存多余的水分，但也不能缺水。水分多余即排出，缺少若不及时补充，就会影响正常的生理机能。

正常成年人，一天通过排尿和体表蒸发等途径排出水分为 2000 ～ 2500 毫升，因此需摄入同样的水量（包括饮水 1300 毫升，食物水 900 毫升，代谢中产生的水 300 毫升）。

每个人的需水量还受气候和工作性质等的影响。天热及体力工作排汗较多时，需水量较高。能量消耗与需水量成正比，如多消耗 4.18 千焦（1 千卡）热能，需水 1 毫升。

模块 2 合理膳食

合理膳食

合理膳食也叫平衡膳食，是指膳食中所含有的营养素数量充足、种类齐全、比例适当。平衡膳食的理论基础主要是各种食物之间能量和营养素含量差异较大，多种食物搭配摄入可以满足人体对能量和营养素的整体需要，使能量物质和营养素摄入保持合理的比例，并且在特殊的生理条件和环境条件下可满足人体对某些特定营养素的需要。在人体的正常生理条件下，不同年龄、不同体力活动和某些职业人群的平衡膳食也有其特点。

合理膳食是一个综合性的概念，它既要通过膳食调配以提供满足生活和工作中人体各种生理变化对能量和各种营养素的需要，又要考虑合理的膳食制度和烹调方法，以

有利于各种营养物质的消化、吸收与利用；同时，还应避免膳食构成失衡、某些营养素摄入过多或过少以及在烹调过程中营养素的损失或有害物质的形成，以及营养素摄入过多或者长期摄入不足对人体健康产生的不利影响。

一、合理选择食物

（一）中国居民平衡膳食宝塔

中国营养学会根据《中国居民膳食指南》的核心内容，结合中国居民膳食的实际状况，把平衡膳食的原则转化成各类食物的重量，制定了中国居民平衡膳食宝塔（图 4-2-1），直观地展示了每日应摄入的食物种类、合理数量及适宜的身体活动量，便于人们在日常生活中实行。

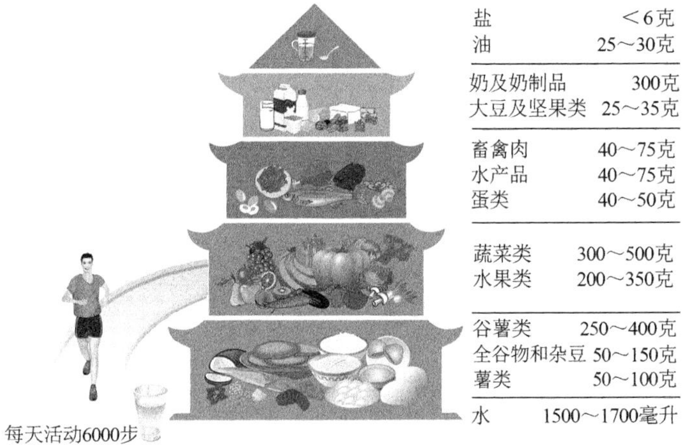

中国居民平衡膳食宝塔（2007）

图 4-2-1

（二）中国居民平衡膳食宝塔说明

平衡膳食宝塔共分五层，包含我们每天应吃的主要食物种类。膳食宝塔各层位置和面积不同，这在一定程度上反映出各类食物在膳食中的地位和应占的比重。谷薯类食物位居底层，每人每天应该吃 250 ～ 400 克；蔬菜和水果居第二层，每天应吃 300 ～ 500 克和 200 ～ 350 克；禽、肉、鱼、蛋等动物性食物位于第三层，每天应该吃 120 ～ 200 克（畜禽肉 40 ～ 75 克，鱼虾类 40 ～ 75 克，蛋类 40 ～ 50 克）；奶类和豆类食物合居第四层，每天应吃相当于鲜奶 300 克的奶类及奶制品和相当于干豆 25 ～ 35 克的大豆及制品。第五层塔顶是烹调油、食盐和糖，每天烹调油不超过 25 ～ 30 克，食盐不超过 6 克，糖不超过 50 克。

膳食宝塔图增加了水和身体活动的形象，强调足量饮水和增加身体活动的重要性。水是膳食的重要组成部分，是一切生命必需的物质，其需要量主要受年龄、环境温度、身体活动等因素的影响。在温和气候条件下生活的轻体力活动的成年人每日至少饮水 1500 ~ 1700 毫升（约 6 杯）。在高温或重体力劳动的条件下，应适当增加。饮水不足或过多都会对人体健康带来危害。饮水应少量多次，要主动，不要感到口渴时再喝水。目前，我国大多数成年人身体活动不足或缺乏体育强炼，应改变久坐少动的不良生活方式，养成天天运动的习惯，坚持每天多做一些消耗体力的活动。建议成年人每天进行累计相当于步行6000步以上的身体活动，如果身体条件允许，最好进行30分钟中等强度的运动。

二、合理的饮食制度

（一）饮食的时间安排

不要在饭后立即进行剧烈运动。剧烈运动时机体血液会重新分配，皮肤和肌肉血流量增多，则使胃肠道和消化腺体血流量减少，消化吸收能力减弱。另外，如果胃内食物过多，运动时可引起胃震荡，进而引发恶心、呕吐、腹痛等症状，同时致使运动能力下降。一般食物在进食后3～4小时可从胃排空，含脂肪少的食物停留较短，如植物性食物；含脂肪多的食物停留时间较长，如肉类，因此，可在饭后1.5～2.5小时开始运动。

运动结束后一定时间内，胃肠道血液才会逐步增多恢复正常，因此，运动后至少休息30分钟再进食，大强度运动后应休息40～60分钟再进食。

（二）食物量的安排

因为运动前的饮食要求是食物体积不能过大，能量密度可高一些，而且容易消化吸收，所以应该以谷类食物为主，动物性食物为辅，特别要保证碳水化合物的充足。运动中可以补充一些运动饮料或其他饮料，也可补充一些容易消化吸收的食物，如香蕉、面包等。运动后的饮食中可适量增加蔬菜水果、动物性食物的摄入，以满足维生素、矿物质、膳食纤维和脂肪的需要。

（三）营养素补充品的合理使用

营养素补充品的使用已经非常普遍。由于运动代谢和运动营养饮食的特殊性，以及不同运动人群的特殊需要，有些时候正常的膳食很难满足某些营养素的需要，如维生素、矿物质以及碳水化合物等，因此使用营养素补充品成为不少人的常规事项。补充营养品并不是多多益善，过多补充会增加组织器官代谢的负担，引起营养素之间的不平衡，影响营养素的消化吸收利用，甚至还可能导致中毒，既不利于健康，又不利于运动。

应遵循适量、平衡的营养素补充原则。补充维生素或矿物质时应注意，除非发生某种特定维生素或矿物质的不足或缺乏，可以有针对性地补充这种营养素之外，一般情况下，应尽可能补充配比平衡合理的多种维生素和矿物质的混合制剂。

（四）一般人群膳食指南

1. 食物多样，谷类为主

每天的膳食应包括谷薯类、蔬菜水果类、畜禽鱼蛋奶类、大豆坚果类等食物。平均每天摄入 12 种以上食物，每周 25 种以上。每天摄入谷薯类食物 250 ～ 400 克，其中全谷物和杂豆类 50 ～ 150 克，薯类 50 ～ 100 克。

食物多样、谷类为主是平衡膳食模式的重要特征。

2. 吃动平衡，健康体重

各年龄段人群都应天天运动、保持健康体重。食不过量，控制总能量摄入，保持能量平衡。坚持日常身体活动，每周至少进行 3 天中等强度身体活动，累计 150 分钟以上；主动身体活动最好每天 6000 步。减少久坐时间，每小时起来动一动。

3. 多吃蔬果、奶类、大豆

蔬菜水果是平衡膳食的重要组成部分，奶类富含钙，大豆富含优质蛋白质。餐餐有蔬菜，保证每天摄入 300 ～ 500 克蔬菜，深色蔬菜应占 1/2。天天吃水果，保证每天摄入 200 ～ 350 克新鲜水果，果汁不能代替鲜果。吃各种各样的奶制品，相当于每天液态奶 300 克。经常吃豆制品，吃适量坚果。

4. 适量吃鱼、禽、蛋、瘦肉

鱼、禽、蛋和瘦肉摄入要适量。每周吃鱼 280 ～ 525 克，畜禽肉 280 ～ 525 克，蛋类 280 ～ 350 克，平均每天摄入总量 120 ～ 200 克。优先选择鱼和禽，吃鸡蛋不弃蛋黄，少吃肥肉、烟熏和腌制肉制品。

5. 少盐少油，控糖限酒

培养清淡饮食习惯，少吃高盐和油炸食品。成年人每天摄入的盐不超过 6 克，每天烹调油 25 ～ 30 克。控制添加糖的摄入量，每天摄入不超过 50 克，最好控制在 25 克以下。每日反式脂肪酸摄入量不超过 2 克。

足量饮水，成年人每天 7 ～ 8 杯（1500 ～ 1700 毫升），不喝或少喝含糖饮料。儿童少年、孕妇、乳母不应饮酒。

6. 杜绝浪费，兴新食尚

珍惜食物，按需备餐，提倡分餐不浪费。选择新鲜卫生的食物和适宜的烹调方式。食物制备生熟分开、熟食二次加热要热透。 学会阅读食品标签，合理选择食品。多回家吃饭，享受食物和亲情。传承优良文化，兴饮食文明新风。

模块 3 控制体重

一、体重的组成

人体体重组成可以分为两个部分：脂肪体重和去脂肪体重（瘦体重）（表 4–3–1）。去脂肪体重主要是肌肉、骨骼、软组织和水分及其他非脂肪组织的重量，它与体力、有氧能力以及最大摄氧量呈正相关。运动员为比赛减轻体重的理想方法是尽可能减去多余脂肪组织而保留瘦体重和糖原储备，因此，在运动员减控体重时期要定期检测运动员身体成分的变化。

表 4-3-1 人体体重组成百分比正常值范围（%）

性 别	体脂含量	瘦体重含量	身体总水分含量
男 性	15% ~ 20%	80% ~ 85%	瘦体重百分比 × 0.72
女 性	20% ~ 30%	70% ~ 80%	瘦体重百分比 × 0.72

二、适宜体重

体重指数（Body Mass Index，BMI），是用体重（千克）除以身高（米）平方得出的数字，是目前国际上常用的衡量人体胖瘦程度以及是否健康的一个标准：

$$体重指数=体重（千克）/身高（米）^2$$

由于体重指数没有把一个人的脂肪比例计算在内，所以一个体重指数超重的人，实际上可能并非肥胖。如经常健身的人群，由于体重有很大比例的肌肉，他的体重指数较高，可能被过高估计肥胖程度；而老年人群，其体重指数过低又可能被低估肥胖程度，所以在应用体重指数时，同时测定体脂百分比，有助于准确判断肥胖程度。中国成年人超重和肥胖的体重指数、腰围界限与相关疾病危险的关系见表 4-3-2。

表 4-3-2 中国成人体重指数分级与腰围界限值及相关疾病危险关系

分 类	体重指数	腰围（厘米）					
		男：＜85	女：＜80	男：＜95	女：＜90	男：≥95	女：≥90
低体重	＜18.5	—		—		—	
正 常	18.5 ～ 23.9	—		增 加		高	
超 重	24 ～ 27.9	增 加		高		极 高	
肥 胖	≥28	高		极 高		极 高	

注：相关疾病指高血压病、糖尿病、血脂异常与危险因素；低体重提示可能有其他健康问题

腹型肥胖比例大是中国人肥胖的特点和潜在危险，国人体重指数超过 25 的比例明显小于欧美人，但腹型肥胖的比例比欧美人大。研究发现，体重指数正常或不很高的人，若腹围男性大于 101 厘米，女性大于 89 厘米，或腰围/臀围比值男性大于 0.9，女性大于 0.85 的腹型肥胖者，其危害与体重指数高者一样大。

三、体重控制

体重控制包括增加体重、维持健康体重和减轻体重。

体重控制的主要因素包括：健康的生活方式、合理膳食营养、体力活动与体育锻炼。影响体重的因素十分复杂，包括了生理因素、心理因素、生活方式与行为习惯、膳食营养摄入、体力活动和社会文化因素，以及一些其他特殊因素。这些因素之间发生交互作用，使体重控制更加复杂，并非简单的能量摄入与能量消耗之间的

平衡问题。

体重并不是完全能够被人为控制的。上述因素当中，有的因素可以改变，另外一些因素却无法改变。可以改变的因素包括：膳食食物的数量和质量，体力活动的频率、强度和时间，健康的生活方式和情绪状态等。对于个体来说，通过对具体情况进行分析，对可以改变的因素进行调节控制，从有益于身体健康和健康的生活行为方式出发，与合理膳食营养相结合，既可以改善健康状态，又可以改变和控制体重。

（一）体重偏轻

一个成年人在体重偏轻的情况下，如果身体很健康，则可以保持现在的体重。如果希望增加肌肉，则可以通过力量训练和全身肌肉的均衡训练增加瘦体重。如果有体重过轻等相关的健康问题，则需要加强营养，注意平衡膳食，增加总能量摄入。在增加体重的过程中，体育锻炼和营养同等重要，必须注意在摄入足够的能量和蛋白质的同时，还应避免摄入过多脂肪。健康的生活方式也很重要，如戒烟、限酒、规律生活、充足的睡眠。

（二）保持健康体重

对于处于健康体重和通过减少体重达到健康体重的人来说，需要认识到，体重控制是一个复杂且缓慢的过程，并且是一个终生进行的过程，绝非短期行为。保持健康体重和身体脂肪含量是生活方式和生活态度的一部分。

为保持健康体重，总的原则是保持平衡膳食，有足够的体力活动和坚持进行体育锻炼，养成良好的生活习惯。节食和经常使用减肥餐不会带来预期的效果，反而可能会引起较多的健康问题。各种低脂肪零食点心和餐膳可以作为加餐食品，应少量食用。

足够的体力活动和规律的体育锻炼是保持健康体重的关键，其作用有：① 增加能量消耗；② 维持肌肉量，增加脂肪消耗；③ 保持较高的静息代谢率，增加每日能量消耗；④ 帮助调节食欲；⑤ 帮助控制精神压力和精神压力导致的进食过多或不足；⑥ 增加自信，使人处于良好的精神状态，改善睡眠；⑦ 维持合理的体脂含量。

（三）减轻体重

对于超重和肥胖且无明显其他疾病的人来说，应通过控制膳食能量摄入与体育锻炼相结合以降低体重。减轻体重并不以减轻瘦体重为目标，所减轻的体重是身体过多的脂肪；限制能量摄入是在平衡膳食的基础上，严格限制脂肪摄入（占总能量 20% 以下），适量减少碳水化合物摄入，使能量摄入和能量消耗之间保持能量负平衡，保持足够的蛋白质、维生素、矿物质和水分摄入；可以合理地安排平衡膳食，每周监测身体脂肪含量。

控制饮食和增加体力活动要制订计划，持之以恒，循序渐进。每周减轻体重 1 ～ 1.5 千克较为适宜，每日能量负平衡不能超过 1000 千卡。不提倡节食，不提倡过快减轻体重，从有益于身体健康和健康的生活行为方式出发，使增加体力活动和规律的体育锻炼与合理膳食营养相结合，在健康的生活方式和良好的情绪状态中，减少身体多余的脂肪。

减轻体脂健身人群在膳食营养方面的措施：① 能量摄入低于消耗（通过计算来确定）；② 安排好饮食量和营养素结构，按照平衡膳食金字塔的要求，保持平衡膳食；③ 合理选择食物和烹调方法，严格限制脂肪摄入，适当减少碳水化合物的摄入量可适当多摄入；④ 蔬菜、含糖量低的水果；⑤ 奶制品、豆制品为主要蛋白质来源；⑥ 足量饮水；⑦ 谨慎使用减脂营养品。

案例：科学制订减肥计划

专题五

运动养生

本章导读

传统运动养生是中华民族数千年来在生活、生产和与疾病的斗争中的经验总结，是中国文化宝库中的瑰宝。其内容随时代变迁和生活实践不断地丰富和完善，从而形成了中华民族独特的体育养生方式和理论体系。它对中华民族的繁衍昌盛起到了重大作用，为科学的进步和发展做出了卓越贡献。它的锻炼方式是武术、健身气功和其他具有民族特色的体育活动。

学习目标

- 了解传统养生的理论基础。
- 掌握运动养生的原则与方法。

模块1 养生的理念

一、哲学理念

（一）阴 阳

阴阳是中国传统哲学的重要概念。《素问·阴阳应象大论》说："阴阳者，天地之道也，万物之纲纪，变化之父母，生杀之本始，神明之府也。"老子的《道德经》说："万物负阴而抱阳。"《周易》里，以"爻"表示阴阳，由爻组成64卦，表现事物发展的64种状态（图5-1-1）。阴阳是相互对立和可以转化的，养生就是调整、维护人体的阴阳平衡关系。

阴阳八卦图

图5-1-1

（二）五 行

五行的记载最早见于《尚书·洪范》："五行：一曰水，二曰火，三曰木，四曰金，五曰土。水曰润下，火曰炎上，木曰曲直，金曰从革，土爰稼穑。润下作咸，炎上作苦，曲直作酸，从革作辛，稼穑作甘。"有五行之后，人们开始研究五行之间的关系，由水灭火逐渐认识到五行的相胜（克）关系：水克火，火克金，金克木，木克土，土克水。邹衍说："五德从所不胜，虞土、夏木、殷金、周火。"用五行相胜的理论来解释历史朝代的更迭。五行关乎自然的呈现与持续运作，郑玄说："行者，顺天行气也。"董仲舒在五行相胜的理论上提出了五行相生的关系：木生火，火生土，土生金，金生水，水生木。从此，五行形成了相生相克的关系（图5-1-2），五行学说逐渐渗透到政治、文化、历法、中医学、养生学等领域，成为中华民族解释世界的一个工具。

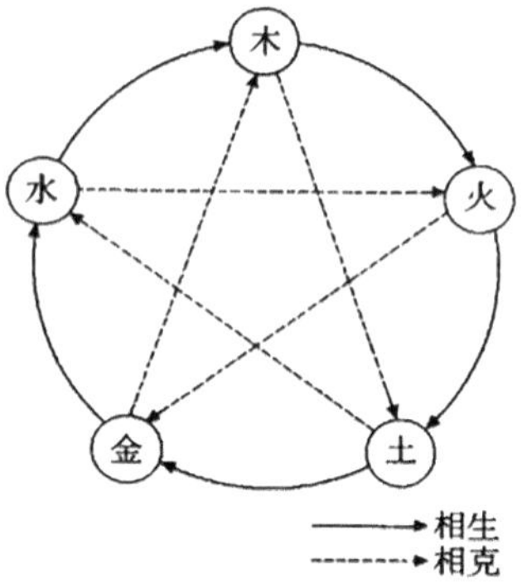

五行相生相克图

图5-1-2

（三）天人合一

天人合一作为中国哲学的基本精神，其本质是人与自然的和谐。《论语》载："子曰：天生德于予，桓魋其如予何？"孔子认为，天有道德倾向，并与人有着不可分割的联系。老子的《道德经》说："道生一，一生二，二生三，三生万物。"天地人和宇宙万物都是由道化生的，把天地人万物看作是一个整体，在这个整体中，人身一小天地，天地一大人身。佛家强调“空”和“无”，人通过自身的修炼，达到“色即是空，空即是色”的境界，换句话说，人性本来就是佛性。

在天人合一思想的影响下，中国传统养生表现出泛和谐价值论的价值追求：就个体而言，讲求身与心的和谐；就社会而言，讲求人与人的和谐；就社会与自然界而言，讲求人与自然的和谐。只有作为个体人的身心和谐了、人与人之间和谐了、人与自然之间和谐了，人才能很好地适应自然、社会而寻求到个体的健康长寿。

二、中医学理念

中医学是富有中国特色的文化遗产之一。经过几千年的发展，中医学以朴素的唯物论和辩证法思想为指导，逐渐形成了藏象学说、经络学说、精气神学说等丰富多彩的理论。

（一）藏象学说

“藏象”二字，首见于《素问·六节藏象论》。藏，指藏于体内的内脏；象，指表现于外的生理、病理现象。中医五藏为心、肺、脾、肝、肾，名称虽与现代人体解剖学的脏器名称相同，但在生理或病理的含义中，却不完全相同。五藏（五脏）为实体脏器器官，属阴里，化生和储藏精气。心藏神，肺宣发，肝疏泄，脾运化，肾藏精。中医六腑为胆、胃、大肠、小肠、膀胱、三焦，为空腔性器官，属阳表，腐熟水榖、分清泌浊、传化糟粕。人体是一个有机联系的整体，内与外有对应的关系，脏腑、情绪、五气等对应关系如表5-1-1所示。

表5-1-1 脏腑与全身部位对应关系

五行	木	火	土	金	水
五脏	肝	心	脾	肺	肾
腑	胆	小肠	胃	大肠	膀胱
五官	目	舌	口	鼻	耳
体	筋	脉	肉	皮毛	骨
情绪	怒	喜	思	忧	恐
五气	风	暑	湿	燥	寒
生化	生	长	化	收	藏
色	青	赤	黄	白	黑
香	膻	焦	香	腥	朽
味	酸	苦	甘	辛	咸
声	呼	笑	歌	哭	呻

（二）经络学说

传统中医认为，人体除了脏腑外，还有许多经络，是经脉和络脉的总称，主要有十二经络（表 5-1-2）及奇经八脉。每一经络又各与内在脏腑相联属，运行全身气血，是联络脏腑形体官窍、沟通上下内外的通路系统。

表 5-1-2 十二经络分布简表

十二经络		外部	内部
手三阴	手太阴肺经	胸→手臂内侧前缘→手拇指	属肺，络大肠，与胃联系
	手厥阴心包经	胸→手臂内侧中间→手中指	属心包，络上、中、下三焦，通过横膈
	手少阴心经	胸→手臂内侧后缘→手小指	属心，络小肠，与眼联系
手三阳	手阳明大肠经	食指→手臂外侧前缘→肩→颈→头面	属大肠，络肺
	手少阳三焦经	无名指→手臂外侧中间→肩→颈→头侧面→与耳、眼眶联系	属上、中、下三焦，络心包
	手太阳小肠经	小指→手臂外侧后缘→肩→头面→眼耳	属小肠，络心，与胃联系
十二经络		外部	内部
足三阳	足阳明胃经	头面→胸腹→腿外侧前缘→足次趾	属胃，络脾
	足少阳胆经	头侧→胸胁→腿外侧中间→足第四趾	属胆，络肝
	足太阳膀胱经	目内眦→头颅→头后→背→腿后外侧→足小趾	属膀胱，络肾，与脑联系
足三阴	足太阴脾经	大趾→腿内侧中间→大腿内侧前胸缘→腹、胸	属脾，络胃，与心、舌联系
	足厥阴肝经	大趾→腿内侧→腹、胸胁	属肝，络胆，与肺、胃、眼、头顶联系
	足少阴肾经	小趾→足心→腿内侧后缘→腹、胸	属肾，络膀胱，与脊柱、肝、肺、心、喉、舌根联系

奇经八脉是指任脉、督脉、冲脉、带脉、阳跷脉、阴跷脉、阳维脉和阴维脉，既不直属脏腑，又无表里配合关系，“别道奇行”，故称“奇经”。

任脉，行于腹面正中线，其脉多次与手足三阴及阴维脉交会，能总任一身之阴经，故称“阴脉之海”。任脉起于胞中，与女子妊娠有关，故有“任主胞胎”之说。

督脉，行于背部正中，其脉多次与手足三阳经及阳维脉交会，能总督一身之阳经，故称为“阳脉之海”。督脉行于脊里，上行入脑，并从脊里分出属肾，它与脑、脊髓、肾又有密切联系。

冲脉，上至于头，下至于足，贯穿全身，为气血的要冲，能调节十二经气血，故称“十二经脉之海”，又称“血海”。同妇女的月经有关。

带脉，起于季胁，斜向下行到带脉穴，绕身一周，如腰带，能约束纵行的诸脉。

阴跷脉、阳跷脉：跷，有轻健矫捷之意。有濡养眼目的功能，司眼睑开合和下肢运动。

阴维脉、阳维脉：维，有维系之意。阴维脉的功能是“维络诸阴”，阳维脉的功能是“维络诸阳”。

（三）精气神学说

“天有三宝，日月星；人有三宝，精气神。”中医学的精气神理论，是研究人体内精、气、神各自的内涵、来源、分布、功能、相互关系，以及脏腑经络的相互关系的理论，它的形成与中国古典哲学中对精、气、神的认识密切相关。其对中国传统养生的影响不亚于阴阳五行学说。

精，又称精气，泛指人体内精华的物质，包括禀受于父母，与生俱来的先天之精，和源于清气和水谷，化生于肺脾胃，人出生后赖以生存的后天之精。先天之精在后天之精的充分滋养下，才能化合为充足的生殖之精以繁衍生命。如此，生命循环不断，社会滚滚向前。

气在《黄帝内经》中有多种含义，从其共性而言，有如下特点：第一，运动不息。《灵枢·脉度》：“气之不得无行也，如水之流，如日月之行不休。……如环之无端，莫知其纪，终而复始。”说明气是不断运动、流行不止的，在人体内有规律地周行全身。一切生命机能都在气的运动变化中完成，故《素问·六微旨大论》曰：“成败倚伏。生乎动，动而不已，则变作矣。”可见，生命的存在，以气的运动为前提，气的运动停止，便是生命的终结。所以《素问·五常政大论》曰：“气止则化绝。”第二，无固定形状。《灵枢·决气》曰：“上焦开发，宣五谷味，熏肤，充身，泽毛，若雾露之溉，是谓气。”指出气虽具有多种功能，但它却像“雾露”般无固定形状。第三，有征可寻。《素问·气交变大论》曰：“善言气者，必彰于物。”说明气虽无形可见，但却可通过一定的物质运动形式表现出来。根据上述特点可知，运动是物质的根本属性，气是客观存在的物质，但它不是有固定形状、肉眼可见的物质，而是无形有征的能量运动。按照现代科学的认识，能量也是物质存在的形式之一，也属物质范畴。因此，中医学的气，可定义为：人体内具有生命活力、不断运动、无形有征的精微物质。它既是人体的重要生理组成部分，也是机体生命活动的动力。

“神”字本义指北斗的斗柄，后衍生出万物“主宰”之意。《说文解字》曰：“神，天神，引出万物者也。”《黄帝内经》引入“神”的概念，主要有如下含义：第一，指自然界物质运动变化的规律。如《素问·五运行大论》曰：“天地之动静，神明为之纪。”谓自然万物的变化规律即神明。第二，主宰生命的关键。《灵枢·天年》曰：“失神者死，得神者生也。……神气舍心，魂魄毕具，乃成为人。”说明神是决定生命存亡的关键，在胚胎发育过程中，只有具备了“神”，才能发育成为有生命的人。主宰生命的“神”，一旦失常，便会影响生命活动，甚至导致生命机能的丧失。所以，《素问·玉版论要》曰：“神转不回，回则不转，乃失其机。”第三，指人体生命活动的外在征象。“有诸内，必形诸外”，内在的神机运动，可通过外部征象表现出来，凡视听言动、形色舌脉、喜怒忧思悲恐惊等都是神的具体体现，故中医学将生命活动的外部征象，即信息反映，亦称作“神”，并据此判断生命机能的得失存亡，如《素问·移精变气论》曰："得神者昌，失神者亡。"第四，指人的精神、意识、思维活动。《素问·八正神明论》曰："神乎神，耳不闻，目明心开而志先。慧然独悟，口弗能言；俱视独见，适若昏；昭然独明，若风吹云，故曰神。"说明人对外界事物的体察、领悟、见地、把握、理解等意识思维过程皆属于神的内容之一。

以上关于"神"的四种含义，前者属于哲学范畴，后三者又相互关联，可分不可离。神居内则为生命活动的主宰，现于外则为生命活动的征象。精神、意识、思维活动是人区别于一般动物的本质特征，其意义可包含于"主宰""征象"之神中。

精、气、神分别代表着生命活动的本原及物质基础、生命活动的动力及能量运动、生命活动的主宰及外在征象。在生命活动中，精气神密切相关，缺一不可。其中，精主静而内守，气与神动而外运，故精与气、精与神之间存在着既对立，又互根互用的辩证关系。精能化气、生神，是气与神的物质基础；精足则气充，气充则神旺；气能生精、化神，气足则精盈，精盈则神明；神能驭气、统精，神明则气畅，气畅则精固。三者协调统一，才能维持人体正常的生命活动。

精气神与五脏关系十分密切，二者均是生命活动的主要内容，精气神着重于生命基本要素的阐发，五脏是对生命整体功能系统的概括，是生命活动的执行者。因此，精气神是五脏系统的功能保障，而五脏系统是精气神发挥作用的场所及载体。

模块2 运动养生的原则与方法

一、运动养生的原则

（一）动静结合

动功与静功结合，静中有动、动中有静。

（二）练养相兼

指锻炼与合理休养并重，与一味注重强度，不顾休息相对而言，对体弱者尤其重要。

（三）循序渐进

运动养生是通过锻炼以达到健身的目的，因此，要注意掌握运动量的大小。运动量太小则达不到锻炼目的，起不到健身作用；太大则超过了机体耐受的限度，反而会使身体因过劳而受损。孙思邈在《千金要方》中指出："养性之道，常欲小劳，但莫大疲及强所不能堪耳。"剧烈运动会破坏人体内外运动平衡，加速某些器官的磨损和生理功能的失调，结果缩短生命进程，出现早衰和早夭。所以，运动健身强调适量的锻炼，要循序渐进，不可急于求成。操之过急，往往欲速而不达。

（四）持之以恒

锻炼身体并非一朝一夕的事，要经常而不间断。“流水不腐，户枢不蠹”，只有持之以恒、坚持不懈，才能收到健身效果，三天打鱼两天晒网不会达到锻炼目的。运动养生不仅是身体的锻炼，也是意志和毅力的锻炼。

二、运动养生的主要方法

运动养生可采用我国传统的健身运动，如太极拳、五禽戏、八段锦、易筋经。

（一）太极拳

太极拳是我国传统的健身拳术之一。由于其动作舒展轻柔，动中有静，圆活连贯，形气和随，外可活动筋骨，内可流通气血，协调脏腑，故不但用于技击、防身，而且更广泛地用于健身防病，深为广大群众所喜爱，是一种行之有效的传统养生法 。

太极拳是一种意识、呼吸、动作密切结合的运动，“以意领气，以气运身”，用意念指挥身体的活动，用呼吸协调动作，融武术、气功、导引于一体，是“内外合一”的内功拳。

重意念，使神气内敛。练太极拳要精神专注，排除杂念，将神收敛于内，而不被他事分神。神内敛则“内无思想之患”，而精神得养、身心欢快；精神宁静、乐观，则百脉通畅，机体自然健旺。《素问·上古天真论》云：“恬淡虚无，真气从之。精神内守，病安从来?”

调气机，以养周身。太极拳以呼吸协同动作，气沉丹田，以激发内气营运于身。肺主气司呼吸；肾主纳气，为元气之根。肺、肾协同，则呼吸细、匀、长、缓。这种腹式呼吸不仅可增强和改善肺的通气功能，而且可益肾而固护元气。丹田气充，则鼓荡内气周流全身，脏腑、皮肉皆得其养。

动形体，以行气血。太极拳以意领气，以气运身，内气发于丹田，通过旋腰转脊的动作带动全身，即所谓“以腰为轴”“一动无有不动”。气经任、督、带、冲诸经脉，上行于肩、臂、肘、腕，下行于髋、膝、踝，以至于手足四末，周流全身之后，复归于丹田，故周身肌肉、筋骨、关节、四肢百骸均得到锻炼。因此太极拳具有活动筋骨，疏通脉络，行气活血的功效。

由于太极拳将意、气、形结合成一体，使人身的精神、气血、脏腑、筋骨均得到濡养和锻炼，达到“阴平阳秘”的平衡状态，所以能促进人健康长寿，达到养生的目的。恰如《素问·上古天真论》所说：“提挈天地，把握阴阳，呼吸精气，独立守神，肌肉若一，故能寿敝天地。”太极拳之所以能够养生，道理也正在于此。

（二）五禽戏

五禽戏是一种中国传统健身方法，由五种模仿动物的动作组成。五禽戏又称“五禽操”“五禽气功”等，据说由东汉医学家华佗创制。它是中国民间广为流传的、也是流传时间最长的健身方法之一，其健身效果被历代养生家称赞。据传华佗的徒弟吴普因长年习练此法而达到百岁高龄。

五禽戏

五禽戏属古代导引术之一，它要求意守、调息和动形协调配合。意守可以使精神宁静，神静则可以培育真气；调息可以行气，通调经脉；动形可以强筋骨，利关节。由于是模仿五种禽兽的动作，所以，意守的部位有所不同，动作不同，所起的作用也有所区别。

1.虎 戏

即模仿虎的形象，取其神气、善用爪力和摇首摆尾、鼓荡周身的动作。要求意守命门。命门乃元阳之所居，精血之海，元气之根，水火之宅，意守此处，有益肾强腰，壮骨生髓的作用，可以通督脉、去风邪。

2.鹿 戏

鹿戏即模仿鹿的形象，取其长寿而性灵，善运尾闾。尾闾是任、督二脉通会之处，意守尾闾，可以引气周营于身，通经络，行血脉，舒展筋骨。

3.熊 戏

熊戏即模仿熊的形象。熊体笨力大，外静而内动。要求意守中宫（脐内），以调和气血。练熊戏时，着重于内动而外静。这样，可以使头脑虚静，意气相合，真气贯通，且有健脾益胃之功效。

4.猿 戏

猿戏即模仿猿的形象。猿机警灵活，好动无定。练此戏就是要外练肢体的灵活性，内练抑制思想活动，达到思想清静，体轻身健。要求意守脐中，以求形动而神静。

5.鸟 戏

鸟戏又称鹤戏，即模仿鹤的形象。动作轻翔舒展。练此戏要意守气海。气海乃任脉之要穴，为生气之海。鹤戏可以调达气血，疏通经络，活动筋骨关节。

五禽戏的五种功法各有侧重，但又是一个整体，一套系统的功法，如果经常练习而不间断，则具有养精神、调气血、益脏腑、通经络、活筋骨、利关节的作用。神静而气足，气足而生精，精足而化气动形，达到三元（精、气、神）合一，则可以收到祛病、健身的效果。恰如华佗所说："亦以除疾，兼利蹄足。"

（三）八段锦

八段锦是由八种不同动作组成的健身术，故名"八段"，因为这种健身功可以强身益寿，祛病除疾，其效果甚佳，而且体势动作古朴高雅，有如展示给人们一幅绚丽多彩的锦缎，故称为"锦"。

八段锦

八段锦对人体的养生康复作用，从其歌诀中即可看出。例如"两手托天理三焦"，即说明双手托天的动作，对调理三焦功能是有益的。两手托天，全身伸展，又伴随深呼吸，一则有助于三焦气机运化，二则对内脏亦有按摩、调节作用，起到通经脉、调气血、养脏腑的效果，同时，对腰背、骨骼也有良好作用。其他诸如"调理脾胃须单举""摇头摆尾去心火"等，均是通过宣畅气血、展舒筋骸而达到养生的目的。八段锦的每一段都有锻炼的重点，综合起来，则是对五官、头颈、躯干、四肢、腰、腹等全身各部位进行了锻炼，对相应的内脏以及气血、经络起到了保健、调理作用，是机体全面调养的健身功法。

站势八段锦的练法歌诀如下：双手托天理三焦，左右开弓似射雕，调理脾胃须单举，五劳七伤往后瞧，摇头摆尾去心火，背后七颠百病消，攒拳怒目增气力，两手攀足固肾腰。

（四）易筋经

易筋经是一种内外兼练的医疗保健养生功法，注重内外兼修，强调动静结合。“练内名洗髓，练外名易筋”“易筋者，欲坚其外。如果能内清静、外坚固，登寿域在反掌之间耳”。动者外动以易筋强骨，静者内静以攻心纳意，集内外兼修之长，静中求动（气）、动中求静（意），精练勤思，可达防治疾病、延年益寿的效果。

学练易筋经，除了姿势要正确，还必须掌握以下要点。

伸展：练习每势时要尽量伸展，《论语》载：“子之燕居，申申如也，夭夭如也。”俗语说：“睡不厌屈，觉不厌伸。”这说明人在清醒状态下身心舒展，是古人的养生妙法。

缓慢：动作慢是消除紧张和伸展的关键。

柔和：《内经》中讲：“骨正筋柔气血以流。”练习养生功多以修炼气脉为主，姿势正确、心平气和、肌肉放松是经络通顺、气血畅达的关键。

安静：练功时神态安详和安静。静止时固然安静，但内在有无限生机，使气血可更好地运动。动时要神态安详、意静心清。

呼吸：初练功时要缓缓地自然呼吸，有一定功夫后，逐渐进入“吐惟细细，纳惟绵绵”的呼吸。

专题六

职业健康

本章导读

职业实用体育是高等职业教育的重要组成部分，要求从事未来职业岗位工作的“准职业人”具有良好的健康水平、岗位特殊身心素质、终身体育锻炼能力和社会适应能力，以满足未来职业工作的需要。学习职业实用体育，了解职业病的相关知识，有助于学生在实践中更科学地进行体能训练，预防职业病的发生。

学习目标

- 了解职业实用体育的基本知识。
- 熟悉职业病的定义、分类和各类职业的工作特点。
- 了解职业体能训练及艺术类职业病防治。

模块1 职业实用体育概述

一、职业实用性体育的概念

职业实用性体育，是指青年大学生在选择体育锻炼项目时，把着眼点放在发展未来职业工种所需要的身体素质和基本活动能力方面，突出职业实用性的体育教学或专门的职业运动训练。

职业实用性体育作为高等职业教育的重要组成部分和终身教育、素质教育的重要阵地，其目的是通过体育锻炼，使从事未来职业岗位工作的“准职业人”具有良好的健康水平、岗位特殊身心素质、终身体育锻炼能力和社会适应能力，以满足未来职业工作的需要。

二、开展职业实用性体育教育的意义

高职院校开展职业实用性体育教育，是高职院校体育教育牢固树立和落实“科学发展观”的重要思想，实现高职院校体育教育全面、协调、可持续发展的重要举措，是高职院校培养人才最直接、最客观的需要。在培高水平养专业人才的同时，对实现市场经济条件下高职院校体育教育改革和积极拓展高职院校体育课程也有着重要的现实意义。

（1）职业实用性体育内容更广泛，趣味性更高，改善了高职院校体育课程老化、单一等问题。

（2）目前大部分高职院校的体育课程设置比较固化，开展职业实用性体育可以促进体育课程的校本化，提高体育课程的应用性。

（3）职业实用性体育课程体系强调专业针对性，减少了学生一些非必要体育内容的学习，减轻了负担；学习内容又直接与专业、与未来工作岗位有关，增加了实用性和现实价值。

三、职业实用性体育课程内容选择的依据

职业实用性体育课程内容选择应依据职业特点和职业体能的需要，选择与专业关系最密切、最符合职业体能要求的内容进行训练。只有这样，才能实现职业实用性体育教育的目的。其主要依据有以下几个方面：① 未来职业劳动的性质、形式、条件与环境；② 未来职业劳动对体育的需求；③ 职业体育图谱。

遵循的原则有如下几点。

（1）健身性原则：在“健康第一”思想的指导下，课程内容的设置应从健身的角度出发，考虑到学生现有的身体状况和运动技能水平；选用的教学内容能达到预期教学目标，并对学生的身心具有积极影响。

（2）补偿性原则：职业劳动会对身体造成一定程度的不良影响，选择的体育教学内容要针对以后的职业劳动，具有保健、矫正和预防职业病的功能，以有利于准职业人在以后的工作中通过体育保健手段恢复身体功能状态。

（3）针对性原则：职业实用性体育教学内容的选择，应从学生今后可能从事的职业的需求出发，选择能够提高学生职业特殊身体素质和职业能力的内容进行教学。

（4）趣味性原则：兴趣是人对客观事物的一种内在趋向性和内在选择性，兴趣是最好的老师。职业实用性体育课程的内容，必须选择学生感兴趣的、新颖的运动项目，对于一些比较枯燥的内容要进行创新。

（5）可持续发展原则：选择的教学内容具有后延性，能被学生今后从事终身体育所用，具有学生后续进行锻炼和创新的可操作性。

职业实用性体育课程内容的选择还应遵循灵活性、衔接性、适用性等原则。

模块 2 职业病

一、职业病的定义

职业病是指劳动者在工作或者其他职业活动中，因接触粉尘、放射线和有毒、有害物质等职业危害因素而引起的疾病。

人类自开始生产活动以来，就出现了因接触生产环境和劳动过程中有害因素而发生的疾病。追溯国内外历史，最早发现的职业病都与采石开矿和冶炼生产有关。随着工业的兴起和发展，生产或工作环境中使人类产生疾病的有害因素的种类和数量也在不断增加。因此，职业病的发生，常与社会经济生产的发展密切相关。近年来，我国职业病的发病率也呈上升趋势。

职业病必须满足《中华人民共和国职业病防治法》中所规定的四个条件：① 患病主体是企业、事业单位或个体经济组织的劳动者；② 必须是在从事职业活动的过程中产生的；③ 必须是因接触粉尘、放射性物质和其他有毒、有害物质等职业病危害因素引起的；④ 必须是国家公布的职业病分类和目录所列的职业病。四个条件需同时具备才被认定为职业病。

二、职业病的分类

《职业病分类和目录》规定，职业病有职业性尘肺病及其他呼吸系统疾病、职业性皮肤病、职业性眼病、职业性耳鼻喉口腔疾病、职业性化学中毒、物理因素所致职业病、职业性放射性疾病、职业性传染病、职业性肿瘤、其他职业病，共 10 大类，132 种。

职业病分类和目录

三、各类职业的工作特点

职业岗位特点

依据职业分类目录和教育部《普通高等学校高等职业教育（专科）专业目录（2015 年）》，结合劳动（工作）时的主要身体姿态，职业可分为静态坐姿类、静态站姿类、流动变姿类、工场操作姿态类和特殊岗位姿态类五种。各类职业的工作特点如下所示。

（一）静态坐姿类

从事静态坐姿类职业的主要是伏案工作人员，其职业特点是身体长期保持静态、坐姿、伏案，以脑力劳动为主，身体活动较少。调查表明，该类从业人员在每天 8 小时的工作时间中，保持坐姿工作的时间长达六七个小时。静态坐姿类的职业对人体的影响主要是导致含胸、驼背、眼肌疲劳、坐骨神经受压、下肢易麻木、上肢小关节劳损，以及心血管机能易减退等。这类职业对人的职业体能需求相对较低，主要是手指、腕部的灵活性，颈肌力量，肩背部分肌肉力量，眼肌活性等。

（二）静态站姿类

静态站姿类职业从业者主要是从事服务性的工作，其职业特点是长期保持站立姿势，但在一定程度上可以活动，手眼繁忙，精神长时间保持集中。长时间从事这类职业或工作强度较大时，容易出现下肢肿胀淤血、腰腿肌肉僵直、人体协调机能下降，易患下肢静脉曲张和心血管疾病。其职业体能需求是下肢力量以及静力性耐力、腰背部的肌肉力量等。

（三）流动变姿类

流动变姿类职业从业者主要从事的是户外工作。这类人员的工作既是脑力劳动，又是体力劳动，是一种超常规工作时长、无固定上下班时间、无周末和节假日休息的特殊性服务工作。他们有的连续工作十几个小时，有的连续奋战几天几夜，很容易引起体力透支而对身体健康造成损害。从事这类职业还必须具有良好的心理素质、协调能力和公关能力，具有较强的抗压能力、抗挫折能力，以便应对各种突发事件。

（四）工场操作姿态类

工场操作姿态类职业涉及的工种繁多，主要分为两大类：第一类是以体力劳动为主的职业；第二类是以灵巧为主的职业。这类职业人员工作时没有固定姿势，而是根据工作需要不断调整姿势，有时站，有时坐，有时蹲，有时又跪或伏。

（五）特殊岗位姿态类

特殊岗位姿态类职业主要是运动强度大、具有一定危险性的工作岗位。这类职业需要从业人员全身运动，劳动强度大，需要具有力量、速度、耐力、灵敏等全面素质，而且对人的心理素质也有较高要求，需要从业人员胆大心细、处变不惊、临危不惧。

长期从事这类工作对人的心肺等机体功能影响大，而且对人各部位肌肉和大小关节也有较大的影响；由于工作环境和强度的原因，从业者易患关节和器官功能性疾病。这类职业对人的职业体能要求最高，包含了体能素质的所有基本内容，即速度、力量、耐力、灵敏、柔韧和平衡。

模块3　职业体能训练及职业病防治

一、职业体能概述

（一）职业体能的概念

体能又称体适能，是指身体各部位或各系统对突发状况的应变能力，包括的范围较广，如速度、反应、耐力、肌力、平衡性、柔韧性、协调性和灵敏性等。职业体能是指与职业有关的身体素质以及在不良劳动环境条件下的耐受力和适应能力，是经过特定的工作能力分析后所需要具备的身体活动能力，包括重复性操作能力、背肌能承载静态力的能力、其他肌肉群能达到维持工作姿势要求的能力，以及人体对湿、热、寒等工作环境的忍耐能力等。

（二）体能在职业中的地位和作用

体能不仅与健康息息相关，而且与职业联系密切。实践证明，经常参加健身活动且体能强的人，不仅工作效率高，缺勤次数少，而且患职业病或由于其他造成体力衰竭的疾病而导致提前退休的可能性都小得多。在履行工作职务中，身体健康最简单、最实际的定义是：具有对日常身体需求做出反应的能力，有足够的储备能量应付突然的挑战。如果能满足每天的能量需要，能处理各种意想不到的额外的需求，具有一种现实而积极的自我形象，并能主动预防潜在的健康问题，那就是健康的。

研究表明，当工作繁重时，有氧健康值偏低的人只能以25%的能力工作8小时，普通健康状况的人能力维持在33%左右，而健康状况高于普通值的人则能够将40%的能力保持8小时之久。只有健康状况良好、热情有加的人才能在8小时中一直维持50%的工作能力。健康值相对较高的人的能力要高于健康值偏低的人。在有些工作中，健康的工人所做的工作是健康状况欠佳的工人的4～6倍，而这种较高的健康值就来自于较高的体能。

精力充沛、积极热情的人更容易被雇用，这一点已是公认的事实。由于健身活动带来的良好的体能，能够增进健康、陶冶性情和保证安全，那些精力充沛又热情积极的人有更多的机会得以表现甚至得到晋升。因此，现代社会更应重视健康活动在工作领域的作用，重视体能对职业的积极影响。

基础体能与职业体能

（三）与职业有关的体能

1. 速　度

速度是指人体（或身体的某个部位）进行快速移动的能力，包括三个方面：一是对各种刺激快速反应的能力，即反应速度；二是快速完成动作的能力，即动作速度；三是快速通过某一段距离的能力，即位移速度。

不同的工作岗位对速度的要求也是不尽相同的，具有良好速度的人一般能在某些特定的岗位中应对自如，并能取得较好的工作业绩。

2. 力　量

力量是人体运动技能的一种表现形式，是人体或人体某些部分肌肉收缩和舒张时克服阻力的能力。力量按照肌肉收缩形式可划分为静立性力量和动力性力量；按照体重与力量的关系可划分为绝对力量和相对力量；按照力量的表现形式可划分为最大力量、速度力量、力量耐力。

与职业有关的力量更多的是指最大力量和力量耐力。最大力量是指人体以最大肌肉力量强力收缩，对抗一种刚好能够克服的阻力时所发挥的最大力量值。力量耐力是指人体在克服一定外部阻力时，能坚持尽可能长的时间或重复尽可能多的次数的能力。

良好的肌肉力量和肌肉耐力，可以防止关节扭伤，减缓肌肉疼痛，对抗身体疲劳，维持正确的身体姿势，提高工作效率。

3. 耐　力

耐力是指有机体在较长的时间内，保持特定强度负荷或动作质量的能力，是人体最基本的身体素质之一。职业体能中需要的耐力是指心肺耐力，是人在工作中机体的循环系统保证氧气到达细胞以支持身体的氧化过程和运走物质代谢废物的能力。

心肺耐力对人的生活能力和工作能力均有重要的影响。心肺耐力的提高，除了改善人的心血管系统功能，提高有氧代谢能力，还能使人体的骨骼肌和关节韧带承受更长时间的工作，以及使人在心理上对克服长时间工作所产生的疲劳有充分的准备。

4. 柔　韧

柔韧素质是指人体各关节的活动幅度以及肌肉、肌腱和韧带等软组织的伸展能力。柔韧素质包含两个方面的含义：一是关节活动幅度的大小；二是跨过关节的肌肉、肌腱、韧带等软组织的伸展性。关节活动幅度取决于关节本身的结构，伸展性主要通过合理的训练获得。

柔韧性在工作中具有很重要的意义，是保证正常和安全工作的一个基本因素。具有良好柔韧性的人，肢体的活动范围大，关节不易扭伤，肌肉不易拉伤。柔韧性较差的人，还会限制力量、速度和协调性的发挥，使肌肉协调性下降，工作幅度受限，并造成身体姿势不良等问题。

5. 灵　敏

灵敏素质是指人体在各种突然变换的条件下，快速、协调、准确地完成动作的能力。灵敏建立在力量、速度、耐力、柔韧、协调性、节奏感等多种素质和技能之上，这些素质和技能取决于神经系统的灵活性、可塑性以及已建立的动作储备数量。

灵敏素质好的人身处复杂、多变的工作环境时，能够快速反应、判断、躲闪和随机应变，并能自如地操控自己的身体，调整身体位置，改变动作方向。灵敏素质好的人一般具有冷静的头脑、清晰的思维，还能优美、协调、准确、熟练地完成工作。

6. 平　衡

平衡是一种特殊的身体素质，是进行一切静态与动态活动的基础能力。平衡能力指人体所处的一种稳定状态，以及不论处在何种位置、运动或受到外力作用时，能自动对抗外力，调整并维持身体姿势的能力，即当人体重心垂线偏离稳定的支持面时，能立即通过主动的或反射性的活动使重心垂线返回到稳定的支持面内，这种能力称为平衡能力。

人的任何活动几乎都是在维持身体平衡的状态下进行的，尤其是大肌肉的活动，更需要有较好的平衡能力才能胜任。发展平衡能力有利于提高运动器官的功能和前庭器官的机能，改善中枢神经系统对肌肉组织与内脏器官的调节功能，保证身体活动的顺利进行，提高适应复杂环境的能力和自我保护的能力。

二、艺术类工作岗位体能及训练项目

根据教育部制定的《普通高等学校高职高专教育指导性专业目录》，其中涵括艺术门类的，见表 6-3-1。

表 6-3-1

艺术门类	专　业
服装纺织	服装设计、染织艺术设计、纺织品装饰艺术设计
林业技术	园林花卉技术
建　筑	建筑设计技术、室内设计技术、建筑装饰工程技术、园林工程技术、中国古建筑工程技术、环境艺术设计
包装印刷	包装技术与设计、印刷设备及工艺
公共事业	文化事业管理
艺术设计	艺术设计、产品造型设计、视觉传达设计、电脑艺术设计、人物形象设计、装潢艺术设计、装饰艺术设计、雕塑艺术设计、珠宝首饰工艺及鉴定、雕刻艺术与家具设计、旅游工艺品设计与制作、广告设计与制作、多媒体设计与制作
表演艺术	音乐表演、舞蹈表演、服装表演、影视表演、戏曲表演、编导
教　育	音乐教育、美术教育
广播影视	广播电视技术、摄影摄像技术、音像技术、影视多媒体技术、影视动画、影视广告、主持与播音、新闻采编与制作、电视节目制作、电视制片管理

根据艺术类各职业岗位工作时的主要身体姿态，将艺术类各职业的岗位分布、职业体能和训练项目进行归纳，具体见表 6-3-2。

表 6-3-2

岗位姿态	岗位例证	对应专业	职业关键体能	训练项目
坐姿类	文案、编剧、设计师、录音师、视频剪辑师、器乐演奏、音乐、影视后期制作、绘画、动画制作、插画师、游戏人物设计、陶瓷工艺制作	文管、编导、器乐、音乐传播、美术、动漫画、陶瓷工艺	颈肩部肌肉力量、上肢肌肉力量、腰背部肌肉耐力、手指手腕灵活性	羽毛球、普拉提、瑜伽
站姿类	主持人、礼仪、摄像、合唱演员、音乐 DJ	主持播音、公关礼仪、声乐	腰腿部肌肉力量和耐力、平衡力	瑜伽、形体、健美操、艺术体操
变姿类	导演、歌手、影视演员、乐队成员、摄影师、钢琴调音、钢琴维修	编导、影视表演、流行音乐、钢琴调律	腰背腿部肌肉力量和耐力、协调性	普拉提、健美操、游泳、艺术体操
特殊岗位类	舞蹈演员	舞蹈表演	协调性、柔韧性、腰腿部肌肉力量和耐力	瑜伽、普拉提、健美操、艺术体操

三、艺术类职业疾病的类型及预防

工作过程和工作环境中会存在或产生对职业人群的健康、安全等造成不良影响的要素或条件，也称为职业危害，这是造成职业疾病的直接原因。

结合艺术类工作的过程和环境，与艺术类职业相关的职业疾病有：尘肺（陶瓷专业、室内装潢专业、珠宝首饰工艺设计）、皮肤病（服饰专业、时尚品专业、陶瓷专业）、眼病（设计类专业、摄影摄像师、音视频后期制作、录音师）、耳病（钢琴调律、录音师）。

艺术类职业性的疾病与防治，见表 6-3-3。

表 6-3-3

职业岗位	工作特点	职业危害	职业危害预防
文案、CAD 制图设计、音视频剪辑、录音、动漫画制作	长期伏案、电脑操作	颈椎僵硬、干眼症、痔疮、驼背、脊椎侧弯、鼠标手	每 20 分钟转动颈部，30 分钟起身走动、眺望远方、韧带拉伸，手转球练习
合唱演员、主持人、歌手	长时间站立、发声	咽喉炎、声带小结、失声、静脉曲张	每 20 分钟练习休息 10 分钟，少量多次饮水，手倒立、瑜伽莲花坐姿
绘画、陶瓷工艺、模型制作、服饰设计	长时间坐立、处理原材料	颈椎僵硬、痔疮、驼背、脊椎侧弯、皮炎	每 20 分钟做颈部绕环、芭蕾基本站姿练习，穿长袖衣服或戴手套
调音师、录音师	长时间听音	听力疲劳或下降、神经衰弱	瑜伽冥想
摄像师、摄影师	不同体位拍摄、单眼视力、操控拍摄机器	单眼视力下降、肩周炎	站立手臂侧平举绕环

专题七

体育概述

本章导读

体育是人类文化的重要组成部分，其中高校体育作为学校体育乃至体育的有机构成，在实现教育目标方面有着十分重要的功能，是完成高等学校教育目标和人才培养工作的重要载体。

体育竞赛是一项复杂而细致的组织工作，其组织管理的水平直接影响整个竞是否能的顺利地进行。因此，根据不同体育竞赛的特点有计划、有步骤地组织好各种竞赛活动，对于达到运动竞赛的目的具有极其重要的意义。

学习目标

❖ 了解体育的概念和功能、高校体育的目标和任务、高校体育的组织实施。

❖ 学习体育竞赛的组织与编排。

模块1 高校体育概述

一、体育的概念

体育是人类社会发展中，根据生产和生活的需要，遵循人体身心的发展规律，以身体练习为基本手段，达到增强体质，提高运动技术水平，进行思想品德教育，丰富社会文化生活而进行的一种有目的、有意识、有组织的社会活动，是伴随人类社会的发展而逐步建立和发展起来的一个专门的科学领域。体育的概念有广义和狭义之分。

（1）体育的广义概念（亦称体育运动）是指以身体练习为基本手段，以增强人的体质，促进人的全面发展，丰富社会文化生活和促进精神文明为目的的一种有意识、有组织的社会活动。它是社会文化的一部分，其发展受社会政治和经济制约，也为社会的政治和经济服务。

（2）体育的狭义概念（亦称体育教育）是一个发展身体、增强体质、传授锻炼身体的知识和技能、培养道德和意志品质的教育过程；是对人体进行培育和塑造的过程；是教育的重要组成部分；是培养全面发展的人的一个重要方面。

二、体育的功能

体育的功能产生于体育的本质和社会的需要，并从促进社会物质文明和精神文明中表现出来。体育的功能可归纳为七个：健身、娱乐、促进个体社会化、社会情感、教育、政治和经济。

（一）健身功能

体育是以身体的直接参与来表现的，这是体育最本质的特点，它决定了体育的健身功能。

（1）改善大脑供血和供氧，提高中枢神经系统的适应能力，能使人心情舒畅，调节社会、生活和工作的压力。

（2. 促进人体的生长发育，加速新陈代谢。

（3）对人体内脏器官构造的改善有着积极的作用。

（4）刺激骺软骨的增生，促进骨骼的生长。

（5）提高肌肉的工作能力和运动能力。

（6）提高人体的免疫力、抗疾病能力和心理承受能力。

（7）提高对自然环境和社会环境的适应能力，预防疾病，延缓衰老。

（二）娱乐功能

体育运动既可以改善和发展身体，又可以陶冶情操，愉悦身心，增进交往，使人们在繁忙的工作和学习后，获得积极性休息。体育的娱乐功能通过参观和参与两个途径来实现。体育运动的观赏性，特别是竞技体育的高水平展现，使身体运动达到健与美、力量与速度的完美统一，能让观众得到美的享受。人们通过参加体育活动，在与同伴的默契配合、与对手的斗智斗勇以及征服自然的过程中获得不同的情感体验，可达到娱乐身心的目的。

（三）促进个体社会化功能

个体社会化是指人的社会化，也就是指由生物的人转变为社会的人的过程。体育运动在这一转化过程中起着重要的作用。体育运动能够教导人基本的生活技能，从初生婴儿的被动体操，到儿童游戏中的跑、跳、攀、爬，以至学会适应社会生活，这些都是后天通过体育活动获得的。人们进行体育运动，都要遵循运动的规则，都要在教师、教练、裁判的教育监督下有组织地进行，这就逐渐培养了人们对社会规范的遵守。体育运动是一种社会的行为，人们在活动和比赛中互相交往、相互交流，使人们的人际关系、社交能力得到提高。人类社会要健康发展，就要使青少年在生长发育过程中、中年人在健康保健过程中、老年人在延年益寿过程中，获取身体健康和体育运动方面的知识，通过这些知识，指导自己进行健康的体育活动，培养良好的生活习惯。体育促进个体社会化无处不在、无时不在。

（四）社会情感功能

体育的社会情感功能主要是指由于体育竞赛的对抗性和竞赛结果的不确定性，引起社会的极大关注，从而使人们产生各种情绪活动。例如，历届的奥运会、中国女排的五连冠、北京成功申办奥运会以及中国男足向世界杯决赛圈的冲击等，这些都能使人们体验各种情感波动，能使人的情绪得到宣泄。好的社会情感可以正面地积极地激励和鼓舞社会向前发展。由于体育运动的群众性、竞技性、观赏性，使得其他社会活动都无法产生体育运动那样巨大的社会情感。体育就像一块巨大的磁铁，将人们吸引到一起，共同欢乐，共同宣泄，共同振奋。

（五）教育功能

体育是教育的一部分，教育是体育的基本功能。人们参与体育活动的过程，就是一个受教育的过程，从学校、俱乐部、健身中心到训练场和各种活动场所，我们在锻炼中都要接受教师、教练和同伴的传授和指导。特别是在学校，由于学生正处于生长发育和世界观的形成时期，体育不仅指导和教育学生进行身体锻炼，而且可以对受教育者进行思想政治、意志品质和道德规范的教育。体育是传播价值观的理想载体，这是由它技艺性、群体性、国际性、礼仪性、竞技性的特点所决定的。它可以激发群众的爱国热情，振奋民族精神，教育人们奋发向上。人们在参与、参观体育活动的过程中会受到深刻的社会影响，对自身产生不可低估的社会教育作用。

（六）政治功能

客观上讲，体育和政治是相互联系、不可分割的，在任何国家，体育都要服从政治的需要，为政治服务。国际比赛是反映一个国家强弱的窗口，国家的政治、经济、文化、科技往往决定了竞技体育水平的高低。我们现在往往将体育竞赛比作和平时期的战争，赢得比赛就像赢得战争一样能够振奋民族精神，提高国家威望，使国人扬眉吐气。体育是一种文化交流的工具，它为本国的外交政策服务，国际比赛可以沟通国与国之间的关系，促进国家间的友好往来。

（七）经济功能

经济是一个国家的物质基础，体育的发展依赖于经济，受经济的制约。一个国家的体育运动，尤其是竞技运动开展得好坏，反映了这个国家的经济水平。但是体育运动又反作用于经济，体育作为第三产业越来越多地发挥着对国民经济的促进作用，且和商品经济的关系日益密切。在发达国家，体育的经济功能、经济效益得到充分的挖掘，而我国现在正处于起步阶段。体育运动的经济收益有两个实现途径：一是大型运动会，通过出售电视转播权、门票、广告和发售纪念币、邮票、体育彩票来获得；二是日常体育活动，体育设施的利用，热门项目的组织和比赛，娱乐体育活动的开展，体育服装、设施、器械的买卖，体育知识咨询和旅游都是获取体育经济效益的有效途径。

三、高校体育的目标和任务

高校体育是高校教育的重要组成部分。《全国普通高等学校体育课程教学指导纲要》（以下简称《纲要》）中明确规定：高校体育课程是大学生以身体练习为主要手段，通过合理的体育教育和科学的体育锻炼过程，达到增强体质、增进健康和提高体育素养为主要目标的公共必修课程；是学校课程体系的重要组成部分；是高校体育工作的中心环节。体育课程是寓促进身心和谐发展、思想品德教育、文化科学教育、生活与体育技能教育于身体活动并有机结合的教育过程；是实施素质教育和培养全面发展的人才的重要途径。《纲要》还根据课程的不同类型、学生的运动能力，确定了课程的基本目标和发展目标。

（一）基本目标

基本目标是根据大多数学生的基本要求而确定的，分为五个领域目标。

1. 运动参与目标

积极参与各种体育活动并基本形成自觉锻炼的习惯，基本形成终身体育的意识，能够编制可行的个人锻炼计划，具有一定的体育文化欣赏能力。

2. 运动技能目标

熟练掌握两项以上健身运动的基本方法和技能；能科学地进行体育锻炼，提高自己的运动能力，掌握常见运动创伤的处置方法。

3. 身体健康目标

能测试和评价体质健康状况，掌握有效提高身体素质、全面发展体能的知识与方法；能合理选择人体需要的健康营养食品；养成良好的行为习惯，形成健康的生活方式；具有健康的体魄。

4. 心理健康目标

根据自己的能力设置体育学习目标；自觉通过体育活动改善心理状态，克服心理障碍，养成积极乐观的生活态度；运用适宜的方法调节自己的情绪；在运动中体验运动的乐趣和成功的感觉。

5. 社会适应目标

表现出良好的体育道德和合作精神；正确处理竞争与合作的关系。

（二）发展目标

发展目标是针对部分学有所长和有余力的学生确定的，也可作为大多数学生的努力目标，分为五个领域目标。

1. 运动参与目标

形成良好的体育锻炼习惯；能独立制订适用于自身需要的健身运动处方；具有较高的体育文化素养和观赏水平。

2. 运动技能目标

积极提高运动技术水平，发展自己的运动才能，在某个运动项目上达到或相当于国家等级运动员水平；能参加有挑战性的野外活动和运动竞赛。

3. 身体健康目标

能选择良好的运动环境，全面发展体能，提高自身科学锻炼能力，练就强健的体魄。

4. 心理健康目标

在具有挑战性的运动环境中表现出勇敢顽强的意志品质。

5. 社会适应目标

形成良好的行为习惯，主动关心、积极参加社区体育事务。

为了完成上述目标，《纲要》规定，普通高等学校的一二年级必须开设体育课程（四学期共计 144 学时），修满规定学分、达到基本要求是学生毕业、获得学位的必要条件之一。三年级以上学生（包括研究生）开设体育选修课。课堂教学应与课外、校外的体育活动有机结合，学校与社会紧密联系。要把有目的、有计划、有组织的课外体育锻炼、校外（社会、野外）活动、运动训练等纳入体育课程，形成课内外、校内外有机联系的课程结构。

基本目标和发展目标虽然在层次上有所区别，但在执行过程中应该相辅相成、紧密结合。

四、高校体育的组织实施

（一）体育课

1. 必修体育课与公共选修课相结合

公共必修体育课是为一二年级在校生开设的体育课程，有严格的学时规定和学籍管理要求。凡是身体健康、无身体残疾的学生都必须按规定完成体育教学大纲中的基本任务，并通过严格的考核，获得相应的学分。公共体育选修课是为二年级以上的学生开设的体育课程，学生可根据自己的兴趣、爱好及未来职业的需要，自主选择适合自己的运动项目，以提高自己的运动能力。体育选修课是大学生培养体育意识、养成锻炼习惯、建立健康的生活方式的一个重要途径。

2. 理论课与实践课相结合

理论课是指在教室内运用多种现代教学技术手段，扩大学生的体育知识面，提高体育与健康的认知能力的过程。讲授的体育基础理论知识内容包括：① 体育的基本概念、体育与健康、体育与文化的基本知识。② 运动生理、心理、保健和卫生常识。③ 各种运动项目的基本知识，技术、战术理论以及规则与裁判法。

实践课是指在运动场馆，按照体育教学大纲规定的内容和教学进度进行的以身体练习为主的课程。通过学习各运动项目的技术、技巧以及身体活动和思维活动的紧密结合，在反复练习的过程中，促使学生掌握运动技能，承受一定的运动负荷，达到全面提高身体素质、增强体质、完善人格的目的。

（二）课外体育活动

1. 早　操

早操是大学生作息制度的重要组成部分，也是构建科学、文明、健康生活方式的基本因素。大学生坚持早操，是保持合理的生活作息制度、养成良好生活习惯的有效措施。早操可以提高学生大脑皮层的兴奋性，使之以良好的身心状态进入一天的学习生活，有利于提高学习效率。早操对形成良好的校风、班风、学风，促进校园精神文明建设也有重要意义。根据场地条件和具体情况，早操可以采取集中做广播操或分散锻炼的形式。分散锻炼可以根据个人的兴趣爱好，每天坚持活动 20 ～ 30 分钟，一般选择散步、健身跑、太极拳等锻炼内容，运动量不宜过大。

2. 课余休闲体育活动

休闲体育是人类休闲的一个重要方式，是满足人类生理需要、交流需要和娱乐需要的有效途径。休闲体育形式多样，它不仅能增强体质、促进健康、恢复体力、陶冶情操，还能激发生活热情、培养高尚品质，使人体会人生乐趣和实现自我价值。

学生利用课余时间进行的休闲体育活动每周应至少 3 次，活动方式可以是个体的，也可以是群体的。高等院校学生体育团体活动缤纷多彩，一般有以教学选项班为主的教学俱乐部以及以娱乐健身为主的单项协会，活动内容有一般性的身体锻炼活动、健身娱乐性活动和专项体育比赛等。

3. 课余体育运动训练

高校课余运动训练是利用课余时间，对部分身体素质较好并有某项运动专长的学生进行系统训练的一种专门教育过程，它是高校体育的一种主要组织形式，也是认真贯彻执行普及和提高相结合政策的重要措施。它一方面肩负着提高运动技术水平、创造优异成绩、参与校际和国际交往、为校为国争光的光荣使命，另一方面又承担着指导普及、促进高校体育运动蓬勃开展的艰巨任务。中国各高校都建立了本校师生喜爱的传统运动项目的校代表队，不少高校取得了令人满意的效果。

4. 课余体育竞赛

由于体育竞赛的竞争性和对抗性，经常开展班、系、校际及单项体育协会、教学俱乐部等层次的比赛，可以培养大学生的集体主义精神，锻炼学生的意志品质，发展社交能力，吸引更多人的参与，更有利于实现教育人的目的。体育竞赛能够展现一个学校的风采，提高学校的声誉，促进校际交流，丰富学校的精神文化。

5. 体育节

体育节以其具有的时代特点和独特的表现形式，成为校园文化的重要组成部分。体育节一般是结合有意义的节日或重大国际、国内的体育活动，利用体育周或体育日的形式，开展专题性的体育主题活动，进行体育教育和锻炼，如体育专题报告、体育讲座、体育知识竞赛、体育表演和体育比赛等。体育节活动能激发学生的体育兴趣，调动学生参与体育锻炼的积极性，对增强学生的体育意识、提高体育素养、拓宽知识面等都有重要意义。

模块 2　体育竞赛的组织与编排

一、体育竞赛对大学生概述

（一）体育竞赛的意义

体育竞赛是指充分利用课余时间，以争取优胜为直接目的，以运动项目、游戏活动、身体练习为内容，根据正规的、简化的或自定的规则所进行的个人或集体的体力、技艺、智力和心理品质的相互较量。

体育竞赛是实现学校体育目标的基本途径之一，它和体育与健康课程教学、课余体育锻炼、课余体育训练相辅相成，共同组成了学校体育的完整体系。

（1）通过体育竞赛可以检查和了解学校体育工作，总结并交流经验，互相学习，取长补短、促进提高。

（2）体育竞赛能动员和组织广大师生自觉积极地锻炼身体，促进教师与学生之间的体育交流。

（3）体育竞赛有助于巩固、提高教学和训练的效果，有利于培养学生运动能力，提高运动技术水平，发现和培养体育人才和骨干。

（4）体育竞赛能激励学生克服困难、奋勇拼搏的竞争意识，培养学生的合作精神、责任感和良好的体育作风。

（5）体育竞赛能丰富和活跃学校的课余文化生活，对增进友谊，加强团结，促进社会主义精神文明建设等有着积极作用。

（二）体育竞赛的种类

体育竞赛的种类繁多，既有世界性的、洲际性的、全国性的大型比赛，又有省、市等地区性的中型竞赛，还有学校等基层单位举办的小型竞赛。按竞赛的目的和任务的不同，可以把体育竞赛分为综合性竞赛和单项竞赛两种。

1. 综合性竞赛

综合性竞赛一般称为运动会或综合性运动会。它往往包含若干个运动大项的比赛，其目的是全面检查各项运动的普及和提高情况，广泛总结和交流经验，从而推动体育运动的发展。这种竞赛由于比赛项目众多、规模较大、组织工作较复杂，通常都是每4年举办一届，如奥运会、亚运会、全运会、全国大学生运动会等。

2. 单项竞赛

单项竞赛是以某一项目为竞赛内容而单独进行的竞赛，一般采用的单项竞赛形式有以下八种。

（1）锦标赛

锦标赛通常是指进行一个运动项目的比赛，又称“单项锦标赛”，其任务在于检查、总结某一运动项目的开展情况和训练经验，促使该项运动不断地发展和提高。在单项锦标赛中产生个人和团体冠军，有时也叫冠军赛。它一般由主管体育运动的政府机关或各项体育运动协会举办；地方和基层单位也可组织各项运动的锦标赛；国际单项锦标赛由各运动项目的国际协会组织定期举行，如国际足球联合会举办的世界足球锦标赛（世界标）、亚洲乒乓球联合会举办的亚洲乒乓球锦标赛等。

（2）杯　赛

杯赛与单项锦标赛任务相同，但它是由某个特定的部门或者个人倡议，以某种奖杯命名的比赛，如“戴维斯杯”网球赛、“汤姆斯杯”羽毛球比赛等。获得奖杯的方式、方法在竞赛规程中予以规定，有的在奖杯上刻上优胜者名字，有的是获胜者保存奖杯至下届比赛归还，有的是获胜者获得奖杯的复制品等。

（3）测验赛

测验赛是指为了达到一定的标准，或了解运动员成绩提高的情况而组织的比赛。这类比赛一般不记比赛名次，但应记录测验的成绩，如体育锻炼标准、身体素质、运动基本技术的测验比赛等。

（4）联　赛

联赛是在每年定期举办的同级别的队伍所进行的一种列入计划的规模较大的比赛。一般以集体项目为主，如篮球、排球、足球等运动项目的等级联赛。其任务是检查训练工作质量、交流经验、互相学习，从而提高运动技术水平。比赛结束后，成绩较好或较差的队按竞赛规程规定实行升降级，即乙级队中成绩最好的若干队可晋升为甲级队，而甲级队中成绩最差的若干队则下降为乙级队，分别参加所属级别下一次的联赛。

（5）对抗赛

对抗赛是指由两个或两个以上的国家、地区、单位、学校或班级之间联合举行的比赛，可以是双边、多边、定期或不定期的，目的是交流经验、切磋技艺、取长补短、共同提高。其特点是参加单位少、规模小，实力相近，便于利用业余时间进行，组织方便。

（6）邀请赛和友谊赛

这两种比赛是指由两个或几个单位、学校、班级，为增进友谊和团结，互帮互助，共同提高某一运动项目的水平而邀请其他单位、学校、班级举办的比赛。此种比赛均非正式比赛。

（7）选拔赛

为发现和挑选运动员，组织和补充代表队，准备参加高一级别的运动竞赛而进行的比赛，通常称为选拔赛。例如，学校为了充实某一运动队，组织相关学生进行比赛，从中发现和选拔人才。

（8）表演赛

为了宣传体育活动，扩大影响，参加庆祝、慰问纪念、集资等活动而举行的比赛称为表演赛。此种比赛着重技术、战术的发挥，一般不记名次。对准备开展项目的示范性介绍或参加重大比赛后的汇报表演均属于此类。

各类学校除可以组织上述比较正规的比赛外，主要以开展一些规则简单、形式灵活、对场地器材要求不高、容易组织和便于经常举行的各种非正规比赛，以吸引更多的人参加经常性的体育活动，从而提高身体素质。

二、体育竞赛的组织

（一）竞赛前的准备工作

1. 成立组织机构

组织机构的规模要与竞赛规模相适应。市、县一级单位或学校可结合具体情况简化组织机构。较大规模的赛会应设立组织委员会（竞赛委员会），一般还设仲裁委员会。组织委员会设主任、副主任、委员等，组织委员会下设竞赛处和秘书处。竞赛处下设竞赛组、裁判组、场地组和调研组等；秘书处下设宣传组、会务组、保卫组、医务组、后勤组等。

各级组织主要职责范围如下：

（1）组织委员会

组织委员会是竞赛的领导机构，主要负责制定和执行竞赛计划，审查、协调各组工作计划及检查执行情况，处理和决定竞赛中出现的问题，总结竞赛工作。

（2）裁判委员会（组）

裁判委员会（组）负责检查比赛场地和器材，组织裁判员赛前的学习和实习，安排比赛中的裁判工作，宣布比赛最终结果和名次等。

（3）办公室

办公室负责秘书、会议、联络、接待、食宿、交通、医务和财务等行政事务工作。

（4）竞赛处（组）

竞赛处（组）负责竞赛日程编排，编印秩序册，进行运动员资格及健康审查，检查场地器材，印制竞赛用的各种表格，安排好各参赛队赛前对比赛场地的适应性练习，组织好调研人员和辅助工作人员的培训，组织裁判长、领队及教练员联席会，负责开幕式、闭幕式的组织及奖品的分发等工作。

（5）宣传处（组）

宣传处（组）协助组委会进行新闻发布会的筹备工作，让更多的宣传媒体介入赛会进行宣传报道，负责思想教育和体育道德风尚奖的评选等。

（6）保卫处（组）

保卫处（组）负责赛会住地和比赛场地的安全保卫工作等。

（7）仲裁委员会

在组织委员会的领导下，仲裁委员会负责监督竞赛规则和竞赛规程执行，并对执行中所发生的问题、纠纷予以复审和裁决。

2. 制定竞赛规程

举行任何一项竞赛活动，首先要制定竞赛规程。竞赛规程是竞赛组织者和参加者的指导性文件。竞赛规程的内容一般包括运动竞赛的名称、竞赛的目的和任务、竞赛的时间和地点、参赛单位和人数、竞赛项目和表演项目、竞赛办法（分组、竞赛规则、确定名次的方法、计分方法等）、奖励办法（精神与物质方面及名额）、报名办法（参加人数、报名资格、手续、截止日期等）、特别规定及注意事项（运动服、队旗、号码顺序和尺寸、运动员资格审定及处理规定等）。竞赛规程一般于赛前几周或更早时间发给各参赛单位，以便做好赛前准备。

（二）竞赛期间的工作

（1）竞赛组：要及时登记和公布当天的比赛成绩；经常检查并管理好场地、器材设备。遇到特殊情况需要更改比赛场地、日期和时间时，要及时通知各队。

（2）办公室：应深入各运动队听取意见，改进工作，保证运动员、裁判员和工作人员的伙食、洗浴及休息。赛场应有医生做好处理伤病事故的准备工作，并做好食品卫生监督工作。

（3）裁判组：要及时组织裁判员小结，改进工作，保证比赛顺利进行。

（4）保卫组：应随时注意与会人员住地及赛场的治安工作，特别是在大会临近结束时更要加强保卫工作。

（5）宣传组：组织好宣传报道和道德风尚奖的评选工作。

（6）仲裁委员会：负责复审比赛期间执行规则及竞赛规程中发生的纠纷，受理申诉和控告等。对上述问题仲裁要及时处理，不影响比赛正常进行。

（三）竞赛结束工作

竞赛组及时核对比赛成绩，排出名次，交由裁判长宣布。召开组委会会议，听取工作汇报及意见，决定体育道德风尚奖的评选结果，组织闭幕式和发奖仪式，汇编、印发成绩册，安排和办理各队及裁判员离会的有关事宜，完成赛会总结并向领导部门汇报。

三、体育竞赛的编排

根据运动竞赛的具体要求、项目特点、参赛队（人）数、比赛的期限和场地设备条件等，可选用不同的比赛方法。最常用的有以下几种：

（一）淘汰制

淘汰制是通过比赛逐步淘汰成绩差的队或运动员，最后确定优胜者的方法。这种方法的优点是节省时间，缺点是不能比较合理地确定名次，不利于锻炼队伍、提高水平，是一种偶然性比较大的竞赛制度。一般是在赛期短、参加队（人）数多的情况下采用淘汰制。淘汰制有单淘汰和双淘汰两种形式。

1. 单淘汰

单淘汰是在比赛中，失败一次即失去比赛资格，获胜的队（人）继续参加比赛，直到最后确定优胜队（人）为止的一种比赛方法。

比赛轮次表的编排：首先确定轮次。单淘汰赛时，参加比赛的所有队或运动员（除轮空者外）各比赛一次为一轮。轮次是确定比赛顺序、时间和场数的主要依据；场数等于队数减一。单淘汰赛时的轮数是以 2 为底的幂的指数，如 8 人（队）参赛，$8=2^3$，则为 3 轮（图 7–2–1）。如果参加比赛的队（人）数不足 2 的乘方数时，则必须在第 1 轮的比赛中安排轮空，使第 2 轮比赛的队（人）数为 2 的乘方数。确定轮空队（人）数的方法是：稍大于参赛队（人）数的 2 的乘方数减去参赛的队（人）数，如 6 队（人）参加比赛，轮空队（人）数为：8–6=2。然后确定轮空队的位置，一般以稍大于参加比赛队（人）数的 2 的乘方数作为最大的位置号位，再按照轮空队（人）数在“轮空位置表”（表 7–2–1）上由左向右依次找出小于最大位置的号码数，就是轮空位置。凡与轮空位置相遇的队就是第 1 轮的轮空队。

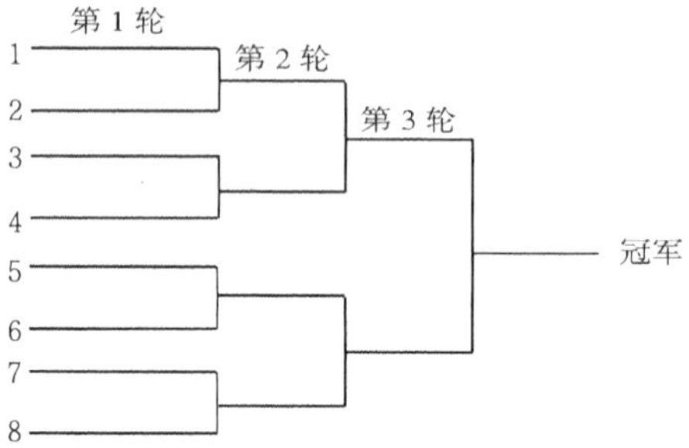

图 7–2–1

表 7–2–1 轮空位置（用于不超过 32 个队参赛）

2	31	18	15	10	23	26	7
6	27	22	11	14	19	30	3

为了避免强队与强队在初赛相遇被淘汰和使后阶段比赛更为精彩，以及能够客观地列出各队名次，一般采用“种子”队位置安排法。一般从 4 个队高一名“种子”为宜。如果只有两个“种子”队时，1 号种子队应排在上半区的 1 号位置，2 号种子队必须排在下半区的最后一个位置。在图 7–2–2 中，1、8 为种子，其他各队位置按抽签排定。若确定有 4 个种子队，除 1 号、2 号如上安排外，3 号种子应安排在下半区的最上一个位置，以使该队与 2 号种子队争夺决赛；4 号种子队则排在上半区的最下一个位置，使该队进入复赛，并与 1 号种子队争夺决赛权。最后再让其他各队抽签确定比赛

位置，如有轮空的机会，应先让强队轮空。

现以 13 个队参加比赛为例说明比赛轮次表的编排。稍大于 13 的 2 的乘方数（2^4）是 16，16–13=3，即在第一轮的比赛中，有 3 个队轮空，找出 3 个号位数。它们的轮空位置分别是 2 号、15 号、10 号位数。然后找出 1、16、9、8 的 4 个号数，这 4 个号数就是种子队位置（图 7–2–3），分别将 1 号、2 号、3 号、4 号种子按顺序安排进去。其他各队抽签排定位置。由于设 4 个种子队，而只有 3 个轮空位置，因此，有一个种子队在第一轮比赛中没有轮空的机会。

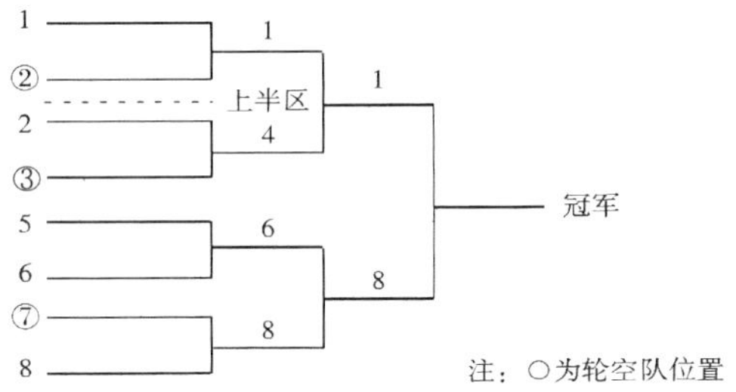

图 7–2–2

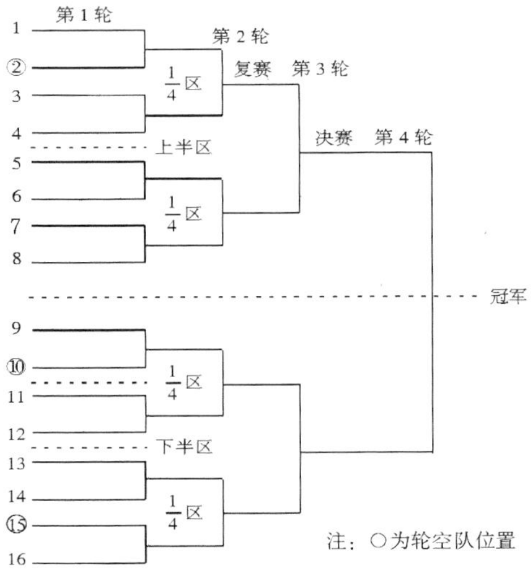

图 7–2–3

2. 双淘汰

在比赛中，失败两次之后即失去比赛资格为双淘汰。双淘汰给初次失败者增加了一次比赛机会。它所产生的冠亚军也比单淘汰较为合理。

双淘汰秩序的编排方法和单淘汰基本相同，也是先排种子后抽签。双淘汰比赛场数是以队数乘 2 再减 3。例如，参加比赛队数是 7 队，则比赛场数为 $7\times2-3=11$。参加双淘汰制的队数，如果不是 2 的乘方数，则在排秩序时，仍然要有轮空队。

（二）循环制

循环制是参加队（人）按一定的顺序与其他队（人）逐一相遇比赛，最后根据全部比赛的胜负数计算各队得分，确定各队名次。其优点是比赛和锻炼的机会多，有利于互相学习，共同提高，能够比较合理地确定名次；缺点是由于比赛场次多，所需时间长，并要求有一定的场地器材等设备条件。

循环制有单循环、双循环和分组循环等形式。

1. 单循环

单循环是指所有参加比赛的队（人）之间均相互比赛一次。这种方法一般在参加比赛的队数或人数较少时采用。

（1）计算比赛的轮次及场次

比赛的轮次数根据参加比赛队数或人数来确定，若参加比赛的队数或人数是偶数，则比赛的轮数是队数或人数减 1。例如，参加比赛的队数或人数是 6，那么比赛轮数为 6-1=5。若参加比赛的队数或人数为奇数时，轮数等于队数或人数。比赛场数 = 队数 ×（队数 -1）÷ 2。例如，有 6 个队参赛，则比赛场数 = 6 ×（6-1）÷ 2=15。也就是说，有 6 个队参赛的单循环比赛，要进行 5 轮 15 场比赛。

（2）比赛轮次表的编排

不论参加比赛队数或人数是偶数还是奇数，一律按偶数编排。如果是奇数，可以加一个“0”号使之成为偶数。把参赛的队（人）平均分为两半，前一半号数从 1 号起自上而下地写在左边，后一半号数自下而上地写在右边。然后把相对号数用横线连接起来，这就是第一轮的比赛。

1 号固定，其余的号数按逆时针方向移动一个位置，再用横线对连即为第 2 轮的比赛，以此类推，即成轮次比赛表。6 个队比赛的轮次如表 7-2-2，而 5 个队比赛的轮次如表 7-2-3。

轮次表排完后，各队（人）进行抽签，并把队（人）名按抽到的号码填到轮次表里。把各轮次的比赛编成日程表，即发至各队（人）。

表 7-2-2　6 个队比赛轮次表

第 1 轮	第 2 轮	第 3 轮	第 4 轮	第 5 轮
1—6 2—5 3—4	1—5 6—4 2—3	1—4 5—3 6—2	1—3 4—2 5—6	1—2 3—6 4—5

表 7-2-3　5 个队比赛轮次表

第 1 轮	第 2 轮	第 3 轮	第 4 轮	第 5 轮
1—0 2—5 3—4	1—5 0—4 2—3	1—4 5—3 0—2	1—3 4—2 5—0	1—2 3—0 4—5

2. 双循环

双循环宜在比赛队（人）数不多，赛期又较长时采用。编排方法与单循环相同，但比赛场次比单循环增加一倍，即队（人）与队（人）之间要比赛两次。其优点是各队（人）皆有两次相遇机会，能合理地排定名次，但因场次太多，赛期太长，一般较少采用。

3. 分组循环

分组循环是一种分阶段、分组进行单循环比赛的方法。它多在参加队（人）数多、比赛时间较短的情况下采用。其优点是节省时间，能较合理地排定名次，有较多的学习交流机会。其编排方法如下：

（1）计算比赛轮次与场次

分组循环比赛的轮次需根据每段、每组中的队（人）数进行计算分组轮次，计算法同单循环。分组循环的总场次等于各组比赛场次之和。

（2）分组循环比赛表的编排

分组循环通常分为预赛和决赛两个阶段进行。

预赛阶段根据竞赛规程规定和实际情况，将参加队（人）平均分成若干组的同时，排出决赛阶段的比赛表，并且应以代号（×组×名）方式，直接把预赛阶段的小组名次排在决赛阶段比赛表相应位置上，决赛时按表进行比赛。决赛阶段常用的比赛方法有同名次赛、分段赛、录取名次赛等。

同名次赛就是将预赛阶段各组相同名次的队（人）编为一组进行单循环比赛，决出相应的名次。

分段赛是将预赛中各小组的名次分为几段，再将各小组同一段名次的队组成一组进行单循环比赛，排出总名次。

录取名次赛是根据规程规定录取名次数，将预赛中成绩优秀的队编为一组决出录取的名次，其他队不用比赛。

如果将淘汰法和循环法两种方法配合使用，则称为混合制。混合制将比赛分为两个阶段，前一阶段采用分组循环法，后一阶段采用淘汰法，也可先分组淘汰后循环。

（三）轮换制

将运动员分成若干组，在同一时间内，分别进行各个项目的比赛。赛完一项后，各组依次轮换再进行另一项比赛。例如，竞技体操团体比赛的男子 6 个项目、女子 4 个项目的比赛方法就是轮换制。

专题八

体育文化与欣赏

本章导读

体育文化是人类本身需求的特殊反映，它是人类在体育生活和体育实践中创造出来的，并通过有形的身体形态、动作技能、运动器材、物质以及无形的与社会属性相关的意志、观念、时代精神反映出来，突显了各具特色的存在方式。

随着现代社会的发展，人们越来越关注体育比赛，体育欣赏在人们现实生活中所占的分量越来越重，体育比赛所独有的审美价值是任何文化娱乐活动所不能取代的。

学习目标

- 了解体育文化的基础知识和不同的体育文化形态。
- 了解体育美的内容及体育欣赏的方法。

模块1 体育文化

一、体育文化的概念与特性

（一）体育文化的概念

体育文化的现象和历史源远流长，可以追溯到人类原始社会时期，但体育文化的概念却是在近代出现的。当人们把体育作为一种文化现象加以认识时，就产生了综合全部体育活动的“体育文化”这一概念。

“体育文化”一词最早被译为“身体文化”，德国学者菲特在1818年所著的《体育史》中就已使用“physical culture”一词，即“身体文化”。19世纪末，人们对身体文化的解释越来越宽泛。有人认为，身体文化就是身体锻炼；有人提出，身体文化是一种旨在促进健康和增强体力的身体运动体系，是与自然运动形式相对应的人为的体育形式；还有人认为，身体文化是包括从身体涂抹油剂、颜料，营养的摄取和沐浴设施直到身体训练的运动器械在内的各种文化现象的总和。

第二次世界大战之后，苏联和东欧各国把“身体文化”作为体育的广义概念来使用，认为它是整个文化的组成部分。1974年，国际体育名词术语委员会出版的《体育运动词汇》给“体育文化”下的定义是：体育文化是广义文化的一个组成部分，它综合各种利用身体练习和提高人的生物学和精神潜力的范畴、规律、制度和物质设施。在历史的长河中，由于受世界各国、各民族社会生产力发展的影响，文化的内容和形式会随着时代的变化而演进，因而，人们对体育文化的理解见仁见智。

当今，体育以及文化的形式和内容有了更大的发展。为了适应新时期的体育特征，我们把体育文化的概念阐述为：体育文化是在人们增进健康、提高生活质量的过程中创造和形成的一切物质和精神财富的总和，是关于人类体育运动的物质、制度和精神文化的总和。

（二）体育文化的特性

1. 民族性

人类文化的存在和发展，不仅有共性的一面，也有极具丰富性的一面，甚至是具有很大个性的一面，这种人类文化的差异，就是民族性的表现。各个不同地域的人类，创造了不同类型、不同形态的文化，又塑造了具有不同文化特征的群体。任何形式的民族文化都与本民族的形成、延续和发展历程密切相关，都与本民族的地理环境、人种特点、风土人情、经济条件、生产力水平，乃至和社会结构相适应。这些反映本民族传统的体育文化规范着本民族的体育行为，也影响着人们体育价值观的形成。中国体育文化在儒家文化的长期影响下形成了以追求“统一”“中和”“中庸”的思想，追求修身养性的娱乐性和技巧性为主要特色的体育文化。

2. 时代性

时代在不断地演化和发展，各个不同的历史时期有着不同的生产方式。人们总是生活在一个特定的环境中，人们在生活实践中所创造的文化也都离不开这个环境的影响，因此，特定的文化也具有特定的性质、特定的内容和特定的形态，表现出鲜明的时代性。

3. 社会性

文化的社会性，也称文化的群众性，这是因为任何文化都离不开大众，更不能离开社会。如果说人离开了文化，就不能成为真正的人；同样，社会离开了文化就会变成一个愚昧的社会，因此，人、文化和社会三者之间形成了相互关联、相互作用的复合体。

4. 差异性

文化的差异性既表现在一个地区、一个民族的行为习惯上，也表现在价值标准和价值观念上。例如，东方体育文化有重礼节、求持中（中庸思想）、重自身完善和求个人身心平衡的品格，表现了人的内在品质和言行相一致的东方色彩；而西方体育文化则表现出竞争、激进、冒险的风格，人们常把身体健美的人视为崇拜的偶像，表现了外在和言行开诚布公的西方特色。再者，南方人由于灵巧而善于技巧性运动，北方人由于体力充沛而善于摔跤、马术；南方人由于身体单薄而需要比北方人更多的相互协作，在体育运动中表现为集体项目的倾向，北方人由于身高力大及性格上的特征，表现出较多的个性化项目的属性等。

5. 继承性

文化的继承性也可被称为传统性。在养生学的发展中，东方人原先主张以静养生，后来有人主张以动养生，再后来主张动静结合。这是体育文化的延续和人们不断深化认识的过程。

二、体育文化的形态

（一）民族传统体育文化

民族传统体育是我国悠久历史发展的产物，是中华民族文化的一个组成部分。独特的地理环境、区域位置、生活方式、宗教信仰和社会制度，孕育了我们独具特色的传统文化及民族性格，从而形成了与西方特点不同、风格有别的传统体育。我国的民族传统体育除了具备现代体育的一般属性外，还具有历史性、传统性、民族性等社会特征，除在活动范围、起源方式、发生发展等方面具有自身特色之外，还具有浓郁的民族文化色彩。

1. 中国传统体育追求与自然的统一

武术是中国传统体育的典型代表，虽然它的拳种流派很多，但一般都要求根据大自然的季节和地理环境的变化而采取不同的练习方法，如形意拳锻炼时要与四时相配，要按四季发展的规律（即春发、夏放、秋收、冬藏）进行。流行于广东的“少林八卦五行功”则要求练功者根据不同的季节，分别进行卧功、坐功、站功和走功的练习。

除了在练功时间上追求与自然变化相统一以外，对练功地理环境的追求也是中国武术的一大特点。在传统武术训练中，一般都要求训练场所“须择山林茂盛之地，或奇观庄严之处，或房屋洁净之区”，以达到人与自然环境之间的和谐统一。

2. 中国传统体育追求练神与练形的统一

神是指人体的精神思维活动，包括意识、心理等活动。形是指形体，包括人体的皮肉、筋骨、脉络、脏腑及充盈其间的精血，它是人体生命活动的物质外壳。在对待形与神的关系上，我国传统观点历来是主张形神为统一、相互联系的有机体，并有“精神内伤，身必败亡”(《黄帝内经·素问》)之说。

中国传统体育主张以动养形，以静养神，形神共养。针对人之形体喜静不喜动，人之精神喜动不喜静的特点，汉代名医华佗亦说：“动摇则谷气得消，血脉流通，病不得生，譬有户枢不朽是也。”他还由此创编了运动强身法“五禽戏”，后世所创编的丰富多彩的运动健身方法也是由这种思想而来的。中国古人在主张以动养形的同时，对静亦养神也给予了高度重视，创编了无数以静养神的方法，即以“健身气功”为名的各种功法。

最能体现形神共养、共练特点的是中国传统体育所强调的动中有静，静中有动，动静结合。例如，气功中的静功是指练功时躯体在空间保持不动的一类功法，虽从外形上看是没有有意识的肢体运动，但气血却要在意念的支配下形成有意识的运动状态，这是动静结合的一种形式。另外一种形式是指气功中动功和武术的一般练习方法，指练习时，躯体在空间的位置不断地发生变化的一类功法，此时人体外形在有意识地运动，而精神却要求保持专一、宁静，从而做到动静结合。在传统武术练习中还流传有“内练一口气，外练筋骨皮”的说法，这都充分体现了中国传统体育文化整体性的特点。

3. 中国传统体育追求培养人与社会相和谐的意识

这一特征反映在中国传统体育上，即中国武术的武德文化。在中国武术众多的流派中，几乎都无一例外地重视对习武者武德、操行的培养和教育，制定了许多戒约、规定。例如，《昆吾剑言》规定了“十不传”，即“人品不端者不传；不忠不孝者不传；无恒志者不传，不知珍重者不传，文武不就者不传；借此求财者不传；俗乏入骨者不传；市井之人不传；拳脚行不传；心术不正者不传”;《少林戒约》云：“平日对待师长，宜敬谨将事，勿得有违抗及傲慢之行为。对待侪辈，须和顺温良，诚信勿欺；不得恃强凌弱，任意妄为。”

中国传统体育这种追求培养人与社会相和谐的意识特点，充分体现了中国传统体育的整体性特点。

（二）竞技体育文化

1. 竞技体育概述

（1）竞技体育的概念

竞技体育亦称竞技运动，是体育的重要组成部分，它是以体育竞赛为主要特征，以创造优异运动成绩、夺取比赛优胜为主要目标的社会体育活动。远在史前时代早期的人类生活中，便已经出现以争取胜利为特点的原始、古朴的体育比赛形式。此后，这种活动形式又经过古代的长期发展，内容更加丰富多彩，不少项目已略具雏形，为近代运动打下了基础。在近代，比赛活动获得了越来越大的独立性，并被定名为“竞技运动”。在当代，竞技运动经过不断发展、演进，不仅在理论原则和实践方法上日臻成熟，而且影响也不断扩大，成为一个遍及社会各个阶层、遍布世界五大洲的特殊社会现象。人们常说竞技体育是一种艺术，因为竞技体育能够超越语言和其他社会因素的障碍，依靠大众的传播媒介，而不需要借助其他形式和附加条件（如翻译），可直接为人们所接受。艺术是审美意识物化的集中表现，它能培养人们的美感。竞技体育有各种有效规则来阻止不公平，是一种艺术的创造，给人一种既激烈、精彩，又和谐、优美的感觉。

（2）竞技体育的目的与任务

竞技体育的目的是不断提高运动员的竞技能力，在竞赛中创造优异的运动成绩；挖掘和表现人类身体、精神的巨大潜力，为国家和民族争取荣誉。为了实现上述目的，竞技体育须完成以下任务：

① 挖掘人的潜能，提高运动技术水平。竞技体育追求的是“更快、更高、更强”，因此，竞技体育的主要任务之一就是通过长期、系统的科学训练，挖掘人的潜能，使人不断地超越自身，提高运动技术。

② 满足社会文化的需求。竞技体育要为人们提供高水平的、具有观赏性的比赛，以达到为人们提供娱乐和休闲、满足社会文化需求的目的。

③ 推动体育产业的发展。竞技体育的发展必然改变人类的消费结构，促进与运动训练、体育比赛有关的物质资料的生产和流通，因此，竞技体育已成为体育产业，甚至经济的重要组成部分。竞技体育的另一重要任务是积极参与到经济发展中来，为推动体育产业的发展和社会经济的繁荣做出贡献。这个任务的实现，也会为竞技体育自身的发展提供重要的物质基础。

2. 竞技体育文化的特征

（1）竞争性

激烈的竞争性是竞技体育区别于学校体育和大众体育的本质特征之一，在此基础上形成的竞技体育文化是以竞争为重要内容的文化。竞技体育的目的就是战胜对手，因此，竞技体育要求其参加者要最大限度地挖掘自己的潜能、最大限度地发挥自己的能力去战胜对手而夺取胜利或锦标。由于第一或金牌只有一个，因此竞技体育的竞争性还具有强烈的排他性。竞技体育文化的竞争性不仅是与他人的竞争，还是与自我的竞争和与自然的竞争。

（2）规范性

现代竞技运动的发展要求运动员必须具有高度完美的技艺，否则就难以取得比赛的胜利。高度的技艺性是竞技体育运动赖以存在的基础，但高度的技艺又是以技术、战术和各种训练的规范性为基础建立起来的。竞技体育的规范性还表现在各个竞技体育项目的竞赛规则、竞赛规程等制约机制的规范性和竞技体育管理的规范性等方面。竞技体育的规范性是其不断壮大并越来越国际化的基本条件之一。

（3）公平性

竞技运动中的竞争应该在高度公平的条件下进行。也就是说，竞技运动比赛应该不偏袒任何参赛者。没有公平竞争，竞技运动便无法正常进行。为保证公正、公平地进行竞争，竞技运动的组织者对比赛项目、时间、地点、场地器材及运动员的参赛资格做出了明确的规定，为运动员的参赛行为及比赛组织和裁判工作制定了严格的行为规范，竞赛规程和规则就是其中最主要的、要求参加者共同遵守的行为规范。比赛不仅必须严格根据规程和规则的要求来进行，平时的训练也必须根据规则的要求有针对性地进行。

3. 奥林匹克运动

（1）古代奥林匹克运动

古希腊奥运会从公元前 776 年起至公元 394 年止，共举行了 293 届。公元 2 世纪后，基督教统治了包括希腊在内的整个欧洲，它反对体育运动，奥运会也随之名存实亡。394 年，罗马皇帝狄奥多西一世下令废止奥林匹克运动会。436 年，狄奥多西二世烧毁了奥林匹亚的大部分建筑物。522 年、551 年，接连发生了两次强烈地震，使奥林匹亚遭到彻底破坏，成了一片废墟。

（2）现代奥林匹克运动

① 现代奥林匹克运动会的起源

法国教育家皮埃尔·德·顾拜旦男爵（1863—1937）在 1889 年提出举行现代奥运会的想法，并在国内外广泛宣传。1894 年 6 月 16 日，12 个国家的 79 名代表在巴黎举行“国际体育运动代表大会”，成立了国际奥林匹克运动委员会，并决定从 1896 年起每隔 4 年按古希腊奥林匹克运动会传统举办大型运动会。从 1896 年第 1 届现代奥运会开始，到 2016 年为止共举行了 31 届，期间因两次世界大战的影响停止了第 6 届、第 12 届、第 13 届夏季奥运会，实际上只举行过 28 届。

奥运会比赛项目

② 奥林匹克主义

奥林匹克主义是将身体和精神方面的各种品质均衡地结合起来，并使之得到提高的一种人生哲学，它将体育运动与文化、教育融为一体。奥林匹克主义所建立的生活方式是以奋斗中体验到的乐趣、优秀榜样的教育价值和对伦理基本原则的推崇为基础的。奥林匹克主义的基本内容为：奥林匹克主义的中心思想是人的和谐发展；体育运动是实现人的和谐发展的重要途径；体育运动必须与文化、教育相结合。

③ 奥林匹克运动的宗旨

《奥林匹克宪章》以明确的语言表述了这一运动的宗旨：“奥林匹克运动的宗旨是通过开展与奥林匹克主义及其价值观相一致的体育活动来教育青年，从而为建立一个和平而更美好的世界做出贡献。”

④ 奥林匹克精神

奥林匹克精神就是互相了解、友谊、团结和公平竞争的精神。奥林匹克精神强调友谊、团结、互相了解，其意义就在于它为奥林匹克运动提供和开创了一种必不可少的文化氛围和精神境界。只有在公平竞争的基础上，竞争才有意义，才能保持和加强团结与友谊，奥林匹克运动才能实现它神圣的目标。

奥运会物质遗产和精神遗产

⑤ 奥林匹克格言

奥林匹克格言是“更快、更高、更强”，这句话充分体现了奥林匹克运动不断进取、永不满足的奋斗精神。它既指在竞技场上面对强手时应发扬大无畏的精神，争夺拼搏，敢于胜利；同时也是指对自己永不满足，不断战胜自己，向新的极限发起冲击。不仅如此，这一格言还鼓励人们在自己的各个方面不断地超越自我，不断地提高，永远保持蓬勃的朝气。

（3）奥林匹克运动与中国

① 中国的百年奥运之路

1907 年，著名教育家、体育家张伯苓先生在天津青年会第 5 届学校运动会演说中指出，许多欧洲国家虽然获奖机会甚微，但仍派出选手参加奥运会，中国应加紧准备，争取早日参加奥运会。1908 年，《天津青年》发表文章，向国人提出了三个问题：中国何时才能派一位选手参加奥运会？中国何时才能派一支队伍参加奥运会？中国何时才能举办奥运会？

1922 年，当时任北京大学校长的王正廷，成为第一位中国籍和远东地区的国际奥委会委员，使中国与国际奥委会建立了直接的联系。

1932 年洛杉矶第 10 届奥运会，中国派出一名运动员刘长春参加比赛，虽然成绩不佳，但向世界宣告了中国奥林匹克运动的存在。1936 年和 1948 年中国又分别参加了第 11 届和第 14 届奥运会。期间，国际奥委会又于 1936 年和 1947 年分别增补了孔祥熙和中华全国体育协进会总干事董守义为国际奥委会中国委员。

② 中华人民共和国的奥运发展之路

1949 年，中华人民共和国的成立给奥林匹克运动在中国的发展提供了前所未有的机遇。

1952 年，在芬兰赫尔辛基的国际奥委会会议上，以多数票通过了邀请中国参加第 15 届奥运会的决议，这是中华人民共和国第一次派团参加奥运会。1954 年，国际奥委会在雅典举行的第 49 次会议上，正式承认中华全国体育总会为中国国家奥委会。后因国际奥委会中某些人坚持在国际奥林匹克运动中制造“两个中国”，1958 年 8 月，中华全国体育总会发表声明，中断与国际奥委会的一切关系。在国际体坛和国际奥委会的一些人士的努力下，1979 年 11 月，国际奥委会根据中国的提议，以通讯表决的方式通过决议，确定了著名的“奥运模式”，恢复中国在国际奥委会中的合法席位，允许台湾地区作为中国的一个地方性组织在国际体育组织中拥有席位。

零的突破

③ 2008 年北京奥运会

2008 年 8 月 8 日至 24 日，第 29 届奥林匹克运动会在中国首都北京举行。此届奥运提出了三大理念：绿色奥运、科技奥运、人文奥运。举行了 28 个大项（田径、游泳、体操、举重、射击、射箭、赛艇、帆船、皮划艇、自行车、跆拳道、柔道、摔跤、拳击、马术、击剑、现代五项、铁人三项、乒乓球、羽毛球、篮球、排球、足球、手球、曲棍球、垒球、网球和棒球）、38 个分项的比赛，产生了 302 枚金牌（其中中国获得 51 枚），有两万多名运动员、教练员和官员参加北京奥运会。除大部分比赛在北京举行外，帆船比赛在青岛举行，马术比赛在香港举行，部分足球预赛在天津、上海、沈阳和秦皇岛举行。2008 年北京奥运会口号是“同一个世界、同一个梦想”，集中体现了奥林匹克精神的实质和普遍的价值观——团结、友谊、进步、和

北京奥运会中的“首次”

北京奥运会中的辉煌

谐、参与和梦想，表达了全世界人民在奥林匹克精神的感召下，追求人类美好未来的共同愿望。尽管人类肤色不同、语言不同、种族不同，但共同分享着奥林匹克的魅力与欢乐，共同追求着人类和平的理想。

北京申办冬奥会

（三）校园体育文化

1. 校园体育文化的含义

校园体育文化是指校园内所呈现出的一种特定的体育文化氛围，它是学校的师生员工在体育教学、健身运动、运动竞赛和体育设施建设等活动中形成和拥有的所有的物质和精神财富，以及体育观念和体育意识，它是以学生为主体，以课外体育文化活动为主要内容，以校园精神为主要特征的一种群体文化，它和校园德育、智育和美育文化等一起构成了校园文化群，又与竞技运动文化、大众体育文化组成了广义的体育文化群。

2. 校园体育文化的特点

校园体育文化是在长期的体育教学实践中逐步形成的，是一种文化的历史积淀。它在社会文化环境和学校本身发展的合力作用下形成，尽管不排除人为的主观努力，但从总体上看是客观的、独立的。教育界有种共识：凡是育人工作有特色，对外声誉较高的学校，一般都有优良的、健康向上的校园文化，更有丰富多彩、生动活泼的校园体育文化。校园体育文化作为一种客观存在，不管你是否意识到，它总是会对学校的发展产生积极的作用。

（1）校园体育文化具有连续性和继承性

校园体育文化和其他文化一样，具有历史延续性，是可以形成传统和风气的。学校体育传统和风气是指一个学校在体育活动方面形成的带有普遍性、重复出现和相对稳定的一种集体行为风尚，是学校教育的一种氛围与环境，是师生员工共同创建的校园文化，是校风的有机组成部分。这种传统和风气作为一种社会文化现象，不是在短时间内可以形成的，需要长期的积累和人们的坚持不懈。

（2）校园体育文化的新颖性

校园体育文化的最大特色就在于它的新颖性。例如，在每年的学校运动会上推出的团体操、健美操、武术表演以及广播体操比赛、趣味性游戏等内容，体育社团在公共场合组织的一些表演、训练和竞赛，以及校运动队优秀运动员的训练、竞赛等，都能带给大家新奇与惊喜。

（3）校园体育文化的闭合性

学校是一个大组织，其内部由一个个小组织构成，因此具有组织分明、组织单位集中的特点。这也给校园体育文化带来了新的特点：一方面在内容上向开放方面发展，但另一方面也存在形态上的相对闭合，从而形成了一个个“体育文化圈”，如院校里的专业、年级、班级以及自发组成的专项体育协会等。这些群体组织形成的相对闭合的体育文化圈，形成了相对独立、相对固定的群体和相对确定的实际对象。也可以这样说，校园体育文化就是由一个个体育文化圈组成，没有体育文化圈，就没有校园体育文化。

3. 校园体育文化建设措施

（1）加强媒体宣传力度

运用标语、图展、广播、校园报纸、校园电视和“三微一端”等媒体形式，进行体育文化的渗透，使师生员工真正认识到强健身体的重要性，培养他们对体育的兴趣，提高参与程度，使大家都了解体育、参与体育，享受体育带来的乐趣。

（2）重视课外体育活动

课外体育活动是开展体育文化活动的主要途径，它既要完成体育锻炼的任务，又要活跃学生的课余文化生活。课外体育活动对提高学生的锻炼意识和积极性有很好的促进用。

（3）组织体育知识讲座

体育知识讲座是丰富学生体育知识的重要手段。可以请校内外体育专家、运动员配合体育教学任务进行讲座，介绍国内外体育赛事、体育形势和体育文化等，以拓宽学生视野，丰富学生体育文化知识。

（4）组织体育知识竞赛

学校组织体育知识竞赛具有简单易行的特点。可充分利用所掌握的知识，组织班级、年级甚至全校的体育知识竞赛活动，以提高学生对体育文化的兴趣和参加的积极性。

（5）发挥本校体育传统，形成特色

体育文化的传统和特色，指的是一个学校在体育方面带有普遍性、重复出现的一种独具特点的文化形态，表现出自觉、经常的基本特征，并具有教育、导向、规范、凝聚和激励的力量。由于各个学校的类型、规模、办学条件和师生的构成等不同，再加上学校所处的地区、环境和地理气候等的差异，决定了建设校园体育文化的具体思路会有所不同，因此，在建设校园体育文化的过程中，各个学校应该根据自己的具体情况发展校园体育文化，最终形成自己的体育特色。

（6）加强校园体育文化的物质建设

校园里的体育建筑、雕塑，加上设施、场地等，它们本身就是一种文化现象，是人的本质力量外化的产物；同时，它们又是文化的载体，凝聚和展示着人类的知识、思想和智慧，体现着人们的情操、意志和价值观念等多种文化特质，这些特质能对人起到一种潜移默化的作用。此外，体育建筑、场地和设施等，作为一种依托，又承载着师生们体育锻炼的实践过程，因此，要努力创造条件以加强体育物质文化建设，包括建造体育场馆、添置体育设施和合理地使用已有的场地设施和用品。

（四）大众体育文化

1. 大众体育概述

（1）大众体育的概念

大众体育亦称群众体育，是为了娱乐身心、增强体质、防治疾病和培养体育后备人才，在社会上广泛开展的体育活动的总称，而在此基础上形成的运动文化被称为大众体育文化。按照不同的分类标准，大众体育包括职工体育、农民体育、社区体育、老年人体育、妇女体育和伤残人体育等。大众体育文化就是在大众体育运动的开展过程中，通过宣传、传授和欣赏等手段，满足群众身体运动和体育欣赏需求的文化内容。

（2）大众体育的需求

大众体育不同于竞技体育要求的“更快、更高、更强”，也不同于学校体育强调教育的功能。大众体育着重满足参与者的健身、健心、健美、娱乐和医疗等需求。

提高大众的身体素质，保证大众的身心健康是大众体育的根本任务。大众体育在丰富人民群众闲暇生活的同时，满足人民群众的健身需求，通过运动塑造身体形态，提高身体素质。大众体育在满足大众健身需求的同时，也要满足大众的健心需求。社会生活要求快捷、高效，必然会造成社会成员心理压力的增大，这时通过各种形式的体育运动，将不良情绪发泄出来，有利于其心理健康。大众体育对参与者娱乐需求的满足主要表现在通过形式多样、趣味性较强、负荷较小的内容丰富大众的闲暇生活。大众体育通过满足参与者健身、健心、健美和娱乐的需求，将大众吸引至其中，从而为他们的身心健康提供保障，达到调养身心，减少医疗支出的目的。

2. 大众体育文化的特点

（1）参加对象的广泛性

大众体育是以全体社会成员为对象的，不同年龄、不同性别、不同爱好和不同职业的人，都可以在其中找到适合自己的位置。近年来，弱势群体和特殊群体体育活动的开展，使得大众体育的对象更加广泛。

（2）活动时间的业余性

作为业余文化活动的内容之一，大众体育服从并服务于生产和工作。近年来，由于人们生活水平的提高和闲暇时间的增多，体育活动越来越为广大人民群众所喜爱，参加体育活动已成为人们业余生活中的第一需要。

（3）活动内容的娱乐性

大众体育的活动内容，以广大群众喜闻乐见为前提，在自愿的基础上进行自主选择，因此，它是一种非功利性的体育活动。参加者在活动过程中轻松、愉快、没有压力，能充分满足其兴趣和爱好，其娱乐的性质在活动过程中占主要地位。

（4）目的的多样性与活动功效的复合性

由于大众体育是在自愿、自主的原则下进行的，参加活动的人可根据自己的需求确定其目标，因此，大众体育的目的呈现出多样性。不同的人抱有不同的目的，人们在活动的过程中满足健身、健美、医疗康复、休闲娱乐、社会交往和陶冶情操等需要，因而表现出活动功效的复合性。

（5）形式的灵活性与松散性、组织管理的复杂性

由于大众体育的目的呈多样性，因而在操作的过程中，其形式也出现了灵活多样的特点。与学校体育、竞技体育的组织性、纪律性不同，大众体育既然是自愿参加，自主选择项目，实行“因人制宜、因时制宜、因地制宜”原则，因而其自发性、松散性在所难免。大众体育参加者人数多、范围广，素质水平参差不齐，并且其参与是建立在自愿的基础之上的，因此其组织管理的难度较大。

3. 大众体育文化的内容

大众体育文化是为群众服务的体育文化，因此，大众体育文化的内容需要是普适的、易懂的。大众体育文化的接受对象范围广，年龄跨度大。大众体育文化几乎包括了体育文化的全部内容：从活动方式来看，群众对运动项目的选择包括了现有的全部运动项目；从物质内容来看，随着群众生活水平的提高，以运动器材、体育场地为主体的物质水平也在提高，群众对物质的需求与日俱增；从精神文化方面来看，赛事欣

赏需要满足各阶层群众的欣赏水平，高尔夫球、网球和拳击等比赛都拥有一定数量的观众。

4. 全民健身

（1）全民健身的由来

全民健身旨在全面提高国民体质和健康水平，以青少年和儿童为重点，倡导全民做到每天参加一次以上的体育健身活动，学会两种以上健身方法，每年进行一次体质测定。为纪念北京奥运会成功举办，国务院批准：从 2009 年起，将每年的 8 月 8 日设置为“全民健身日”。

图 8–1–1

全民健身日的标志（图 8–1–1）以 8 月 8 日中的两个“8”作为主体，巧妙组合出两个迎着朝阳、昂扬向上、充满朝气、极富动感和现代感的健身男女图形，生动形象，富于表现力，不仅具有直观、树立典范的效果，更能传递出全民健身人人参与、人人受益和天天健身、天天快乐的健身理念。专家一致认为，此作品表达了全民健身的意象，图案简洁、活泼、明了，线条干净，极具运动感、现代感，既具有中国特色，又易于传播。

（2）全民健身的目的

2008 年对中国竞技体育来说是极度辉煌的一年。当烟花散尽，繁华消退，全民奥运热潮渐渐褪去时，中国体育也悄然回归本位。在“后奥运时代”，群众体育必将得到越来越高的重视。为了满足广大人民群众日益增长的强身健体需求，国务院批准 8 月 8 日为“全民健身日”，将健康向上的大众体育精神传达给公众，推广健康生活的理念。

胡锦涛同志曾讲了四个重要——体育已经成为推广文明生活方式的重要途径，已经成为增强青少年身体素质的重要方法，已经成为推动经济和社会发展的重要力量和沟通世界、联系世界的重要桥梁，因此，“全民健身日”是一个标杆，是一个推动力，推进全民健身长效化、机制化，推动中国从体育大国向体育强国的目标迈进。“通过‘全民健身日’的宣传和带动，让健身成为人们生活的一部分，使人民群众真正享受到体育带来的健康和快乐，让体育在人的全面发展与和谐社会的构建中发挥更加积极的作用!”时任国家体育总局局长刘鹏表示，这将是“全民健身日”最成功之处。

（3）《全民健身计划 2016—2020》

全民健康是国家综合实力的重要体现，是经济社会发展进步的重要标志。全民健身是实现全民健康的重要途径和手段，是全体人民增强体魄、幸福生活的基础保障。实施全民健身计划是国家的重要发展战略。在党中央、国务院正确领导下，经过各地各有关部门和社会各界的共同努力，覆盖城乡、比较健全的全民健身公共服务体系基本形成，为提供更加完备公共体育服务、建设体育强国奠定了坚实基础。面对人民群众日益增长的体育健身需求、全面建成小康社会的目标要求、推动健康中国建设的机遇挑战，需要更加准确把握新时期全民健身发展内涵的深刻变化，不断开拓发展新境界，使其成为健康中国建设的有力支撑和全面建成小康社会的国家名片。为实施全民健身国家战略，提高全民族的身体素质和健康水平，国务院于 2016 年 6 月下发了关于印发《全民健身计划 2016—2020》的通知。该计划的目标是到 2020 年，群众体育健身意识普遍增强，参加体育锻炼的人数明显增加，每周参加 1 次及以上体育锻炼的人数达到 7 亿，经常参加体育锻炼的人数达到 4.35 亿，群众身体素质稳步增强。全民健身的教育、经济和社会等功能充分发挥，与各项社会事业互促发展的局面基本形成，体育消费总规模达到 1.5 万亿元，全民健身成为促进体育产业发展、拉动内需和形成新的经济增长点的动力源。支撑国家发展目标、与全面建成小康社会相适应的全民健身公共服务体系日趋完善，政府主导、部门协同、全社会共同参与的全民健身事业发展格局更加明晰。

模块 2 体育欣赏

一、体育美的内容

体育美，是人类有意识培育身体活动所展现出来的美的总称。体育美的形态多种多样，主要表现为身体美、运动美、精神美。

（一）身体美

身体美是指人类健康的身体所呈现的美，它是由机体良好的生理和心理状态综合显示出的健康之美。体育最充分和最丰富地展示了充盈着生命力的身体美。这种美主要通过运动过程表现出来。体育能创造出适应社会不断发展所需要的体力和脑力劳动的能力与体质。经过体育锻炼的人，其挺拔健壮、比例匀称的骨骼，丰满凸显、刚劲有力的肌肉，功能强健、代谢旺盛的器官系统，以及灵活均衡、兴奋抑制高度集中的大脑中枢神经，形成了一个直观而完整的富有健康美的人体。身体美由以下几个方面组成。

（1）身体素质美：主要是人体活动显示出的力量、速度、耐力、灵敏及柔韧性等能力。力量——身体运动时肌肉收缩的能力，可以表现出强大的生命力之美；速度——速度美；柔韧——人体骨骼关节、韧带、肌腱及皮肤等的伸展性带来的身体曲线的变化，能表现柔和、弛缓和轻松的柔韧美（协调美）；灵敏——身体在紧急情况下的反应所表现的灵敏美（机智美），常给人带来惊奇、赞叹和意想不到的愉快情绪；耐力——良好的耐力素质能充分地显示出身体的坚毅美。

（2）形体美：主要是指身体外表令人悦目的体型和优美的姿态，形体美往往可分为：体形美——包括身体曲线美、匀称美和强壮美；姿态美——包括坐姿美、立姿美和行姿美。

（3）体质美：包括身体各部器官美、各系统功能良好美。

（4）风度美：主要是指人的言谈、举止、态度的良好表现。

（5）容颜美：主要是指人的容貌，包括面容美——容颜美的外在集中反映；眼睛美——通过各种眼神反映出来，如喜悦、愤怒、恐惧、焦虑、绝望等；笑容美——指传达美的情感，如“回眸一笑百媚生”；青春美——指从年龄的角度来观察美的特征；朴实美——指质朴无华、淡雅大方之美。

（6）运动服饰美：主要是指身体着装之美。体现了个性美——正确选择和使用颜色，是突出服装个性的有效方法；表现美——与人的气质、修养有关；和谐美——指各因素之间的协调一致；平衡美——注重个性、共性和整体联系。

（二）运动美

运动美是身体的运动之美。它是人在参与体育过程中生命运动和思维运动的各种形式所产生的综合效应。

（1）动作造型美：表现在干净、敏捷、协调、连贯、舒展、跳动、优美、富有节奏等。身体活动表现的运动美主要是在身体形态美和身体素质美的基础上的动作造型美。技术动作随着时代和社会的不断变化而发展，运动项目的不断增加和更新，向着高、难、快、变、新、美方面发展，使动作造型越来越科学、惊险和复杂，甚至令人难以捉摸。运动员这些优美的动作造型，不仅仅在客观上给观众美的欣赏，而且自身在完成这些动作之后，也会油然产生一种心满意足的情绪，产生美的享受。这种感触的反馈，会加倍激发运动员进一步去掌握和规范优美的技术动作，从而不断提高运动技术水平。

（2）技战术美：竞技是操纵身体的能力和充分发挥技巧的竞争活动，是提高运动技术水平的重要途径。运动形式的丰富，使单纯地表现体力的方法和手段已显得不适应了，提高技术、战术的要求逐步跃居首位。竞技者不但要善于操纵自己的身体，还要注意身体与器械的配合，与同伴的默契，以及了解对手的情况。现代竞技运动训练由原来的经验、体力投入型转为科学、智力投入型，各种比赛日益复杂化和立体化。这就要求运动员在运动过程中用熟练的技术，把各种动作合理组合起来，表现出运动美。技术熟练，便显得轻松自如，完美无瑕。遵循运动训练规律，尽可能减少多余的做功，才能充分表现训练有素的技术美，也才能创造优异成绩。战术美是建立在娴熟的技术美和素质美的基础之上的，运动员在竞赛中能采取灵活的对策，根据对手的实力及技术、战术的发挥和运用，而随时改变自己的战术形式。克敌制胜的战术就是美的，美的战术能使体育竞赛的艺术色彩更浓，如“田忌赛马”。

（三）精神美

运动中的精神美（意志品质美）是在奥运争光计划和全民健身计划中表现出来的伦理道德、风尚、意志、情操的美。

（1）道德美：运动员在技术表演和健美形体展示的同时，所表现出的良好的社会公德、伦理道德和职业道德。

（2）意志美：为国争光的顽强拼搏精神和胜不骄、败不馁、机智勇敢、沉着果断的优良品质，是时代精神美、社会理想美、社会道德美的体现，对运动员自身是一个培养磨炼的过程，对广大观众也是一种美的感染的熏陶。由此会产生一种“移情”，即运动员在精彩表演的过程中所表现出的意志品质美，感染着观众，引起观众的内心模仿。

（3）风尚美：人们在集体练习中体现的协调、默契配合、团结协作的集体主义精神，以及运动员在各类比赛中服从裁判、尊重观众、听从指挥，表现了人与人之间的关系美和社会风尚美。

（4）修养美：包括政治修养、体育修养、艺术修养等。体育中的审美教育不同一般的思想政治教育，是通过对体育美的感受、认识、理解，从中感受愉悦，从愉悦中受到教育。

（5）情感美：由思想和感情综合形成。体育运动通过生动、鲜明、具体的形象感动人，以美感人，以情动人，不论是直接参加者还是观赏者，都能得到精神调节。它使人们认识到人的价值力量，感受到人类蓬勃向上的精神风貌。这就是精神美的巨大魅力所在。

二、体育欣赏的方法

（一）不同体育美的欣赏

1. 形体美的欣赏

美学家认为，人的美感最先产生于对“轮廓”的良好印象。这里说的“轮廓”是指人体的外观形象，亦可简称为形体，包括人的体形、姿态和风度等内容。体育比赛作为人体生理性对抗的一种运动方式，通常以空间活动表现人的体形、姿态和风度，故具有复杂多变、造型奇特、动作鲜明等特点。因此，由人体运动姿态、艺术造型和表演风格构成的形体美，离不开对身体曲线和姿势、肌肉形态、皮肤色泽、面部表情和气质风度等内容进行综合评价。特别是那些艺术造型强的竞技项目，往往通过超凡的力量、动作技巧和造型艺术，把运动员匀称的肌肉、矫健的身姿、优美的体形雕刻得玲珑剔透；通过极富神韵的表演风格，把运动员的外在动作和内在情感展现得淋漓尽致，使观赏者体验到运动员的蓬勃朝气和青春活力。

形体美包含着人体的强壮美、体态美、体形美这些外形的美，同时也包含一些内在美的因素，如素质美、风度美等。此外，运动员的皮肤色泽、发型和服装等也都是构成形体美的因素。

2. 动作美的欣赏

在运动过程中，人的形体或部位的造型所展现出的美称为动作美。在比赛中，运动员的动作都是在“动”中进行的，所以我们在欣赏时，应把“动”作放在首要地位。体育通过各种人体动作展示多姿多彩的动作美，各种运动项目以优美、细腻、柔韧、精巧、刚健、雄劲、明快、敏捷的动作组合来塑造美、创造美、表现美。动作美的特点在于准确、干净、协调、连贯、敏捷、舒展而富有节奏，给人以完美无瑕的感觉。

刚柔对比是形成动作美的重要手段。在体育活动中，我们一般把男性化的刚毅、强壮、雄健、豪放、壮丽、剧烈的动作表现视为阳刚之美，而把女性化的柔和、优雅、纤巧、缠绵、秀丽、平缓的动作表现视为阴柔之美。

3. 技术美的欣赏

当你看到优美的高、难、险、新的运动技术时，将获得赏心悦目的美的感受和精神的享受。对技术美的欣赏往往是和对动作美的欣赏联系在一起的。

技术美具有准确、协调、连贯、节奏感强以及平衡性、实效性高等特点。技术美充分显示了人的本质力量，它以特有的魅力使人们欣喜、愉快、惊奇和赞叹。

为了提高运动技术水平，必须寻求能合理有效地完成动作的方法，于是“技术”成为体育比赛的关键因素。而运动员为追求理想的动作模式，在高、难、险、新技术方面所做的努力，又使“技术”更添魅力。

4. 战术美的欣赏

战术美是在复杂多变的运动中，充分发挥运动员的素质和技术特点，在争取胜利中体现出来的一种美。战术在激烈的比赛对抗中，被称为发挥技术的先导、驾驭比赛的灵魂，是夺取比赛胜利的法宝，也是反映运动员的知识、技术和心理、智力因素的综合指标，特别是在一些集体项目的比赛中，其表现得尤为突出。

由战术表现的美感，可在比赛双方对战术的选择、应用和变化中得到反映。要特别注意运动员根据各自情况，合理调配力量，扬己之长，充分发挥良好的素质、绝妙的技术和环环相扣的战术配合。欣赏他们巧施计谋，在比赛中以柔克刚和出奇制胜，从而领略巧妙战术带给我们的美的感受，从更高层次体验美的意蕴。

5. 健康美的欣赏

欣赏体育比赛可以体验健康美。当观众见到运动员体态匀称、肌肉强健、动作敏捷、技艺超群、肌肤圆润等外观形象时，就能产生“由表及里”的效果，并把这些体育健康美的感觉印刻于心。如果按“启迪自我”的高标准要求，还可以从与自我健康的对比中，接受活泼、欢快、纯洁、开朗和创造热情等健康因素的感染，进一步认识体育锻炼对塑造人体健康所起的作用，由此树立追求健康的信念，从中获得改善自我健康的勇气和力量。

6. 风格美的欣赏

（1）思想风格、行为作风等综合社会意识美

在比赛中欣赏到运动员（队）良好的思想风格，不仅是一种美的享受，而且也能受到道德修养的教育。体育比赛，实质上是一种复杂的社会活动，因此，在比赛中所表现出的各种思想、道德、行为都不是虚构的，而是一种真实的社会行为表现。

（2）技术风格美

技术风格美是指运动员（队）在技术、战术上所表现出来的特长与特点，即技术、战术风格和风貌上的个性之美。每个运动员（队）根据各自的特点和具体条件，创造出与众不同的风格，构成了自己独特的技术风格美。

7. 内在美的欣赏

体育是人类在几千年发展过程中创造出来的宝贵的文化财富。随着人类社会的高度发展，现代体育已成为一种影响广泛的全球性文化活动。现代体育比赛的内涵更加明确，外延更加丰富、深刻，充满了时代精神和人生的哲理。因此，作为文化层次较高的大学生，把欣赏体育比赛仅仅当作娱乐活动是不够的，还应在欣赏中深入地思考，使我们的观念、思维、情趣等都能得到启迪和升华。

从技术、战术等多角度来欣赏体育比赛可以得到美的享受，这主要是由于体育比赛洋溢着外在美。那么，我们从体育比赛的多方位、多层面来欣赏就会感受到一种无

形的内在美。运动员经过长期科学、艰苦的训练和多次临场比赛的经验积累，达到或接近尽善尽美的程度而获得成功时，他们发自内心的巨大快感、自豪感和自我价值以及愿望完全实现的幸福感，旁观者也会有所感受。当我们的欣赏水平和审美能力进一步提高时，体育比赛中某些似乎不美甚至残酷的东西，如汗水、泪水、血迹、损伤，以及那些历尽千辛、奋发进取、顽强拼搏而最后却榜上无名的失败者也会被我们所认可、理解和欣赏，并融化在我们的审美范围之内。

（二）对不同运动项目的欣赏

随着竞技体育的广泛发展，有利于进行体育竞赛的运动项目也日益增多，它们以其不同的竞赛规则、独有的竞技方式和表现风格，吸引着数以亿计的观众，为我们提供了丰富的文化、艺术享受内容。显而易见，要对如此众多的运动项目作全面介绍，实在是件很难的事。但无论是怎样形式的运动项目竞赛，都有其共性。在我们欣赏体育的时候，无不被运动员在比赛或表演中动作的美、力量的美、速度的美、战术的巧妙运用以及运动员们顽强拼搏、团结协作的优良品质所吸引。

1. 欣赏测量类项目

由于此类项目的共性是以高度、远度、重量和通过一定距离所需要的时间确定比赛成绩的，因此具有最大限度克服生理障碍、挖掘人体潜能的特点和魅力。

2. 欣赏评分类项目

欣赏评分类项目是按一定标准，对完成动作质量进行评分以确定比赛成绩的项目，包括竞技体操、艺术体操、竞技健美操、健美、跳水、花样滑冰、花样游泳等。它们以一连串的动作组合为基本的表现形式，具有空间运动、动静变换、神形兼备等特点。观赏这类运动项目的比赛，应把动作准确、娴熟、协调、完美放在首位，注意编排结构、艺术造型和完整套路的变化，并从中领悟刚柔相济以及蕴含于风姿绰约中的内在魅力。

3. 欣赏得分类项目

得分类项目是根据规则按每局得分达到规定数目确定比赛胜负的项目，包括乒乓球、羽毛球、网球、排球等。由于比赛双方各占场地一方，隔网相对，并根据得失分转换，速度较快，具有运动员可在重新发球或接发球间歇中有较充裕时间思考的特点。观众应针对性地欣赏攻防技术和战术的应用，注意观察运动员的想象力、创造性和心理自制能力。

4. 欣赏命中类项目

命中类项目是以命中目标数确定比赛成绩的项目，包括设防型和无防型两个分类。

（1）设防型项目

在设防型项目中，运动员通常按技术规范和事先布置的战术，在规则的严格控制下参与比赛，具有直接对抗、攻防变换、竞争激烈等特点。为了取得比赛胜利，运动员的个人技术和体力固然重要，但更强调勇敢顽强、集体配合和战术意识，其中包括观察、判断和预测能力，如篮球、足球等项目，具有较强的观赏性。

（2）无防型项目

无防型项目是在无人防守和干扰的情况下，运动员凭借个人技术和体力，以命中目标多少计算成绩的项目，具有单兵作战、内紧外松的特点。沉着冷静、耐心细致、意念集中是取胜的关键，如射击、斯诺克台球等。

5. 欣赏制胜类项目

制胜类项目决定成绩的方法比较特殊，它既含命中对方而得分的因素，又可直接制服对手而获胜。如在欣赏拳击项目比赛时，要欣赏运动员是如何利用各种组合拳突然向对方发起进攻，并给予对手致命一击的精彩场面；在欣赏摔跤项目比赛时，主要欣赏在攻防中采用的过胸摔、过背摔、跪撑、搭桥等技巧，以及运动员的个人“绝技”和顽强的意志品质；在欣赏柔道项目比赛时，主要欣赏运动员如何占据合理位置，使用关节技、绞技、固技和巧劲，摔倒并制服对手的精彩场面。

专题九

体育艺术

本章导读

体育与艺术看似是两个完全独立的社会文化现象，但探本溯源，两者却是相通共融、紧密联系的。艺术渗入体育，丰富了体育的内容，美化了体育的形式，使体育具有审美价值。艺术也要借助体育来丰富和发展自己。在体育走向现代化的今天，体育与各艺术门类的联系越来越密切了。体育与艺术的结合，称为体育艺术，是现代社会刚兴起的一门学科。

学习目标

- 了解体育建筑的发展、分类和设计特点，以及奥运宣传画的主题。
- 了解古代体育绘画的发展历程和体育绘图。
- 了解体育音乐的基本知识。
- 了解体育解说的基础知识和体育解说员应具备的素养。

模块1 体育设计

一、体育建筑

体育建筑是体育运动的服务设施，其发展受到社会生产力、经济水平、科学技术水平、政治文化的影响。体育建筑的兴衰也是各历史时期政治经济状况以及一个国家国力的缩影。

（一）体育建筑发展概况

体育建筑起源于古希腊，那里有在建筑史上占据重要地位的奥林匹亚城体育建筑群。从公元前776年开始，每4年在此举行一次奥林匹克运动会。古奥林匹克体育场呈狭长形，观众席砌筑在场区山坡上。古罗马的体育场为圆形或椭圆形，观众台采用骨架结构。现已发掘出的罗马大型竞技场遗址有75处之多，其中较为完整的是罗马大角斗场，建筑平面为椭圆形，可容纳5万观众。欧洲中世纪时体育运动衰落，直至19世纪初，随着体育运动的复兴，体育建筑在工业时代才获得新生。随着工程技术的迅猛发展，尤其是第二次世界大战后，体育建筑取得了巨大的发展。

1. 古希腊、古罗马时期的体育建筑

古希腊是西方文明的源头，也是现代体育最早的起源。古代的奥林匹克运动会是在以宙斯神殿为中心的奥林匹亚举行的一种祭神仪式。根据考古挖掘和文献记载，奥运会最早的比赛项目是短跑，赛程约为192米，后来陆续增加了往返跑、武装跑、摔跤、拳击、赛马等正式运动项目和大量的非正式项目。随着奥运会的兴起，新的赛马场、运动场、角斗场和各种神殿都陆续建立起来，在公元前6世纪中叶，形成了现在考古发掘的规模。通过在奥林匹亚发掘出的体育场可以看到体育场最初的样子：赛道上有大理石制成的起跑石；体育场的座位是利用克罗诺斯山的北坡，用土筑成一级级的土台阶，体育场的南面则是人工的、昂贵的座位；场地末端是方形的，不像罗马时期或现代的体育场是曲线形的。根据古代希腊的体育活动与体育设施，可以得到以下几点认识。

（1）古希腊已经形成系统的身体训练观念，这标志着体育本身已经成为一种独立的社会实践活动。古希腊人为世界提供了实践体育所必需的社会组织形式，从单一项目的竞赛，到大型综合性的泛希腊运动会，都对古代与现代体育产生了重要影响。

（2）古希腊产生了一般意义上的体育建筑。希腊体育建筑形态单纯，多采用方形构图，围合性的空间模式初步呈现。体育场建筑形制已经初步形成，并表现出定型化的趋势。

（3）在古希腊，技术并没有成为体育建筑发展的决定性力量。结构形态上采用砖石砌筑的结构体系，技术的难点只是在于兴建如此庞大建筑群的组织与协调，没有考虑体育场的挡雨问题。

（4）古希腊的体育建筑群，大多呈现非对称布置，并没有刻意追求宏大场面的安排。运动场多是依山而建，利用山体作为天然的看台，并结合神庙建筑，创造了多角度的良好视野。古希腊体育建筑的形态是一种谦和的、人性的、自然的形态，建筑与人是和谐统一的。

古罗马的体育建筑在形制上、规模上、结构上都达到了古代世界的最高峰。古罗马在共和制晚期和帝国时期，国内斗争日益尖锐，导致体育娱乐活动成为缓解阶级矛盾的工具之一，这推动了体育和娱乐活动的发展。人们兴建了无数的竞技场，用来观赏残酷的角斗表演。罗马的城市修到哪里，大竞技场就修到哪里。在当时，大竞技场就是罗马的国力与精神的象征。（图 9-1-1）

图 9-1-1　古罗马竞技场

古罗马的竞技场不是完全传承古希腊运动场的形制。它脱胎于剧场建筑，并最终形成完全围合的建筑形态，完整意义上的体育建筑得以诞生。这些竞技场多为椭圆形，也有圆形的，中央一块平地作为表演区，周围看台逐排升起，观众区的视线良好，有便于疏散的出口，场地内有地下通道，甚至在体育场的顶上有索膜结构的遮阳篷为观众遮挡阳光，有喷泉为人们纳凉。已知最早的竞技场在庞贝城，建于公元前 80 年。早期的竞技场有的还使用木材，但是很快就被石材取代。

2. 工业时代的体育建筑（19 世纪初至 20 世纪 50 年代）

体育建筑经过古希腊和古罗马时期的短暂辉煌，在漫长的中世纪几近消亡，经过文艺复兴的洗礼之后，体育建筑在工业时代得到了新生。

19 世纪初，世界进入工业时代，整个资本主义社会仿佛都变成一部巨大的机器，每个国家，甚至每个人都成为一部高效率的巨大机器的一部分。现代混凝土技术、巨型桁架技术、快速预制装配技术等很多对体育建筑发展起巨大推动作用的技术都在 19 世纪出现了。在 20 世纪上半叶，不仅钢材与混凝土的强度得到了提高，特种钢、特种玻璃、有机材料也开始出现在建筑材料的名单中，为大空间实现轻质、高强的覆盖屋顶提供了有利的条件。结构体系方面，薄壳、折板、网架、充气等新结构不断出现。这些新技术把实现大空间的技术手段扩大到了以前根本不能想象的范围，这为体育建筑的蓬勃发展提供了坚实的技术基础。尤其是 1896 年在雅典举行的第 1 届现代奥林匹克运动会，不仅对现代体育，也对体育建筑的发展产生了划时代的影响。

第 1 届现代奥运会的设施相对比较简陋，仅仅对雅典的帕纳辛奈科运动场进行了改建，建成了可容纳 7 万名观众的大理石“U”型运动场，这正是参照古代希腊运动场形制建造的。由于这种场地不利于创造成绩，这届奥运会的成绩没有获得承认。但是，这座运动场的意义是不言而喻的，它开创了体育建筑的新纪元。（图 9-1-2）

图 9-1-2 第 1 届现代奥运会赛场

20 世纪上半叶是现代体育建筑发展的起步阶段。欧洲各国大量兴建体育场馆，体育建筑空间模式与建筑形制逐渐固定，部分体育建筑采用了舒适的座椅与雨篷。由于两次世界大战的主战场都在欧洲，许多体育建筑成为演兵场，并被赋予了较强的政治含义，一些体育设施在外部装饰上受到折衷主义的影响。总体来说，体育建筑在这段时间发展缓慢，但却为战后体育建筑的发展提供了样本与经验。

3. 后工业时代的体育建筑（20 世纪 50 年代至 20 世纪末）

第二次世界大战以后，欧洲国家迅速从战争的废墟中崛起，20 世纪 50 年代初，工业生产迅速恢复到战前的水平。战后的几十年，生产力迅速提高，社会经济结构发生变化，人们的思想、生活也随之发生了巨大的变化。体育建筑在这段时间取得了巨大的发展。

从技术发展来看，在大工业时期出现的结构形式，在这个时期得到了完善与发展，一些新的结构形式也在完善之中。可以说，战后这几十年是信息与高科技时代的全面准备阶段，积累了可观的技术与经验。80 年代之后的体育建筑在结构技术上并没有超越这一时期的水平，只是提出了相关新型结构体系的构思。例如，由美国建筑师富勒提出，由盖格实现的穹顶结构体系（图 9-1-3）。在汉城奥运会之后，大部分跨度在 100 米以上的体育建筑都运用了这种结构形式。

图 9-1-3 亚特兰大佐治亚体育馆

由此可以看出，结构体系的成熟与体育建筑空间形态的发展是相互促进的。空间形态的解放，首先需要的是结构体系的灵活多变。先进的结构体系，满足了大跨度无柱空间的需求，而结构所表达的美感又赋予了体育建筑新的建筑形象。体育建筑的建构手段在向使用轻质高强结构的方向发展，新型结构体系使建材的受力性能得到充分发挥。这些革新使空间形态的特征由体向面、由重向轻、由直向曲、由稳重向轻盈不断转化。现代结构重视对空间连续性和结构轻盈感的表现，其空间构成手法也更加灵活，而轻型高强度的材料也应运而生。这些新结构体系、新建筑材料带来了全新的建筑体验，为体育建筑的发展提供了可靠的技术保证。

（二）体育建筑的分类

随着体育项目的增加，体育建筑类型也日益增多。通常体育建筑的分类有以下几种。

1. 按运动场是否覆盖、有无固定看台分类

（1）露天体育建筑：如露天的游泳池或游泳场、足球场、排球场、篮球场等。

（2）有固定看台，未全部覆盖的建筑：如体育场、灯光球场等。

（3）室内体育建筑：室内篮球场、室内游泳池、室内足球场等。

2. 按建筑主要功能分类

（1）竞赛场馆建筑：如体育场、体育馆、游泳馆等，特点是馆内有观众座席。

（2）练习和训练场馆建筑：如体操馆、乒乓球练习馆、排球训练馆、游泳池、田径场等，特点是场馆内无观众座席。

（3）游乐、健身场馆建筑：如体育俱乐部、健身房、室内小游泳池、保龄球室、壁球室、台球室等。

（4）体育医疗建筑：如体疗室、气功疗室、保健按摩室等。

3. 按使用项目分类

（1）单项运动项目的场馆建筑：如乒乓球馆、排球馆、篮球馆、羽毛球馆等。

（2）综合性运动项目场馆：如多功能体育馆、体育俱乐部等。

（三）体育建筑的设计特点

1. 建筑跨度大

由于要适应多功能使用要求，因而竞赛场地尺度大，观众座席要求舒适，从而使比赛大厅跨度增加，在建筑结构选型上多采用轻质高强的大跨度结构。

美国佐治亚州亚特兰大市体育馆可容纳观众 7 万人。体育馆长轴为 257 米，短轴为 204 米，为此选用了悬索结构屋顶。

我国上海体育馆，可容纳观众 1.80 万人，总建筑面积 1.65 万平方米，高 33 米。圆形屋顶直径为 110 米，为解决大跨度问题选用了钢管网架结构。（图 9–1–4）

图 9–1–4 上海体育馆

2. 观众容量大

巴西里约热内卢的马拉卡纳足球场（图 9–1–5）可容纳观众近 20 万人。我国北京工人体育场观众容量达 8 万人。北京第 29 届夏季奥运会主赛场“鸟巢”（图 9–1–6）可容纳观众近 10 万人。如此众多的观众，对建筑在交通、安全疏散等方面的设计上会有很多特殊要求。

图 9–1–5　马拉卡纳足球场

图 9–1–6　鸟　巢

3. 厅堂体积大

体育比赛大厅净高达 12.50 米以上，面积一般在 1000 平方米以上，体积在 10000 立方米以上。这样大的体积，为保证声音质量，必须进行声学设计。同时体积大也给空间设计提出了新课题，照明、通讯、管线等建筑设备也较复杂。

二、奥运宣传画

现代奥林匹克运动历经百余年沧桑，已成为举世瞩目的盛会。它秉承了古代奥运会集体育、文化、艺术、教育等诸多因素于一体的传统，为人类文明的进步提供了展示平台。奥运会的宣传画作为奥运会的标识之一，最先引起人们的关注。每一届奥运会宣传画的制作，都吸引着诸多的学者、专家、艺术工作者为之出谋划策。

奥运会宣传画不仅宣传运动会本身，还会给人们带来艺术和美的享受。这一方画纸，记载着奥运会发展的历程，呈现着平面设计艺术风格的更迭，展示着各个承办国家的文化特色，从而成为一种超越语言、跨越国界的宣传载体。

（一）经久不衰的主题

1. 信仰与追求

图 9–1–7

图 9–1–8

第 1 届现代奥林匹克运动会结束后，雅典奥组委向国际奥委会提交了赛程总结报告，该报告的封面后来被公认为第 1 届奥运会的宣传画（图 9–1–7）。报告封面的背景是建于古老卫城之中的帕特农神庙和重建的马蹄形帕纳辛奈科体育场。封面左侧站立着一位身穿连衣裙的少女——象征着希腊的守护神雅典娜，少女手执橄榄叶编织成的，象征和平、友谊和荣誉的胜利花环。雅典奥组委以此形象作为奥运会报告的封面，旨在表达雅典人民对奥林匹克运动无上的崇敬和对奥林匹克信仰的诠释。少女头部上方印刻的时间字样，分别代表着古代奥运会（公元前 776 年）和现代奥运会（1896 年）的开端。此作品极好地体现了古今奥运精神一脉相承的延续关系，同时也将“古老”与“现代”完美地结合于一体。在之后的很多现代奥运会的宣传画中，我们仍旧可以解读出古代奥运会的信仰与追求。1928 年阿姆斯特丹奥运会海报（图 9–1–8）中，一个英姿勃发的男子运动员，高举着象征奥运会和胜利的月桂枝条向前奔跑，倾斜的身姿表现出奔跑的动感，画面充满了生机。

2. 力与美

人类在懵懂之初便已了解生存之本、力量之美，身形健硕、勇猛无比被视为英雄的表征。英雄可以如同神一般被顶礼膜拜，英雄形象的流传也形成了人们对自身力与美的坚定信念与追求。奥运会是展示人类“力与美”的最好舞台，1920 年安特卫普奥运会海报就很好地体现了“力与美”的主题。（图 9–1–9）

由于“一战”的缘故，安特卫普仅用一年就完成了 1920 年奥运会的筹备工作，创下了奥运会筹办史上的奇迹。由于刚从战争的阴影中走出，海报设计规避了战争话题，显示出人们对未来的憧憬，用变形的雕塑《掷铁饼者》的形象来召唤人们内心深处的勇气和信心，通过古老的主题将人们的视线带入平静祥和的氛围之中。人物身后飞舞的参赛国国旗象征着各国人民的团结，体现了和平的主题。

1996 年亚特兰大奥运会海报同样体现了“力与美”的永恒主题。由于 1996 年是奥运会的百年庆典，海报设计者便尝试从古希腊奥运会的历史与精神中寻找灵感，并从古希腊运动员形象中得到创作的源泉（图 9–1–10）。人物形象几乎占据了整个画面，完美的体魄、凹凸有致的姿态，用以歌颂英雄的顽强与力量之美。人物冲出画框之外，营造了一种顶天立地、气势磅礴的英雄气概，十分契合奥运百年庆典的氛围。

图 9–1–9

图 9–1–10

3. 战争与和平

20 世纪前半叶，战争阴云密布，人类社会满目疮痍；资本主义政治经济发展的不平衡，导致了严重的经济危机；权力和利益的争夺，加剧了帝国主义国家的争霸。1932 年洛杉矶奥运会就是在这种背景中进行的。从宣传画中可以看出人们对生命的悲悯与同情，对和平的追求与期盼（图 9–1–11）。画面主体凸显出一个手中环绕翠绿的月桂枝条、身穿白色运动服的男运动员。健硕的运动员昂首挺胸，遥望远方，使整个画面充满了神圣的气息，给人以庄重的感觉。古希腊时期，奥运会庆典期间要求各方都停止战争，本届宣传画具有古代奥运会的遗风，“神圣休战”也正是该届奥运会要抒发的情怀和表达的深意。

赫尔辛基本是第 12 届奥运会的举办地，因战争的缘故未能举行。1952 年第 15 届奥运会继续由赫尔辛基承办。当时，人们刚从战争的创伤中走出，全世界各国人民都希望通过具有广泛影响力的奥运会传达和平的声音。赫尔辛基奥运会宣传画（图 9–1–12）的背景是人类居住的地球，球面隐约可见欧洲、非洲的轮廓，芬兰的位置用红线清晰标注出来。画面主体是一个全身赤裸、身材匀称、姿态优雅的男性奔跑者，象征着将古代奥运会所追求的和平理想，通过矫健而灵动的身躯，将和平传递到世界每一个角落。

4. 团结与协作

西方工业革命之后，资本主义国家兴起，世界格局在战争中不断衍化，世界各国之间的政治交往、经济发展愈来愈需要协作的关系，人们对世界和平的向往逐渐成为主旋律。于是，要求停止纷争，实现团结与协作，就成为各项世界性活动所提倡的主题。1924 年，法国夏蒙尼迎来了第 1 届冬奥会。其宣传海报前景是一只振翅飞翔的雄鹰，紧握着绿色的橄榄枝，划破天际、直冲云霄，给人以震撼。后景是银装素裹的远山，5 名选手滑着雪橇，动作协调，显示出齐心拼搏的团队精神。（图 9-1-13）

图 9-1-11

图 9-1-12

1988 年汉城奥运会的官方海报同样体现着“团结与协作”的主题（图 9-1-14）。汉城奥运会是韩国政府实施“和平统一外交政策”的一个重要步骤，力图通过奥运会提高国家形象和国际地位。这届奥运会也确立了“和谐、团结、协作、进步”的主题。本届奥运会的宣传画体现了“圆融和谐”的主旨，奥林匹克五环放射着耀眼的光芒，象征着全世界沐浴在奥林匹克精神的阳光之下。图案给人“凝聚”与“发散”的双重视觉感受，蕴涵着天、地、人三者离散而又合一的哲学思想。“凝聚”象征着各国运动员的聚合，也象征着世界各民族的团结；“发散”意味着奥林匹克主义带来的福音，将伴随着手持火炬的运动使者传播到全世界。

图 9-1-13

图 9-1-14

（二）百家争鸣的艺术风格

1. 维多利亚风格

亚历山德莉娜·维多利亚（1819—1901）是英国历史上在位时间第二长的女皇，她凭借着非凡的才干为英国赢得了长期的和平、工业技术的迅猛发展和文化艺术的空前繁荣。由于生活安定，物质丰富，人们对于艺术、审美提出了更高的要求，不断探索艺术的新价值、新形式。新的艺术形式也因为物质丰裕而形成了繁琐的装饰化特征。此种艺术风格常被称为“维多利亚风格”。

1904 年圣路易斯奥运会的海报就是典型的维多利亚风格（图 9-1-15）。画面构图繁复华丽，中间运用“鱼眼”技巧，以写实的方式展示了城市风貌。由于本届奥运会与博览会同时进行，因此海报下方印着“路易斯安那采购博览会”的字样，而这些字样也体现出繁琐装饰的痕迹。

2. 新古典主义风格

图 9-1-15

图 9-1-16

新古典主义风格是18世纪末至19世纪前半叶流行于欧洲的一种崇尚庄重典雅，并带有复古色彩的艺术风格，通常也被认为是经过改良的古典主义风格。该艺术风格深受欧洲文化艺术底蕴的熏陶，以其开放、创新的设计思想及其尊贵的形象而受到人们的喜爱与推崇。新古典主义在不断探索的过程中逐渐形成了"从简单到繁杂、从整体到局部，都精雕细琢、镶花刻金"的一丝不苟的独特风格；同时，它又摒弃了过于复杂的肌理和装饰，简化了线条。此外，写实也是新古典主义的一大特点。

1936年柏林奥运会的海报就体现了新古典主义风格（图 9-1-16）。该海报描绘了一个远大于真人、理想化的、戴着花环的胜利者。胜利者前方是象征德国统一的"勃兰登堡门"。上面雕刻着四匹拉着双轮战车飞驰的骏马，车上有和平女神，她一手执杖一手提绺，一只展翅欲飞的普鲁士飞鹰矗立在女神手中饰有花环的权杖上。整个设计中，奥运五环被作为最重要的元素置于胜利者的头顶。海报的设计包含三层寓意：突出奥运会的重要性；声明柏林是主办城市；运用全世界都易于理解的方式，有效地为奥运会做宣传。

3. 未来主义风格

未来主义运动出现在20世纪初的意大利，主要存在于绘画、雕塑和建筑设计领域。未来主义反对一切传统的艺术形式，认为艺术创作真正的灵感来源应是意大利和欧洲的技术成就，而不是古典传统。因此，他们追逐技术之美、战争之美和速度之美，提倡创造与工业化社会相一致的艺术形式。这种思潮反映在平面设计中，则要求艺术内容应该表现机械文明所展示出的秩序与运动，而表现手法应当无拘无束、自由洒脱。于是，具有未来主义风格的作品，通常将主体形象塑造得富有动感，给人以连续动作的视觉感受，并在同一画面中，将机械化的动作过程凝聚在一起，从而表现出一种不同时空中的速度感和运动感。1912年斯德哥尔摩奥运会海报体现了强烈的未来主义风格（图 9-1-17）。海报中层层叠叠的国旗，犹如汹涌的波涛般此起彼伏，与渐行显露出的人体交相辉映，巧妙地与充满着运动与速度、力量与竞争的奥林匹克运动结合在一起。未来主义的自由不羁、富有动感、追求力量的特征在这幅作品中得到了淋漓尽致的抒发。这份海报是奥运历史上第一份专门为奥运会设计的海报。

4. 装饰艺术风格

装饰艺术运动兴起于法国，装饰艺术风格是20世纪二三十年代主要流行的风格之一，它极其生动地表现了这一时期巴黎的豪华与奢侈。该艺术风格以其庄严和新奇的现代感而著称，并吸收了绘画上的立体主义表现手法，主张歌颂机械美，使设计更加自然和华贵。在平面设计中，表现为色彩明快、线条清晰和富含装饰性的特点。同时它还十分注重平面构图，通过大量的曲折线、棱角的面、抽象的色彩，形成高度的装饰效果。

1924年巴黎奥运会的海报就是装饰艺术风格的典型作品（图9–1–18）。画面中层层叠叠的人体和植物枝条，既有写实的成分，又不是纯粹的写实主义；既带有立体几何描绘的风格，又有圆润的曲线棱角。白色的旗帜通过流动的曲线来表现飘荡的动感。整幅图画色彩协调，尤其是红绿对比，具有强烈的视觉装饰效果。

图 9–1–17

图 9–1–18

5. 国际主义风格

国际主义风格缘起于20世纪50年代西欧诸国逐渐从战争中走出来的大环境，通过瑞士的平面设计杂志影响到全球，也被称为“瑞士平面设计风格”。国际主义风格的特点是力图通过简单的网络结构和近乎标准化的版面公式，达到设计上的统一性。即以方格网为设计基础，采用非对称式，将字体、插图、照片、标识等，规范地安排在框架中。因此排版上往往是简单的纵横结构，字体也采用简单明确的无饰线体，得到的平面效果非常公式化和标准化，具有简明而准确的视觉特点。

1956年墨尔本奥运会的海报（图9–1–19），一张邀请卡被立体而抽象地放置在固定的框架中，给人以规范化的印象。整个构图完全采用几何图形来表达，简约直述的手法比写实手法更具有视觉冲击力。

国际主义设计发展至今，又融入了多种艺术表现手法，呈现出多元化的特征——更多地采用写实手法和具体的形象来表达思想内涵，具有象征的意义；融合了民族与传统元素，表现出更加综合性的发展趋势。2004年雅典奥运会的海报既体现了早期构成主义设计的特点，又体现出当代国际主义设计多元化的风格特征（图9–1–20）。图形以写实的橄榄枝和蓝色背景来表达内在的象征意义：橄榄枝象征胜利者的花环，蓝色象征希腊明朗的天空、深邃的爱琴海。

图 9–1–19

图 9–1–20

6. 光效应艺术风格

光效应艺术是利用光学原理和透视规律，在色彩和形象上创造一种视觉幻象或视觉错觉，而引起人们的视觉神经产生兴奋的艺术。它强调以严谨的数理逻辑和冷静而理智的创作心态来组织结构抽象的几何图形，通过并置、错叠、光幻、转换、补色、对比、渐变等表现手段，精心设计视幻效果和画面形式。它强调形式因素同视觉心理的内在联系，不追求带有任何感情色彩的抒写和表达。

1968 年的墨西哥奥运会海报就是光效应艺术风格（图 9-1-21）。画面以英文“Mexico”、阿拉伯数字“68”和奥运五环构成，这些标识以波浪式由内而外地扩散，线条重复、叠加，给人无限延伸的视觉感受。画面简单，配上传统印第安“同心花纹”的线条处理，呈现出独特的融合感。而波形线条本身的特性又能激发人们的想象，从而制造出独特的艺术效果。设计者巧妙地将传统的古玛雅文化和阿兹特克文化的神秘特征融汇到奥林匹克主题之中，试图通过没有国界的艺术语言使全世界青年相互理解和团结。

1976 年蒙特利尔奥运会海报也是光效应艺术风格的典型作品（图 9-1-22）。同样是极其简单的画面，突出了奥运五环的主体性，并利用五环的形状及颜色由实到虚、由深到浅地向四周扩散，形成典型的光效应艺术效果。形式的简约与色彩的别致，使画面的前景和背景看上去层层递进，不断延伸至远方。边缘模糊色彩的运用不仅激发了观者广阔的遐想空间，又准确地传达出奥林匹克运动的动感特征。同时，也使人们从奥林匹克海报中感受到体育与艺术的完美结合。

图 9-1-21

图 9-1-22

7. 超现实主义风格

超现实主义是“一战”之后在法国兴起的社会思潮和艺术运动。“一战”以后，大批知识分子感到茫然无措，不少人出现虚无主义思想，认为社会所谓的真实表象是虚伪的，他们创作的目的是寻找比“真”还要真实的反映社会本质的东西。于是“超现实”的概念开始蔓延。

1992 年巴塞罗那奥运会海报就是采用超现实主义艺术手法创作的（图 9-1-23）。海报吸收了西班牙超现实主义艺术大师米罗作品的某些特征，悬浮在西班牙天空中的人体用寥寥数笔勾勒而成，充满童趣。人物性格超越了性别、时间和空间，象征着奥林匹克运动对活力和纯粹的无限追求。

2000 年悉尼奥运会的海报同样体现了超现实主义特色（图 9-1-24）。由奥林匹克精神、澳洲历史文化以及地理特征等元素创造出来的人体，传达了一种精力、活力与意志。基于澳洲的文化背景，海报在注重想象力的同时，也注重象征意义的表达。超现实主义的作品能在更广阔的范围传播奥林匹克精神，还能提高国家的凝聚力。

图 9-1-23

图 9-1-24

（三）丰富多彩的地域文化

1. 神话传说

祭祀祖先、神灵是古代奥运会的重要内容，奥运会自诞生之时就散发出神秘的色彩，还包括许多美丽动人的神话传说。现代奥运会至今仍受到古老文化的影响，通过寓意深刻的神话、传说来表达人们的某种向往。1896 年第 1 届现代奥运会的海报就具有古希腊遗风和象征意义。1960 年罗马奥运会的海报（图 9–1–25），隐喻着关于罗马起源的古老传说。

罗马的起源颇具传奇色彩。传说意大利半岛某国王女儿与战神结合，生下一对双胞胎男孩。后来王位被篡夺，国王及女儿被杀死，一对双胞胎尚在襁褓之中就被放在篮子中抛入了河流。天不绝命，双胞胎男孩不仅没死，反而因为河水上涨，篮子飘起并挂在一颗无花果树上，被一只母狼救起后养大成人。两兄弟后来杀死了篡权者，为母报仇，后回到当初母狼喂养他们的地方建立了罗马城。海报中间平台上“母狼乳婴”的图案就是罗马的城徽，图案下方是一位凯旋的运动员，正按照罗马的传统，接受穿着具有民族特色的宽袍的人们为自己加冕。整幅画立意深刻、信息饱满，充分显示了奥运会的宗旨和罗马民族的风范。

2. 国家象征

每四年举行一次的奥运会，是非常难得的全球性的盛会，越来越多的国家开始认识到奥运会所带来的特殊效应，借由奥运会的机会，向全世界展示自己的政治风貌、经济实力、文化艺术，或由此开通新的经济贸易渠道，甚至提升国际地位和世界的认知度等。于是，奥运会与承办国国家意志的融合，就成为组织者们热衷追求的目标。

1980 年莫斯科奥运会的海报也颇具国家的象征性（图 9–1–26）。以莫斯科会战为主要转折点的第二次世界大战结束后，苏联迅速崛起成为两个超级大国之一。以苏联为中心建立的“华沙条约国”阵营，成为掌控世界战争与和平的一极。莫斯科奥运会举办时，正是苏联最鼎盛的时期，此次海报也十分重视国家形象的刻画。图案以运动场的四条弯道和奥运五环勾勒出莫斯科标志——克里姆林宫的形象，尖顶的五星取材于苏联国旗，体现了极强的“斯大林式”风格；五角星和国旗的红色标准色，则是当时苏联作为世界上最大社会主义国家的象征。

图 9–1–25

图 9–1–26

3. 地域风情

处在地球上不同版图的国家，由于自然环境的影响而展示出别样的地域特色，白澈的冰山、澄蓝的大海、碧绿的草原、沙黄的戈壁、葱郁的森林……无不是构成美妙神奇的地球的元素。如果将这些饱含特色的元素与奥运会理念相融合，不仅能体现奥运会虹贯五洲的世界性，还能呈现出承办国所处地域的特殊风情。

4. 民族性格

常言道："一方水土养育一方人"，不同地域的人由于环境、生活方式、地理气候、思想观念、人文历史等的不同，而形成了各异的民族性格，也正是因为有这些形态各异的民族文化，世界文化才绚烂异常。

图 9-1-27

每一个奥运会承办国在设计海报时，都会加入本民族的特色，不论使用何种艺术形式，也不论采用何种表现手法，海报都会展现出各自的民族特性。1972 年慕尼黑奥运会的海报（图 9-1-27）就体现了日耳曼民族的性格。海报用方格网为设计基础，在方格网上将奥林匹克塔和主会场半透明的帐篷形屋顶转换成几何图形，并规范地安排在整个框架中，使画面呈现出纵横感、层次感。图案以蓝色为主色调，穿插白色（象征着光芒）、黄绿色（象征着陆地），描述了夜幕中星光照耀下奥运场馆熠熠生辉的情景。冷峻的颜色和几何的构图，无不体现出德国人理智和严谨的民族性格。

（四）不可抗拒的影响力

1. 推动流行时尚

工业革命引起的社会巨大进步，激发了人们的创造力，催生出诸多别具一格的艺术作品。奥运海报始终受时代发展的影响，同时也随着时代的变迁，对世界流行时尚产生潜移默化的影响。

20 世纪 60 年代是个多变的时期，冷战、军备竞赛、登月计划、黑人反种族隔离游行、柏林墙竖立等政治事件，影响着人们的生产和生活。在艺术领域，彰显个性与叛逆得到了空前的发展，招贴画出现了追求新奇、迷幻的潮流，1968 年墨西哥奥运会海报就是典型的代表。该海报使用的"同心花纹"线条，在奥运会后被广泛运用到其他领域。例如，奥运会官方制作的礼仪小姐的统一制服"印花衣裙"，当时成为流行的标志。

进入 80 年代以后，世界政治格局相对稳定，经济得到蓬勃发展。微电子、计算机、生物工程等尖端科技得到重大突破，世界发展大跨步前进。1984 年洛杉矶奥运会的海报就是这一时期招贴艺术的不朽之作（图 9-1-28）。该图案被称为"运行之星"，创作源泉来自美国国旗的五角星和条纹。5 颗五角星相互重叠，象征五大洲的融合；13 条粗细不一的横线代表美国崛起于英国的 13 个殖民地。水平线被用于制造出视觉上的动感，美国国旗三色也被用于增强效果。"运行之星"的表现手法不仅启发了招贴艺术向更广阔的领域发展，而且引起人们对具有视觉动感事物的喜爱和对运动时尚的追求。

2. 促进多元艺术风格的发展

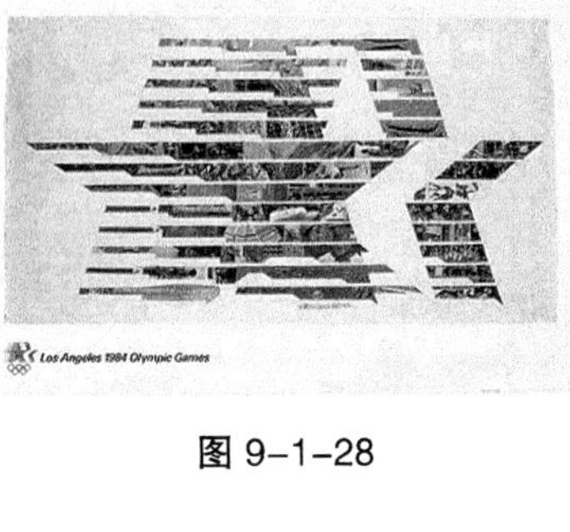

图 9-1-28

历届奥运会的海报囊括了多种艺术风格，是各个时期平面艺术设计风格更迭、发展的历史见证，在整个平面设计发展史中，这些海报作品都是不可或缺的重要标志。这些作品不仅在历史上留下了深刻的印迹，对多元艺术风格的发展也起到了促进作用。

19 世纪末 20 世纪初，随着人们生活方式的改变，一场“新艺术”运动席卷至诸如建筑、家具、服饰、雕塑、绘画等艺术领域。“新艺术”既对维多利亚繁琐风格提出异议，也对工业化以来艺术品位和工艺意识的丧失感到不满。它力求利用新技术和新材料，从自然界、东方艺术中吸收创作营养，从植物和动物纹样中寻找创作灵感。“新艺术”运动被称为是承上启下、由传统向现代艺术过渡的革命。1904 年圣路易斯奥运会海报就兼具维多利亚风格和“新艺术”运动的痕迹，是平面设计史上较为典型的过渡作品。

到 20 世纪初，在新的社会与人文环境下，现代艺术运动蓬勃发展起来：立体主义、未来主义等开始登上艺术舞台。其中，未来主义对平面设计的发展影响深远。1912 年斯德哥尔摩奥运会的海报就很好地诠释了未来主义机械时代秩序和自由不羁个性的特点。

20 世纪二三十年代，装饰主义盛行，1924 年巴黎奥运会海报就是既有庄严、新奇的现代感，又有色彩明快、线条清晰和富含装饰性的特点的代表作。

进入 50 年代以后，源自瑞士的以简练、清晰、逻辑性为特点的国际主义风格，成为奥运会、世界博览会等大型国际盛会中平面设计所热衷的风格。1964 年东京奥运会海报就体现了后期国际主义的风格特点：注重与传统文化、科技和现实生活的结合，具有系统性和整体性。

70 年代以后，各种艺术风格日趋稳定，技艺发展日臻成熟，而科学技术的发展使一些诸如光效应艺术、波普艺术等新兴的艺术风格涌现出来。此时，奥运会的海报设计呈现出多元艺术风格交相出现的特点。

3. 加深民族文化交流

奥运会海报，不仅担负着宣传奥运会的职责，也是各民族之间文化交流的桥梁。神话传说、标志性建筑、民族文化等元素，幻化为一种视觉标识，随着海报传播到各地，较之语言介绍更直接，也更深入人心。

其中，多幅作品都出现了承办国标志性的建筑，不仅将本国引以为豪的象征传递给各国人民，同时也是古今建筑杰作的经典展示。例如，1896 年雅典奥运会海报中的帕特农神庙；1948 年伦敦奥运会海报背景中的议会大厦和大本钟。（图 9-1-29）

除了经典的建筑以外，海报对于各民族传统文化的传播也是值得一书的。例如，2003 年由北京奥组委评出的“北京 2008”主题招贴画设计大赛金奖作品《新时尚》（图 9-1-30），乌黑的头发被染上蓝、黄、绿、红色，编织成奥运五环形状；再配上标有龙图案的中国旗袍领的背影，将中国的龙文化、中国传统艺术含蓄而优雅的风格，与现代时尚气息完美地结合了起来。这不仅是一幅成功的艺术作品，也是中华民族文化最好的体现。

图 9-1-29

图 9-1-30

模块 2 体育绘画

一、古代绘画与体育

人类艺术最早出现于距今一两万年前的旧石器时代晚期，主要是洞窟壁画。到中石器时代，气候变暖，人类洞外活动明显增多，开始创作“岩画”。新石器时代最著名的是巨石建筑，还有丰富多彩的彩陶、岩画等。

（一）中国古代体育绘画

1. 原始社会时期

《舞蹈纹彩陶》（图 9–2–1）是新石器时代彩陶纹的代表作品。盆的内壁绘有 15 个起舞的人物，他们 5 个人一组，每组间以几何图案相隔。

跳舞时，人的头部朝着同一个方向，身体动态一致，手拉着手跳着节奏轻快的舞蹈，以此来展示将猎物赶进包围圈的狩猎过程。因为图案被画在盆的内壁，观者在俯视盆里时，能从整体上观览整个画面，易于体会先民在劳动之余，围着火堆起舞时的热烈、欢乐气氛。通过饰物的提示，可见先民在繁重的劳动后，把一种技艺变成舞蹈的形式来教育后人，以达到传艺的目的。这对当时的生存来说是非常重要的，同时也反映出先民审美能力的提高。

2. 夏商周时期

中国夏商周时期的主要绘画形式是壁画、帛画和青铜装饰。

《水陆攻战纹》（图 9–2–2）是中国战国时期青铜器的刻图，描述的关于习射和戈射的内容是中国古代关于射箭技术的真实描绘。图中还有举刀挥砍、拉弓、弓步直刺等动作，是当时武术活动的展示。

图 9–2–1

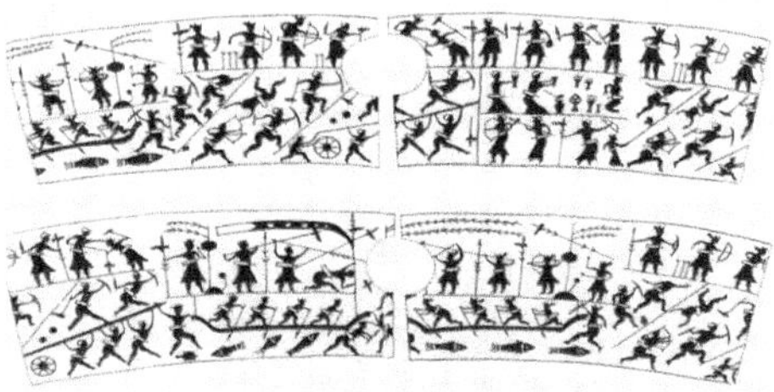

图 9–2–2

3. 秦汉时期

相扑，早期又称“角抵”，是我国古代盛行的摔跤运动。秦汉时期，角抵表演常与俳优百戏杂技一起进行。河南打虎亭东汉墓壁画《角抵图》（图 9–2–3）也是汉代摔跤文化艺术的精品。

蹴鞠是汉代百戏项目之一，战国时期已很流行，是我国足球运动的早期形式。南

阳汉画中的蹴鞠图和舞乐同时出现。（图 9-2-4）

图 9-2-3

图 9-2-4

4. 魏晋南北朝时期

魏晋南北朝时期，战争频繁，民生疾苦，人民的苦难给佛教提供了传播的土壤。这一时期，绘画也取得了很大的发展，主要代表是《敦煌莫高窟》。

古代敦煌人喜欢角抵、百戏、弈棋、射猎、游泳、投掷、竞走、武术、举重、马术、弓箭等娱乐健身活动（图 9-2-5）。曾经流传在敦煌百姓中的摔跤、相扑、健美、体操等千姿百态的体育运动，都通过历代画师们的丹青妙手保存了下来，至今仍栩栩如生。新疆克孜尔石窟第 114 窟壁画中就有古代游泳的壁画。（图 9-2-6）

图 9-2-5

图 9-2-6

5. 隋唐时期

隋唐时期经济文化大发展，中国绘画也走向繁荣。壁画发展到了最辉煌的时期；人物画方面，佛教的西域画风仍旧流行，但吴道子等人的中原画风已经占据了绝对优势，民族风格日益成熟；山水花鸟画逐渐开端并得到长足发展。

一幅唐代相扑图（图 9-2-7），当时是白描的粉本，相扑的双方扭抱在一起，筋肉凸张，劲武有力，展示出人体的健美和力量。

《弈棋仕女图》（图 9-2-8）是屏风式绢画，画中的贵妇体态雍容丰满，神态优雅娴静，衣着华丽名贵的丝绸坐于木榻，凝视棋盘，手指夹着棋子，思索如何落子。可见当时围棋已经十分风靡。

图 9-2-7

图 9-2-8

6. 五代、两宋时期

五代两宋之后，中国绘画艺术进一步发展，并达到鼎盛。当时宫廷画盛极一时，文人学士也把绘画视作雅事并提出了鲜明的审美标准。

敦煌榆林窟中第 15 窟的《步打球图》（图 9-2-9），描绘了一个小童子站在莲花座上，身子前倾，眼睛看着正前方，左手拿着一枚圆球，右手拿着一把弯曲的木杖，似乎正要把球击出去。从大量的壁画和宫廷画中我们可以发现这样一个发展脉络：从弄丸到步打球再到捶丸，随着历史的发展，这项运动不断发展，最后形成了独立的竞技项目——曲棍球。

宋代枕头的材质有许多种，其中就有陶瓷，在已发掘的宋代陶枕中，有部分图案的内容就是蹴鞠。（图 9-2-10）

图 9-2-9

图 9-2-10

马球运动在中国历史上的最鼎盛时期是宋代，尤其是宫廷马球十分流行。宋代一些画家也十分关注马球，甚至有一些人还亲自打过马球。宋人绘制的《明皇击球图》就是其中的代表作，对我们了解唐宋时代的击球运动很有启发。

7. 元明清时期

《秋宴图》（图 9-2-11）描绘了明代官员崔铣外放，朋友为其饯行，众人在庭院之中弈棋、捶丸、饮酒作乐等场面。图中所见的运动便是捶丸。它是我国古代球戏之一，以杖（棒）击球进洞定胜负，与现代高尔夫球相似。

《宋太祖蹴鞠图》（图 9-2-12）描绘了宋太祖赵匡胤、宋太宗赵匡义和近臣赵普等一起蹴鞠玩乐的情景。赵匡胤踢球在当时是赫赫有名的，他尤其擅长“白打”，也就是现在人们口中的“花式足球”，即踢球时用头、肩、背、腹、膝、足等部位接触球，灵活变化，随心所欲，可使“球终日不坠”。

图 9–2–11

图 9–2–12

《明宣宗宫中行乐图》（局部图）（图 9–2–13）是明代宫廷绘画，描绘了明宣宗朱瞻基便服檐帽在御园观赏各种体育竞技表演的场面。画面上展现的有射箭、蹴鞠、马球、捶丸、投壶等体育活动，场面宏大繁复而又具体入微，生动地表现出当时宫中的文体娱乐活动。

图 9–2–13

晚明民窑青花瓷上，多画童子蹴鞠图。有 1 人蹴鞠，有 2 人争球，用国画写意的笔法，十分简洁而又生动有趣。（图 9–2–14）

清代五彩蹴鞠图高足碗（图 9–2–15），高 18.5 厘米，口径 20 厘米。碗敞口、高足。外壁绘有一组童子进行蹴鞠活动的画面，中间一个儿童正甩动双臂欲抬腿踢球，另一位孩童做接球状，旁边有 5 位伙伴在观看。画面把一群孩童正在玩蹴鞠的情景刻画得惟妙惟肖，充满了童趣。

图 9-2-14

图 9-2-15

《搬石竞赛图壁画》（图 9-2-16）是西藏拉萨市布达拉宫中的壁画作品，壁画反映了一群力士正在进行搬石竞赛的情景。这种竞赛形式是藏族特有的传统体育内容，与今天的大力士比赛有相似之处。

图 9-2-16

（二）外国古代体育绘画

1.《纳拉姆辛石碑》

《纳拉姆辛石碑》（图 9-2-17）产生于古代西亚的阿卡德王国时期，是用来歌颂当时的国王纳拉姆辛的战功而制作的。浮雕画面刻画了一个雄伟壮观的场面：国王头戴王冠，手持弓箭，昂首挺胸，率领着他那些精神抖擞的战士行进在崇山峻岭之中。国王裸露的肌肉饱满有力，矫健身躯下方的战士也是步伐有力地向前攀登，展示出了力量的美。

2.《拳击者》

《拳击者》（图 9-2-18）产生于古希腊爱琴文化时期，拳击运动是爱琴海地区人们喜爱的运动。

3. 古希腊踢球雕塑

公元前 500 年，古希腊有成年人教授小孩踢球的雕塑（图 9-2-19），雕塑中男子与儿童均为裸体，踢球者体格健美，每一块肌肉都表现出了内心的激烈情绪，充满了张力。

图 9-2-17

图 9-2-18

图 9-2-19

4. 掷铁饼者

公元前 449 年到公元前 334 年是希腊雕塑艺术的全盛时期，艺术史上称之为“古典时期”，大量优秀的雕塑作品都出自这个时期。《掷铁饼者》（图 9-2-20）就是现存流传最广的艺术杰作之一，也是古希腊著名雕塑家米隆的代表作。

图 9-2-20

这尊被誉为“体育运动之神”的雕像，是表现投掷铁饼的一个典型瞬间动作：人体动势弯腰屈臂成S形。这使单个的人体富于运动变化，但这种变化常常会造成不稳定感，所以作者将人物的身体重心移至右脚，让左脚尖点地以支撑辅助，以头为中心两臂伸展成上下对称，从而使不稳定的躯体获得稳定感。身体的正侧转动，下肢的前后分列，既符合掷铁饼的运动规律，又可营造出单纯中多样变化的形式美感。

这尊雕像被认为是“空间中凝固的永恒”，直到今天仍然是代表体育运动的最佳标志。这尊男运动员塑像标志着古希腊人体雕塑达到了无与伦比的完美。

5. 玛雅球戏

大约在北宋年代，尤卡坦半岛上的玛雅人也有类似现代足球的运动。古玛雅人球赛是他们宗教仪式以及活人献祭的最为重要的部分，踢球的人是战俘，过程仪式感比较重，代表玛雅的创世神话，最终有一方代表战败的死神被斩首。玛雅球戏只能用腿和臀部触球。（图 9-2-21）

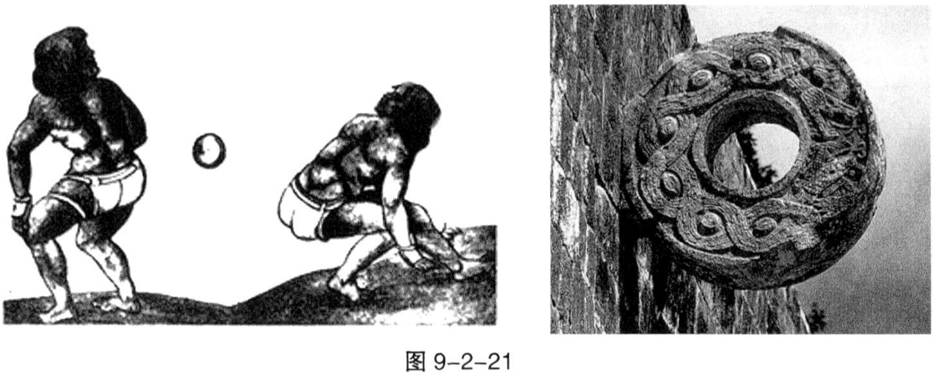

图 9-2-21

二、体育绘图

（一）体育绘图概述

体育绘图是借鉴绘图的基本知识，运用美术简练的绘图技巧，使美术简笔绘画与体育有机结合而形成的一种简图。体育绘图力求结构简单、线条清晰、动作生动形象、形态优美逼真；能够惟妙惟肖地表现运动人体的动感、神韵与风采。当它被运用于绘制体育教学、训练的组织方法以及场地、器材图示时，又力求简洁、实用、美观、便利。（图 9-2-22）

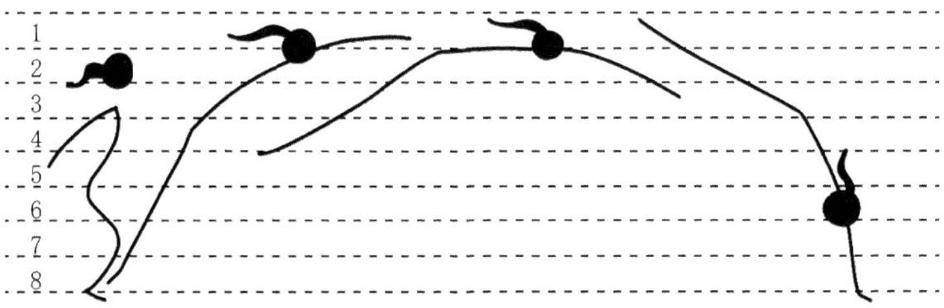

图 9-2-22

（二）体育绘图的内容

1. 人体体育动作简图

人体体育动作简图分为轮廓图（图 9-2-23 ①）和单线图（图 9-2-23 ②）两种。

图 9-2-23

2. 体育教学组织图

体育教学组织图，就是教师在充分考虑教学和训练中各种因素的前提下，将教学和训练的内容、方法、步骤绘制成图，以利于有目的、有计划、合理地组织教学。教学组织图分为两种：体育教学程序图（图 9-2-24）和体育组织形式图。（图 9-2-25）

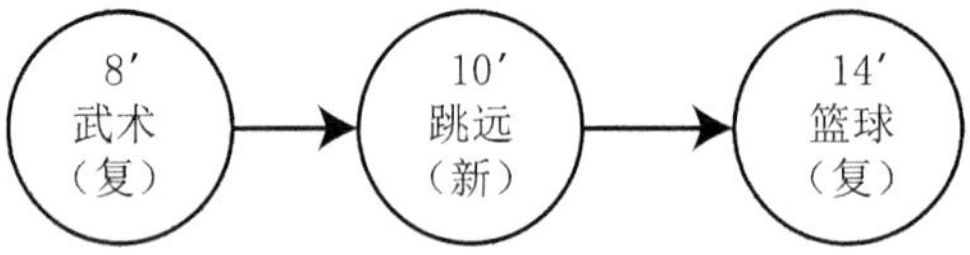

图 9-2-24

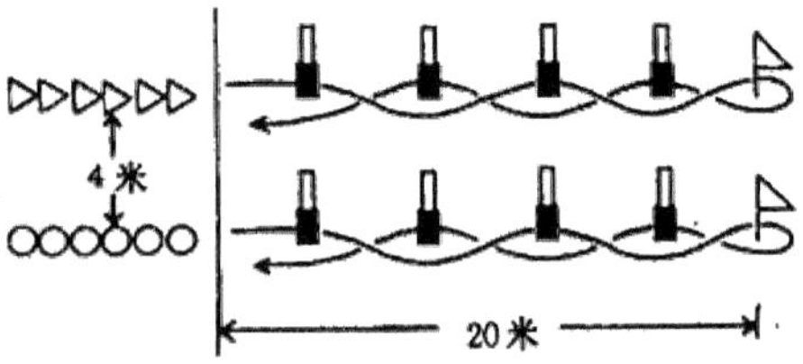

图 9-2-25

3. 体育场地、器材简图

体育场地、器材简图的绘制包括三种：第一种是根据各个运动项目的场地、器材比例、尺寸所绘制的图样。第二种是用各种符号来表示的学生或运动员及他们所处的位置、行进路线图。在球类运动中，还用来表示学生或运动员与球的相对关系和所做动作等。第三种是用来表示场地方向、器材位置的场地布置图。（图 9-2-26）

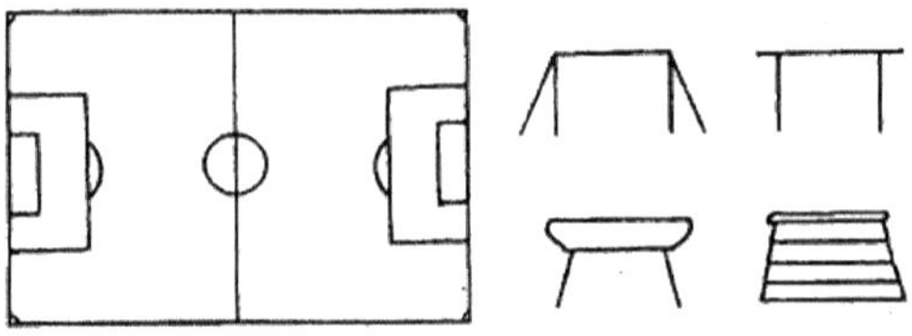

图 9-2-26

（三）体育绘图的作用

1. 配合讲解

图解在体育教学中，是一种直观有效的教学手段。在体育教学中，依靠体育动作技术挂图或临时绘制的图示配合讲解，比单纯的讲解能够更好地激发学生的兴趣，集中学生的注意力，也能够使学生通过图示加深对动作的理解，从而缩短学生掌握动作的过程。

2. 弥补示范动作的不足

在体育教学与训练中，示范是一种重要的方法，但是动作示范往往受到许多主客观条件的限制，如教师的年龄、运动水平等。另外，大部分体育动作都有快速连贯的特点，难以从中途进行分割或停顿，往往是一晃而过，学生难以看清动作的细节和动作的关键之处。运用绘图的方法将动作的各技术环节描绘出来，就弥补了上述示范动作的不足之处。

3. 弥补教学条件的不足

随着科学技术的发展，体育的科技含量越来越多，电化教学、多媒体教学等，在体育教学中被使用的越来越多。由于我国各地区的经济发展不平衡，因而地区差异较大，教学条件参差不齐，电化教学、多媒体教学还无法普及到体育教学的各单位。另一方面，电化教学、多媒体教学也受环境条件的限制。例如，体育比赛的现场指导，运动场和体育动作教学课堂都不可能随时使用电化和多媒体教学，而体育绘图就不受此影响。

4. 有利于进行美育教育，增强人文精神

体育绘图不仅是体育专业学生掌握的一种工具和手段，而且还为学生开辟了一块艺术领域。在体育绘图的应用中，除了可有效地激发学生的学习热情和提高学习的兴趣外，还可以通过完美的绘图，使学生受到运动美、形体美和姿态美的熏陶，激发学生丰富的想象力，产生运动与美的联想，提高学生发现美、思考美、理解美、表现美、塑造美的能力，对学生加强人文精神教育，提高其审美意识和艺术修养。

模块3 体育音乐

一、体育音乐的概念与分类

从古至今，体育与音乐交融渗透，音乐已经被广泛应用于体育的各个领域，成为体育活动中必不可少的重要部分，体育音乐应运而生。随着音乐在体育领域中的不断深入，越来越多的音乐家参与到体育领域的大型表演活动中。在每一届奥运会的开闭幕式上，我们都能看到全球著名音乐家的精彩作品。

（一）体育音乐的概念

体育是人类社会发展中，根据生产和生活的需要，遵循人体身心的发展规律，以身体练习为基本手段，达到增强体质，提高运动技术水平，进行思想品德教育，丰富社会文化生活的一种有目的、有意识、有组织的社会活动，是伴随人类社会的发展而逐步建立和发展起来的一个专门的科学领域。

音乐是凭借声波振动而存在，在时间中展现，通过人类的听觉器官而引起各种情绪反应和情感体验的艺术门类。

体育与音乐本质上都追求美与和谐，同时两者又都具有“运动”这一共同特征。在英语中，Movement（运动）一词具有韵律、乐章等音乐上的含义。体育与音乐能融合产生体育音乐，是由于两者都以“节奏”为纽带。

因此，我们可以将体育音乐的概念界定为：体育音乐是指在体育领域中，具有鲜明的主题思想，广泛应用于体育中的各个领域，旋律色彩明亮，以运动节奏或韵律为主体，经专门创作或编辑制作，具有宣传、教育、推广及伴奏等作用，音乐结构和节奏特点较为独特的、功能性较强的器乐和声乐作品。

（二）体育音乐的分类

依据体育音乐的不同功能和其客观存在的环境，可以将体育音乐分为6大类。

1.竞赛乐曲

符合不同体育艺术项目竞赛规则要求、编排要求和运动员气质特点的乐曲，在比赛中播放，凸显体育项目的艺术表演力，或借助音乐的节奏以带动运动的节奏，如艺术体操、花样滑冰、花样游泳等竞赛项目的配乐。

2.主题音乐

为大型赛事、为开幕式、闭幕式、团体操表演等专门制作的歌曲或乐曲。如：奥运会、足球世界杯等主题曲。

3.健身乐曲

适用于大众健身，节奏轻快，符合大众健身的动作要求，如广播体操、大众健身操、广场舞的歌曲或乐曲。

4.礼仪音乐

入场曲、退场曲、颁奖曲等。

5.体育广告音乐

体育广告中，突出广告创意与风格，展现产品特性的音乐。

6.体育背景音乐

体育类广播电视节目、体育宣传片等的背景音乐。

二、体育音乐的特点

（一）体育音乐结构形式的特点

体育音乐的“结构形式”不同于其他音乐的结构形式，这主要是因为体育音乐的“结构形式”是依据具体的体育项目对音乐的要求所设计的。这种要求通常表现在两个方面，一是表现在竞赛方面所使用的伴奏音乐，这类音乐必须是严格按照竞赛规则的编排要求与运动员实际完成的套路动作的技术特点、编排特点及其表现风格相一致。由于各项目在竞赛规则中对该项目的伴奏音乐在时间、速度、节奏、音乐体裁、风格等方面作出了严格的规定，因此，在音乐选配与制作方面表现出较强的制约性；另一类音乐是用于表演性的音乐，这类音乐由于表演的对象、时间、地点、环境、背景、观众等条件不同，要求不一，因此与竞赛伴奏音乐相比，在选配与制作方面有较大的自由度。

（二）体育音乐表达的内容特点

内容包括思想和感情，思想是指“客观存在反映在人的意识中，经过思维活动而产生的结果”；感情是指“对外界刺激的比较强烈的心理反应或对人或事物关切、喜爱的心情”。体育音乐所表达的思想或情感都是积极性的思想与情感，对人们起着正面的教育、激励和鼓舞的作用；体育音乐所表达的思想与情感具有抽象性与概括性的特征，即对体育实践活动中所产生出来的具体的思想与情感进行类化、概括和反映的过程。

（三）体育音乐的实践性特点

音乐具有审美教育的特点，即通过感知、交流产生审美的心理活动，并通过不断地鉴赏和积累主动追求形成稳定的审美心理。体育音乐不仅具备审美教育的功能，而且具有突出的“实践性”功能，这种“实践性”功能表现在体育音乐对具体体育实践活动的“构成”与“指导”方面。“构成”是指体育音乐作为实践活动的具体内容构成活动客体的组成部分；“指导”是指体育音乐对实践活动中身体活动的节律、思想和情感的表达等所构成的艺术表现力具有规定和指导意义。

三、体育音乐的作用

（一）体育音乐对奥林匹克精神的传承起着积极的作用

现代奥林匹克运动会的主旨是由法国教育家皮埃尔·德·顾拜旦于1896年提出来的，即“和平、友谊、进步”；同时他还提出，艺术、科学、运动是构成和睦友好的奥林匹克思想的三要素，奥运会的精神是不以赢利为目的的体育盛会。

每一届奥运会主办国都会不遗余力地充分表达这一主旨，奥运会音乐也承担着宣传这一主旨的任务。音乐对传播奥林匹克主义、宣传奥林匹克精神、丰富奥林匹克运动内涵，促进奥林匹克运动的健康持续发展、最大限度地发挥奥林匹克运动的教育功能，实现奥林匹克运动的崇高目标等，均有着不可替代的深远影响和积极作用。

（二）体育音乐对新兴健身方式的形成起着促进作用

体育运动随着社会的发展而发展，传统的健身方式受到了强烈的冲击，人类的审美意识和审美价值观正逐步发生变化。人们在追求身体健康的同时，对身体形态的要求也越来越高，融音乐、舞蹈、体操于一体的健身项目逐渐增多。例如，健美操、体育舞蹈、健身气功及瑜伽等。体育与音乐、舞蹈的融合使传统的健身方式得到彻底的改善，这些轻松愉快的健身方式成了当今健身运动的主流。

（三）体育音乐使欣赏者获得视听互补的审美体验与综合美的感受

体育与音乐的完美结合，丰富和增强了体育比赛的节奏性和协调性，同时也把体育运动所表达的某种审美意识推向了一个更有意境的领域。音乐在艺术体操、花样滑冰、花样游泳、体育舞蹈、健美操和女子自由体操等项目中，与运动员的肢体动作相辅相成、相互融合。音乐伴奏使运动员的想象力、创造力和表现力得以展现，并通过肢体动作及表情诠释音乐，通过体育运动这种特殊的形式表现音乐内在的、难以用语言表达的美感和激情。在比赛中，优秀的运动员巧妙地利用了音乐的节奏和旋律，把自己的感情和技巧融入音乐，向观众表述了“声”“形”合一的、完美的艺术境界。

（四）体育音乐成为运动训练的辅助手段

体育与音乐具有共同的节奏性规律，很多体育项目的教练员认识到这一点后，都把音乐作为训练的辅助手段，如拳击、武术套路、田径、散打及球类项目等。美国排球教练员苏珊·哈特菲尔所率领的排球队曾几度获得全美冠军，她的成功之道是把音乐当作“法宝”。她把音乐纳入训练的准备活动程序中，可使队员增强兴奋性、节奏性和协调性，提高技能水平，而且使训练变得有趣。在整个训练过程中，她也选配一些流行歌曲或主题歌，并使这些音乐的节奏与训练计划相符合。音乐对运动员的诸多影响都是通过音乐节奏来实现的。在实践中，应尽可能将音乐节奏与动作节奏和谐地统一起来，以培养运动员的动作节奏感，提高运动员肌体的协调能力，帮助运动员准确地控制力量和动作的速度，调节运动员的呼吸节奏，改善其神经反应的节奏性规律，帮助他们积极地调整状态，提高训练的积极性，激发比赛激情，减轻焦虑，缓解运动性疲劳。用音乐放松，可使副交感神经系统兴奋，加快疲劳的消除，有助于集中运动员的注意力。

（五）音乐的介入赋予体育教育新的含义

校园体育以锻炼身体、放松身心为本，要树立“健康第一”的指导思想，培养学生养成坚持锻炼身体的良好习惯，增强学生的体能和协作精神。随着体育教育改革的深入，体育课程与其他各门课程之间更趋于平衡，体育课程不再是单一的身体训练，而更倾向于情感、意志、个性等心理素质训练。当今社会，越来越多的体育教师把音乐引进课堂教学。实践证明，音乐能营造良好的体育课堂氛围，能激发学生的运动兴趣，从而增强学生的练习效果。在体育教学中，很多教师用一些节奏明快、旋律色彩明亮、曲调优美的音乐辅助教学，能够给学生美的享受；同时，又能把练寓于乐之中，既培养了学生的乐感，诱发了表现力和想象力，又活跃了课堂气氛，使学生在欢快的气氛中锻炼身体，在不知不觉中学会运动技能。2007 年，全国启动“亿万学生阳光体育运动”，力争使 85%以上的学生能做到每天锻炼 1 小时。“阳光体育运动”号召学生到阳光下、操场上、大自然中去锻炼身体，陶冶情操。这项活动是音乐与体育完美融合的一项课间活动，它意味着校园体育迈入一个新时期。伴随着音乐的律动，学校开展了各项体育活动，如广播体操、韵律操、校园集体舞、武术健身操等，不仅能促进学生身心健康发展，提高学生体会美、表现美、创造美的能力，陶冶美的情操，将音乐与体育更加融为一体，而且为体育教育增添了新的含义。

模块 4 体育解说

一、体育解说的概念与分类

（一）体育解说的概念

在首届全国电视体育播音员主持人大会的出版物《金话筒的诉说——电视体育节目的解说与主持》中，近 50 名活跃在体育解说和主持第一线的专业人士，对自己的称谓可谓五花八门，有称之为“主持人”“播音员”的，也有将自己视为“解说员”和“评论员”的，可见其概念之混乱。这些概念使用的混乱状态与当初业界对国外相关概念的引入有一定的联系。

在西方国家，体育主持人、解说员和评论员的概念有着较大差别。在英国，业界基本上没有解说员和评论员之分，这类人群被统称为“体育评论员”。他们的搭档往往是曾经的运动员或教练员，这些人同样被称作“体育评论员”，不过也有专家将他们称之为“总结人”。在体育解说的起源国之一德国，体育比赛尤其是足球赛事大都由一人解说，称之为“评论员”。而在西班牙和西语系国家，体育比赛“陈述人”的概念基本等同于我们所说的体育解说员，与他们搭档解说比赛的专业人士被译为“体育评论员”。

在媒介体育市场相对较成熟的美国，从事体育播音的专业人士被统称为“体育播音员”。在大的概念之下还有着较为细致的行业分工。在比赛现场进行解说和评述的人就是我们与之相对应的“解说员”；与之搭档进行解说的专家被称为“颜色评论员”，顾名思义，他们是为体育解说增添色彩，即我们习惯称谓的“解说顾问”；在演播室从事比赛赛前、赛中和赛后串联的是我们所谓的“演播室评论员”；与评论员配合的是“分析人”，也就是我们常说的“评论嘉宾”。

综上所述，体育解说是通过某种特定语言对竞技运动、身体锻炼和体育游戏等一切与体育有关的活动进行描述和叙述，可能兼备预测、评论和烘托等功能的一种体育播音形式。

（二）体育解说的分类

以媒介为划分标准，体育解说可以分为广播电视体育解说和新媒体体育解说两大类。广播电视体育解说涵盖广播体育解说和电视体育解说；新媒体体育解说包括网络体育解说、手机体育解说和未知新媒体体育解说。（图 9-4-1）

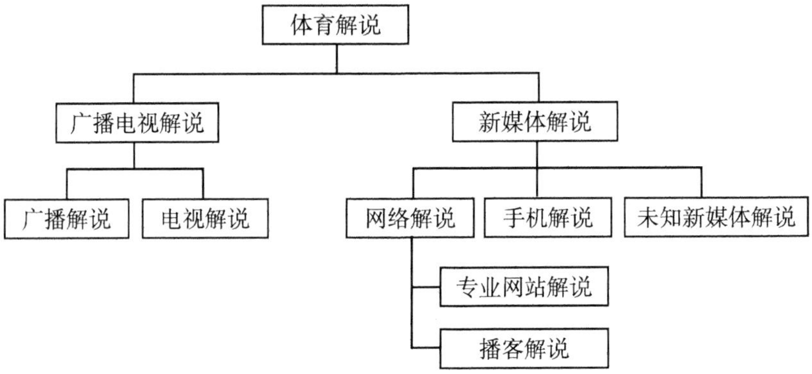

图 9-4-1　体育解说分类示意图

二、体育解说的特点

（一）广播体育解说的特点

与电视体育解说和新媒体体育解说相比，广播体育解说具有以下鲜明特征。

1. 现场感强烈

由于广播体育解说只诉诸人的听觉，从生理学的角度来讲，单纯诉诸听觉可以使受众的精力高度集中，而电视体育转播同时诉诸视觉、听觉会使单一传播的效果减弱。广播体育解说往往配以较丰满的同期声以增强现场效果，这样，在体育解说抑扬顿挫的结合下，受众的卷入感会比较强烈，加上缺失了视觉刺激以后，反而能够让受众有更丰富的联想空间。如同小说对读者能产生相应的联想式刺激一样，收听广播体育解说可以激发受众的想象空间，这种效果是电视体育解说和新媒体体育解说所不具备的。

2. 受众在接收时所受环境的制约少

受众在欣赏电视体育转播或新媒体体育转播时经常会耗费更多精力。在今天这个高速发展的时代，要满足体育爱好者较长时间接受体育赛事信息的难度比较大。一般趋向体育赛事的受众，由于工作或学习的原因无法抽出那么多时间来接收电视体育解说和新媒体体育解说，但广播体育解说则允许受众在收听时还可以同时进行其他活动，例如，读书或运动等，这对许多追求较高生活效率和生活节奏较快的受众来说无疑是其他媒体无法比拟的。

3. 传输成本低

同电视体育赛事转播相比，广播体育赛事的传输和转播费用几乎可以忽略不计。广播媒体在购买赛事转播报道权时的费用也极为低廉，在绝大多数情况下体育赛事主办方是不会单独收取任何广播转播费的。此外，与动辄数十上百的电视体育赛事转播人员不同的是，广播体育转播只需要体育解说员、解说顾问、一两名技术人员，以及后方的导播就可以顺利完成。在具体费用上，除去少许几名工作人员的劳务费，就只剩下低廉的电话通信费和设备使用费，这些费用加起来往往不及电视体育转播费用的零头。在媒体市场竞争激烈的今天，如此低廉的运营成本可望带来超值的性价比。

4. 接收成本低

暂且不说收音机的价格远远低于目前市场上热销的液晶电视、等离子电视和数字高清电视，目前绝大部分手机都携带调频广播接收的功能，在公共交通工具和私家汽车里，广播更是可以随时听随处听，同时，随着目前城市里数字电视的逐渐推广，高水平体育赛事的转播大都收取不菲的额外收视费，网络和手机电视的赛事点播也要收取不低的费用。在不少乡村地区，人们收看电视节目需要通过卫星接收天线，要欣赏到高水平的电视体育节目还需要另外付费。对于不少低收入人群和体育受众的一个主力群体——在校学生来说，广播体育解说具有比较强的竞争力。

（二）电视体育解说的特点

体育解说传播是大众传媒麾下的一种特殊的主持传播类型。有学者认为，电视体育赛事转播的话语权力，可以通过解说员远远超乎对赛事本身的叙述性报道的话语充分地体现出来。具体来说，在拥有大众传媒普遍的话语权力特征的同时，体育解说还拥有一些独特的话语权特征。

1. 题材的表达权

作为占据主导地位的角色，电视体育解说员享有话语题材的表达权，他可以决定解说中话题的走向。

在解说过程中，体育解说员享有根据监视器画面进行即时解说和导引相关话题的优先权力。他能够决定哪些话题可以用于解说，哪些话题优先运用于解说。有时，他们会选择比较个性化，甚至是较为偏激的解说话语。例如，在2002年韩日世界杯足球赛沙特阿拉伯队以0 ∶ 8惨败给德国队之后，沙特阿尔・穆斯塔吉拉电视台的解说员愤怒地表示，国家体育部花了数以亿计的钞票用于足球，但现在却让国家队的声誉严重受损，成为全世界的笑柄，在场上的那些球员只想着钱，根本没有代表国家的荣誉感。不难看出，解说员在话语题材的选择上拥有比较自由的表达权。

2. 语境的优先权

在解说过程中，电视体育解说员拥有话语语境的优先权，这是由解说员的特殊职能决定的。由于体育解说员往往经过专业培训，因此在叙述和环境铺垫功能上普遍优于解说团队中的其他成员。正是由于在语言能力的优势使解说员“天然”地获得了设置话语环境的机会。

3. 语义的主导权

电视体育解说员的话语权力还涵盖话语语义的主导权。解说员可以根据自己对比赛的解读，对赛场上出现的各种情况实施话语干预。

不少解说员为了表达某种特定情绪，在解说中植入了立场鲜明的话语，以突出传播效果。以 1992 年巴塞罗那奥运会喀麦隆电视台的解说为例：巴塞罗那自治大学的研究报告指出，在电视转播中除了开幕式的入场仪式以外，从头到尾没有任何有关喀麦隆的画面和消息。喀麦隆广播电视（CRT）是国内电视转播机构，但由于无法承担昂贵的现场转播费用，他们只能使用法国国际频道（CTI）的电视信号和已配好的法语解说。令人啼笑皆非的是，只有在法国国际频道播出长广告时，喀麦隆广播电视的一名英语和法语解说员才可以发表一些个人观点。而且，他们并不是在巴塞罗那工作，而是在喀麦隆国内的演播室里看着转播画面进行解说。对此解说员无奈地表示：“我们是在接收法国国家电影中心的画面，这个频道在开幕式中会不断地切播广告来打断转播，我们也无法控制来自法国方面的广告。”通过这样的话语，解说员无奈而真实地表达自己的情绪，这在欧美国家电视转播机构中是很难想象的。

4. 意识形态的掌控权

作为体育宣传机构的“喉舌”，体育解说员还拥有着话语意识形态的掌控权。在解说过程中，这种意识形态的掌控权就像一只无影的手，对受众产生着不可估量的影响。

冷战结束后，不少美国体育解说员在一段时间里仍以固有的冷战思维来对待社会主义国家，他们使用充满意识形态偏见的语言来实现自己对话语意识形态的牢固掌控。在亚特兰大奥运会期间，美国广播公司解说员鲍勃·科斯塔斯在伏明霞蝉联女子跳水三米板决赛金牌后表示，“这就是这个国家的形象，她代表了 12 亿人的面容。她是社会主义体育体制下培养出来的运动员，在小学时就被教练挑选出来成天训练。……她每周要跳 6 天，每天 100 次。她每年只能见到自己的父母两次”。由于美国普通民众在日常生活中了解中国和中国运动员的机会比较有限。在这种充满意识形态渗透的解说影响下，普通美国受众几乎无条件地全盘接受解说员的话语，导致美国民众对中国、对中国运动员的认知是片面的，甚至是错误的。

综上所述，电视体育解说在话语题材的表达权、话语语境的优先权、话语语义的主导权和话语意识形态的掌控权等方面具有显著的特点。正是在这些特点的相互作用下，体育解说自诞生后的 70 多年中产生了多次转向和偏向。这些转向和偏向既有话语本身的拨乱反正，也在很大程度上受到了社会总体文化发展的影响和制约。

（三）新媒体体育解说的特点

新媒体给传统媒体带来的最大冲击在于它引入了一种全新的交流方式，为受众营造了一种全新的话语平台。在这个平台上，受众可以相对平等地、随意地形成一些有关社会意见的集合，可以随时随地欣赏别人的表演或发表自己的意见。

新媒体体育解说诞生的时间不长，但发展势头却相当迅猛。从一般受众心目中的边缘地位正逐步蚕食过去广播和电视体育解说的固有领地。英国文化学者雷蒙德·鲍耶和理查德·海尼斯将现阶段称为全球化的新媒体与以国家为中心的电视媒体两种媒介体制关系并存的时期，虽然目前新媒体解说距离体育解说的中心地位还有一段不短的距离，但边缘擦抹的趋势已不可逆转。现在已经有学者大胆预测，在不久的将来，新媒体将会彻底颠覆电视媒体目前的中心地位，成为人们接触体育的首选媒介。一旦成为现实，新媒体体育解说可能会成为体育解说的核心方式。

值得注意的是，在过去的几年中，新媒体体育赛事转播先是从弥补电视体育和广播体育在重大赛事转播中的遗漏开始的。由于转播方式的简便和转播费用的低廉，各类型体育赛事转播几乎无孔不入，其中尤以数字电视、交互式网络电视、电脑共享卫星节目和手机电视的发展最为迅猛。大到重大综合性运动会，小到低级别体育联赛，各类型新媒体体育赛事转播几乎一网打尽。从影响巨大的门户网站、专业体育网站到各个付费电视节目，体育赛事的转播成了新媒体吸引点击率的重要噱头。

在解说方面，各路新媒体不再简单使用上传转播机构的解说，影响力较大的新媒体还请到了不少广播和电视资深体育解说员加盟。明星解说员的加盟进一步扩大了新媒体体育赛事转播的知名度。此外，由于赛事转播的密集，不少新媒体还培养了隶属于自身的专业体育解说员。经过磨炼，这些专职网络体育解说员正在逐渐去边缘化，还有部分解说员甚至有向传统广播电视媒体进军的趋势。此外，手机电视体育赛事转播是最近几年崛起并迅速开始抢占市场份额的体育赛事转播形式。由于其携带方便，收看时间和地点随心所欲，因此被学界和业界广泛看好。虽然手机体育转播的解说还主要采用电视解说员的解说版本，但随着客户需求的迅猛增加，相信在不久的将来，手机体育解说的前景会十分光明，专职的手机体育解说员很可能会应运而生。

三、体育解说员的素养

要做一个合格的体育解说员，需在具备了一个专业记者的素质的同时，还要具备一个现场主持人的专业素养。体育解说是一门边缘性的综合艺术，融合了体育学、语言学、法学、文学、心理学、传播学、艺术学、美学、经济学、教育学等学科的精华，需要解说员具备丰富的体育方面的专业基础知识和广阔的人文社会科学知识。

（一）体育解说员必须是一个合格的新闻记者

电视是视听媒介，从信息传播角度看，电视的突出特点是视听结合。画面是电视的主要语言，运动着的画面是电视同其他大众传播媒介最主要的区别，但声音绝非画面的从属物。电视体育直播的画面部分，主要是由导演组织、设计、指挥、切换的，而声音（国际声除外）则是由解说员结合转播画面，以第一人称“我”的身份“主持”播讲的，体育解说员不同于一般读他人文章稿件的播音员，他说的是自己对这场比赛的观点、见解，可以没有稿子，即兴发挥，与观众进行直接的交流。他是节目的代言人，是节目方针的前台体现者之一，同时也是这场转播节目的主要制作者之一，他具有身份真实、节目固定、主持交流、形象鲜明的特点。

体育解说员的社会角色首先应该是一个记者，他的首要任务就是当赛事的进展画面出来的时候他必须结合画面配合声音将赛事的进展情况客观地进行传播报道。体育解说员要做一个合格的新闻记者，就必须要有一个新闻工作者所应该具备的良好的新闻素养，就必须遵循新闻工作的共性要求。主要包括以下几个方面：

（1）体育解说员必须具有良好的政治思想素养，能够坚持正确的世界观和人生观，具备坚定的政治立场、高度的敬业精神、强烈的社会责任感和组织纪律观念，能够坚持正确的舆论导向和正确的报道方向。

（2）体育解说员也必须要有良好的新闻敏感性和客观报道的精神。新闻敏感性是完成现场报道的灵魂，涉及新闻报道的多方面，主要围绕播报、题材和受众。新闻敏感是任何一个记者都必须具备的基本素质之一。对于体育解说员来说，一些可以预知的新闻事件的现场报道，在事发之前有时空条件来构思选题、选材和报道的结构。

（3）体育解说员要有娴熟的现场驾驭能力，同时还要能够抓住典型和捕捉细节。一个赛事在报道解说时往往是比较复杂的，这就要求体育解说员要有娴熟的现场驾驭能力，能够应对来自各方面的突发情况。同时，还要有在驾驭全局的情况下能够抓住典型和捕捉细节的能力。

（二）体育解说员必须是一个合格的现场主持人

要做一个合格的体育解说员，在具备了一个专业记者的素质的同时，还要具备一个现场主持人的专业素养。

1.深厚的语言表达功底

电视体育解说归根结底是一门语言的艺术，对各种理论和知识的理解最终都要靠语言来完成，因此，深厚的语言表达功底是解说成功的保障。

（1）体育解说员要讲标准的普通话。作为电视大众媒介的组成部分，电视体育解说同样承担着在全社会范围内推广普通话的社会责任，必须有标准的普通话语音和规范的普通话用语。

（2）体育解说员要练就扎实的口头语言表达能力。电视体育解说主要以口头语言为特色，辅以一些体育专业术语，解说员应力求语言通俗易懂、朗朗上口，用浅显易懂的语言解释体育专业术语，就像在跟观众进行口头对话。没有扎实深厚的口语基本功，难以成为优秀的体育解说员。

（3）解说要增强幽默感。体育比赛属于休闲娱乐范畴，比赛中可能会发生很多戏剧性的场面，如果解说中适时采用幽默风趣的语言，既能与场面相映成趣，又可以带给观众轻松和愉悦。

（4）体育解说员要形成自己的语言风格。可以说，体育解说员的解说水平是高难度的口头语言艺术，是在新闻发生的现场，边看、边想、边述，虽然电视是声画并茂，而解说员却是主要通过声音，凭借声音形象同观众交流的。体育解说语言是一种与电视画面相配合的生活化语言，也是体育解说员的谈话体语言。体育解说员在学习动用这种与电视画面相结合的，或追求与电视画面完美结合的谈话体语气时，要努力塑造自己富有个性的声音形象，同时要保持自己声音形象的相对稳定性，以利于在观众中形成较稳定的形象。

2.冷静敏捷的应变能力

电视体育解说是一门即兴发挥的艺术，对比赛的进程和结果无法做到“先知先觉”，解说员必须全神贯注地注意场上的形势变化和电视转播画面中镜头的切换，迅速、及时地将场上信息传达给观众，特别是在比赛激烈紧张、节奏变化很快的时候，更需要解说员反应敏捷、善于应变。对体育比赛中的内容有所选择地解说对解说员来说至关重要。体育解说不同于有稿播音员或事先准备好内容的节目主持人，解说者无法预料比赛过程的具体细节，也无法预料运动员会采用何种战术策略；有些比赛，解说员甚至连哪些运动员上场都不清楚。解说者不可能事先将解说细节设计好，只能根据比赛的实际情况，随机应变地选择解说内容。

体育解说又是一种高度即兴的播讲形式，它要求播讲者思维敏捷、语言反应迅速，懂得在适当的时候向观众提供他们所需要的内容。这些内容既包括画面信息，也包括画面之外与比赛有联系的信息，还包括能引起观众共鸣和思考的各种认识和感情抒发。另外，解说员还应具有应对比赛中突发事件的能力，如比赛中因故中断了很长时间，要想方设法应对可能出现的“冷场”，同时，体育比赛结果在没有结束前，始终处于千变万化之中，在没有确切结果时不要过早报道，在解说中可以阶段性地根据事态发展报道场内的情况。

（三）体育解说员必须具备体育专业基础知识和广阔的人文社会科学知识

体育解说是一门边缘性的综合艺术，融合了体育学、语言学、法学、文学、心理学、传播学、艺术学、美学、经济学、教育学等学科的精华，需要解说员具备丰富的体育方面的专业基础知识和广阔的人文社会科学知识。

（1）从人文的角度来讲，解说中需要对体育有透彻的理解。体育是人在一定社会环境下从事的身体运动，体育中对人类行为本身的理解，对存在于社会文化中的体育现象的理解，对各种时代背景下体育精神的理解，都有不同的意义。解说员必须依靠深厚的文化底蕴，对这些问题有自己深刻的理解，才能向观众阐释。

（2）从体育学的角度看，体育比赛是一门实践与理论结合非常密切的学科。体育比赛中又有不同的项目，在各个体育项目中又有各自不同的规则和技战术特点。体育解说想要达到专业化，体育解说员就必须做到：① 通晓竞赛规则及裁判法；② 对技术、战术的术语表达准确；③ 熟知各种技术和战术的特点；④ 了解运用技术和战术训练的方法和过程；⑤ 具有即时分析、概括比赛的能力；⑥ 了解一些运动医学知识。

（3）从心理学的角度看，解说员要懂得在适当的时候，向观众提供他们所需要的内容，这些内容既包括画面信息，也包括画面之外与比赛有联系的信息，还包括能引起观众共鸣和思考的各种认识和感情抒发。

（4）从法学的角度看，解说员在介绍某个国家或运动员的背景资料时，要特别注意介绍的内容是否侵犯到其利益或权利，避免引起不必要的纠纷，因此，解说员掌握必要的法学知识是非常必要的。

在解说的具体表达中，还必须明确电视媒介的特点、记叙、描写、抒情、议论等表达方式，必须遵循一定的规律，大众传播中的叙事风格、修辞风格等的形成和完善也需要解说员从多方汲取营养。

（四）体育解说员必须具备一定的演讲功底

1.述

“述”就是叙述、介绍、解释和说明，需要重点叙述的包括以下四个方面：

（1）比赛中精彩的场面，得分的高潮，如足球的射门得分、篮球的快攻扣篮、乒乓球的连续扣杀、排球的连续防反等。赛场气氛热烈，连观众也激动叫好，这时尽管观众已经看清，解说员也要热情地跟球叙述、介绍是谁传给谁，是谁怎么得的分，因为此时解说员已成为观众议论比赛、抒发情感的“喉舌”和代表。如果此时解说员冷言寡语、轻描淡写，就会失去电视这种家庭文化的交流感，失去观众的信任，观众会感到不对味、不解气、不提神、不高兴。

（2）比赛中的盲点、疑点、难点及场上纠纷，如越位、三秒、边线、发球、风向等。观众往往看不到裁判的手势，看不清运动员的动作，看不全运动员的位置，搞不清是怎么回事，这时解说员要想观众所想，急观众所急，成为观众的“耳目”，必须及时加以解释说明，否则会使观众越看越糊涂，大失所望。

（3）背景材料，如双方的身高、体重、年龄、特点、风格、成绩、球星教练的历史及裁判、场地，还有专家评价、趣闻轶事、赛前的心理战、舆论战等。叙述介绍这些好比是向观众发布“比赛指南”，现场与历史结合，深化新闻，增加趣味性，有助于观众理解比赛、看清看懂比赛，并可增加解说的深度和评论的可信度。

（4）体育知识。解说员要结合比赛进程介绍比赛项目的历史演变、现行规则、风格流派、技术水平、发展趋势、存在问题、项目对运动员各方面的要求等。要宣传好和普及好体育知识，提高观众的体育知识水平。在解说实践中，背景材料和体育知识很难细分，运用时要注意“嫩绿枝头红一点，动人春色不须多”的原则，要述中有味、饶之有趣、恰到好处，使述“立体化”。

2.评

“评”就是评论，对比赛的各个阶段、主要方面：或开局，或高潮，或相持，或低潮，或关键时刻、关键球、关键分，还有队员的发挥、场上换人、教练指挥、裁判热潮以及球队作风、赛场风气等，发表自己的看法、见解。这种“评”不感而发，针对性强，简明扼要，通俗易懂。要杜绝空泛议论、啰嗦，评论员不是为了评而评，不是游离于叙述之外的评，而是紧密结合比赛进程的评论。评论要以叙述为基础，是为了深化解说，引导观众看懂比赛、看出“门道”、看出“趣味”，提高欣赏水平，同时也是为了提高我们自己的解说水平。

现场体育转播是电视台的“拳头产品”，受到观众的欢迎和好评，但在解说员的实践中，仍存在不少理论和实践问题，如克服“个播化”影响，直播与录像播出的区别等等。应将述中有评、述评结合、两者兼顾作为体育解说员的工作方向，只要我们努力实践、注意总结，就一定能够得心应口、评述自如。

专题十

基础运动

本章导读

田径运动是田赛、径赛和全能比赛的总称，被称为“运动之母”，也是所有大型运动会中比赛项目最多、参赛运动员最多的项目。游泳运动是一项人民大众所喜爱的终身体育锻炼项目，具有极高的锻炼价值，对丰富人们的精神文化生活也有着积极的作用。定向越野作为一项新型的运动项目，集健身性、知识性、趣味性于一体，深受学生喜爱。

学习目标

- ❖ 了解田径运动的基础知识，学习并掌握跑、跳、投技术。
- ❖ 了解游泳的基础知识，学习并掌握游泳基本技术。
- ❖ 了解定向越野的基础知识和器材设备，学习并掌握定向越野的基本技能。

模块 1 田 径

一、了解田径

田径百科

（一）田径的起源与发展

田径运动是世界上最为普及的体育运动之一，也是历史最悠久的体育运动。国际田径联合会将田径运动定义为:“径运动是由田赛和径赛、公路赛、竞走和越野赛组成的运动项目。在众多的田径单项比赛中，通常把在跑道或公路上举行的以时间计算成绩的比赛项目称为径赛，把在专门的场地上进行的以高度和远度计算成绩的比赛项目称为田赛。而全能运动是由部分跑、跳跃、投掷项目组成的以评分为办法计算成绩的综合比赛项目。

据史料记载，公元前 776 年，在古希腊奥林匹亚村举行了第 1 届古代奥运会，从那时起，田径运动就被列为正式比赛项目之一。1894 年，在法国人皮埃尔·德·顾拜旦倡议下，在巴黎召开了国际体育代表大会，成立了国际奥林匹克委员会。1896 年在希腊雅典召开了第 1 届现代奥林匹克运动会，确立了田径为奥运会的第一运动。第 1 届现代奥运会只有男子田径项目的比赛，直到 1928 年阿姆斯特丹奥运会才增设了女子田径项目。1912 年，国际田径联合会在瑞典斯德哥尔摩成立，随后拟订了国际统一的田径竞赛项目和竞赛规则。国际田径联合会的成立，对于田径运动的发展，起了积极的推动作用。

20 世纪初，外籍传教士将现代田径运动带进中国，当时只在教会创办的学校之间开展田径比赛，后来逐渐普及到全国的学校。1932 年洛杉矶奥运会，刘长春代表中国第一次参加了田径项目的比赛。1957 年，我国女子跳高运动员郑凤荣以 1.77 米打破了当时 1.76 米的世界纪录，成为中国运动员打破田径世界纪录的第一人。1983 年，在第 5 届全运会上，朱建华以 2.38 米打破了他自己保持的 2.37 米的跳高世界纪录。同年，徐永久以 43 分 13 秒 4 的成绩创造了女子 10 公里竞走世界纪录，成为我国第一个在世界比赛中获得冠军的田径运动员。1992 年第 25 届奥运会上，我国女子竞走运动员陈跃玲获得 10 公里竞走金牌，实现了我国奥运史上田径项目金牌“零”的突破。此后，我国女子运动员王军霞先后以 29 分 31 秒 78 和 8 分 06 秒 11 的成绩创造了 10000 米和 3000 米的世界纪录。曲云霞以 3 分 50 秒 46 的成绩创造了 1500 米的世界纪录。1996 年第 26 届奥运会上王军霞又获得了 5000 米的金牌和 10000 米的银牌。进入 21 世纪，2000 年悉尼奥运会上中国运动员王丽萍获得了 20 公里竞走的金牌。2004 年雅典奥运会上，刘翔以 12 秒 91 平世界纪录的成绩获得了男子 110 米栏金牌；这是中国男运动员在奥运会上夺得的第 1 枚田径金牌，翻开了中国田径历史新的篇章。此届奥运会上，邢慧娜也在女子 10000 米比赛中获得了金牌。2006 年 7 月在瑞士洛桑田径大奖赛上，刘翔以 12 秒 88 的成绩打破了 12 秒 91 的 110 米栏世界纪录，为中国田径运动又树起了一座新的丰碑。2015 年北京田径世锦赛上，中国男子接力队以 38 秒 01 的成绩获得 4×100 米接力银牌，创造了中国田径史上 4 ×100 米接力项目的最佳战绩，也创造了亚洲田径史上在该项目上的最佳成绩。刘虹获得本届世锦赛女子 20 公里竞走冠军。2016 年里约奥运会上，刘虹再次夺得女子 20 公里竞走冠军。近 20 年是我国田径运动突飞猛进的时期，但总的来说，我国的田径运动水平与高水平世界田径运动行列仍有明显差距，提高田径运动水平的任务还是十分艰巨的。

（二）田径的锻炼价值

经常进行田径运动能提高走、跑、跳跃、投掷等基本活动能力，能促进人体正常的生长发育和各器官、系统机能的发展，提高人体对外界环境的适应能力；能发展身体的力量、速度、耐力素质，增强体质、提高健康水平；能培养学生和运动员勇敢、顽强、吃苦耐劳以及较强的组织性、纪律性和竞争意识等优良品质。

走、慢跑等有氧运动不仅可以提高心肺耐力，还可以燃烧脂肪。女子经常进行健身走或慢跑的有氧运动，有助于保持健美的体形。

（三）田径著名赛事介绍

1. 国际主要田径赛事简介

（1）奥运会田径比赛：奥运会田径比赛每四年一届，其比赛项目包括：100 米跑、200 米跑、400 米跑、800 米跑、1500 米跑、5000 米跑、10000 米跑、3000 米障碍跑、马拉松跑、110 米跨栏跑（男）、100 米跨栏跑（女）、400 米跨栏跑、4×100 米接力、4×400 米接力、20 公里竞走、50 公里竞走（男）、跳高、撑竿跳高、跳远、三级跳远、铁饼、铅球、标枪、链球、十项全能（男）、七项全能（女）。

奥运会田径比赛

（2）世界田径锦标赛：世界田径锦标赛是创始于 1983 年的国际性田径赛事，主办机构是国际田径联合会，最初是每四年一届，1991 年起改为每两年一届。

世界田径锦标赛

（3）世界杯田径赛：世界杯田径赛是由国际田联主办的一项高水平田径赛事。1977 年于德国杜塞尔多夫举行了首届世界杯赛，随后 1979 年于加拿大蒙特利尔、1981 年于意大利罗马分别举行了第 2 届和第 3 届。因国际田联首次组办的世界田径锦标赛定在 1984 年，杯赛改期在 1985 年于澳大利亚堪培拉举行。从此开始，杯赛由两年一届改为四年一次，赛期固定在奥运会后一年。

（4）国际田联超级大奖赛：国际田联超级大奖赛一年举办一届，是为提高田径运动的精彩度和运动水平在合作商赞助下创办的赛事，提供丰厚的奖金，并对成绩突出的运动员实施奖励。该项赛事多在欧洲举办。刘翔 12 秒 88 的成绩就是在洛桑国际田联超级大奖赛上取得的。

2. 国内主要田径赛事

国内田径比赛主要包括：全国田径锦标赛、全国田径大奖赛系列赛、全国室内田径锦标赛、全国马拉松锦标赛、全国马拉松冠军赛、北京马拉松赛、全国竞走锦标赛、全国竞走冠军赛、全国越野跑锦标赛、全运会田径比赛、全国中学生田径运动会、全国大学生运动会田径比赛、全国大学生田径锦标赛等。

二、学习田径

（一）跑

短跑 100 米

短跑是田径径赛项目，一般包括 50 米跑、60 米跑、100 米跑、200 米跑、400 米跑和 4×100 米接力等。

1. 100 米跑

（1）起　跑

田径竞赛规则规定，短跑比赛运动员必须采用蹲踞式起跑，必须使用起跑器，要按发令员的口令完成起跑动作。起跑器的安装方式主要有普通式和拉长式两种，运动员应根据个人的身高、体形、身体素质和技术水平等情况来选择起跑器的安装方式。

普通式：前起跑器距起跑线一脚半长，后起跑器距前起跑器一脚半长。前、后起跑器的抵足板与地面夹角分别约成 45° 和 75° ，两起跑器的左右间隔约 15 厘米。

拉长式：前起跑器距起跑线两脚长，后起跑器距前起跑器一脚长，起跑器的抵足板与地面的夹角及两起跑器左右间隔与普通式基本相同。

起跑技术包括“各就位”“预备”和鸣枪三个阶段。

听到“各就位”口令后，运动员走到起跑器前，俯身，两手撑地，两脚依次蹬在前后起跑器的抵足板上，脚尖应触及地面，后腿膝关节跪地。接着两臂收回到起跑线后撑地，两臂伸直，两手间距比肩稍宽，四指并拢与拇指成“八”字形，颈部自然放松，身体重量均匀地落在两手、前腿和后膝之间，注意听“预备”口令。

听到“预备”口令后，逐渐抬起臀部和后膝，臀部要稍高于肩部，身体重心适当向前上方移动，肩部稍超出起跑线，重心落在两臂和前腿上。两脚紧贴起跑器抵足板，集中注意力听枪声。

听到枪声后，两手迅速推离地面，两臂屈肘做积极有力的前后摆动，同时两腿快速用力蹬起跑器，后腿快速蹬离起跑器后迅速屈膝向前上方摆出，前腿快速有力地蹬伸。（图 10–1–1 ）

图 10–1–1

（2）起跑后的加速跑

起跑后的加速跑是从蹬离起跑器到途中跑之间的一个跑段，一般为 30 米左右，其任务是尽快加速达到自己的最高速度。

起跑后第一步约三脚半长，第二步约为四脚至四脚半长，以后逐渐增大，直至途中跑的步长。腿蹬离起跑器后，身体处于较大的前倾姿势，为了避免身体向前摔倒，要积极加快腿的蹬伸与臂的摆动，保持身体的平衡。

最初几步两脚着地点并非在一条直线上，随着速度的加快，两脚内侧着地点逐渐趋近于一条直线上。

（3）途中跑

途中跑在整个短跑过程中是最长的一段距离，主要任务是继续发展和保持较长距离的最高速度。其动作特点是前脚掌落在身体重心投影点的稍前面，脚触地后膝关节微屈，足踵下沉，使身体重心很快地移过垂直阶段；接着后腿的髋、膝、踝关节依次迅速伸展，完成快速有力的后蹬。后蹬的角度约为 50°，后蹬方向要正。随着前腿的落地动作，摆动腿的大腿迅速前摆，小腿随惯性折叠。蹬地腿蹬地时，大腿积极向前上方摆动，并带动同侧髋随之向前。落地前，大腿要迅速积极地下压，这时由于惯性缘故，小腿自然前伸，接着前脚掌迅速和有弹性地向下、向后做“扒地”动作。

途中跑时，头要正对前方，双眼平视前方，上体保持正直或微向前倾。以肩关节为轴，两臂轻松且有力地向前摆动。前摆时，不超过身体中线和下颌，上臂与臂之间的夹角约为 90°；后摆时，肘关节要稍微向外。摆臂动作应以自然协调为原则。（图 10–1–2）

图 10–1–2

（4）终点跑

终点跑是全程跑的最后一段，要求运动员在离终点线 15 ~ 20 米处时，尽力加快两臂摆动的速度和力量，保持上体前倾角度，当离终点线一步距离时，上体急速前倾，双手后摆，用胸部或肩部冲向终点线，跑过终点后逐渐减速。

2. 200 米跑和 400 米跑

200 米跑和 400 米跑，有一半以上的距离是在弯道进行的。弯道跑与直道跑的技术有区别。

（1）弯道起跑和起跑后的加速跑

为了便于弯道起跑后能有一段直线距离进行加速跑，应将起跑器安装在弯道跑道的右侧，起跑器正对弯道的切线方向。弯道起跑后，前几步应沿着内侧分道线的切线跑进。加速跑的距离适当缩短，上体抬起较早。在进入弯道时，应尽可能地沿着跑道内侧跑，身体及时向内侧倾斜。（图 10–1–3）

图 10–1–3

短跑 200 米和 400 米

（2）弯道跑技术

运动员从直道进入弯道时，身体应有意识地向内倾斜，加大右侧腿和手臂的摆动力量和幅度，身体应向圆心方向倾斜。后蹬时，右腿用前脚掌的内侧，左脚用前脚掌外侧蹬地。两腿摆动时，右腿膝关节稍向内摆动，左腿膝关节稍向外摆动。两臂摆动时，右臂前摆稍向左前方，后摆时肘关节稍偏向右后方；左臂稍离躯干做前后摆动。弯道跑的两腿蹬地与摆动方向都应与身体向圆心方向的倾斜趋于一致。从弯道跑进直道时，应在弯道最后几步逐渐减小身体内倾程度，自然跑几步，然后做一个进入直道的调整，接着按直道途中跑技术跑进。

3. 中长跑

中距离跑有 800 米、1500 米和 3000 米跑，长距离跑有 5000 米和 10000 米跑。

（1）起跑和起跑后的加速跑

中长跑采用站立式起跑，当运动员听到“各就位”的口令后，迅速走到起跑线后，将力量较大的脚放在起跑线后，前后脚距约一脚长，左右脚距约半脚长，后脚掌触地，眼看起跑线前 5 ~ 10 米处，两臂一前一后，身体保持稳定，集中注意听枪声。当听到枪声后，两腿迅速用力蹬地，两臂配合腿部动作做快速有力地摆动，使身体迅速向前冲出，在短时间内获得较快的跑速，然后进入匀速有节奏的途中跑。

（2）途中跑

途中跑的距离最长，是中长跑的主要部分。中长跑的强度小于短跑，跑速相对较慢，动作速度和用力程度相对较小，除了因战术需要而改变的跑步节奏外，一般多采用匀速跑，跑时要做到技术合理、速度均匀、节奏感强、全身动作协调有力。

（3）终点跑

终点跑是运动员在相对疲劳的情况下，竭尽全力进行的最后一段距离的冲刺跑。在运动员实力相当的前提下，它将决定比赛的胜负。

什么时候开始终点冲刺，要根据比赛项目、训练的水平、战术的要求和临场的情况等因素决定。一般情况下，800 米跑可在最后 200 ~ 300 米，1500 米跑在最后 300 ~ 400 米，5000 米跑以上可以在最后 400 米或稍长的距离开始加速，长距离的项目加速距离可更长些。冲刺速度占优势的选手可采取紧跟战术，在进入最后直道时，才开始做最后冲刺超越对手。

（4）中长跑的呼吸

中长跑时，应注意呼吸的节奏。呼吸应自然并有一定的深度，一般是跑两三步一呼气，跑两三步一吸气。随着跑速的提高，呼吸频率也相应加快。中长跑时，由于强度大、竞争激烈，为了提高呼吸效率可采用半张的口与鼻子同时呼吸，以最大限度地满足机体对氧气的需要。

中长跑时，跑一段距离后会不同程度地出现胸部发闷、呼吸困难、动作无力的感觉，迫使跑速降低，这种生理现象叫“极点”。当“极点”出现时，应适当降低跑速，深呼吸，特别是加深呼气，同时要以顽强的意志坚持下去。

（二）跳

1. 跳　高

随着跳高技术的发展，在正式比赛中已经比较普遍采用背越式跳高。背越式跳高技术由助跑、起跳、过杆和落地四个部分组成。（图 10-1-4）

跳　高

图 10-1-4

（1）助　跑

助跑一般分为前段直线跑和后段弧线跑。助跑开始时采用直线助跑，用前脚掌着地，富有弹性地跑；提高重心，步幅均匀，不断加速。进入弧线跑时，前脚掌沿弧线落地，外侧摆动腿有弹性地蹬地，上体逐渐向弧线内侧倾斜。助跑的节奏要快，特别是助跑最后两步髋关节前送幅度要大，迈步时上体保持较垂直的姿势，摆动腿积极、充分后蹬，起跳腿快速前伸，髋部自然前送。助跑时两臂应积极有力地前后摆动，弧线跑时外侧手臂摆动幅度应大于内侧手臂的摆动幅度。

（2）起　跳

起跳腿以大腿带动小腿积极下压着地，起跳脚脚跟外侧先着地，接着通过脚的外侧过渡至全脚掌，脚尖朝向弧线的切线方向。随着身体由内倾转为垂直，迅速地完成缓冲和蹬伸动作，运动员顺势向上跳起。

摆动腿蹬离地面以后，髋部发力，大腿加速向前摆，同时屈膝折叠，当摆动腿摆过起跳腿前方后应向里转，而小腿和脚要稍外展。摆动腿沿着助跑弧线的延伸方向加速上摆，直至减速制动。两臂的摆动要与摆动腿的摆动协调配合。

（3）过　杆

当起跳腿蹬离地面结束起跳以后，身体应保持伸展的姿势向上腾起，同时在摆动腿和同侧手臂的带动下，围绕身体纵轴旋转，使身体转向背对横杆。当头和肩越过横杆以后，及时地仰头、倒肩和展体，并利用身体惯性向上的速度，收腿挺髋，形成身体的背弓姿势。这时两腿屈膝稍后收，两臂置于体侧。当身体重心移过横杆时，则应含胸收腹，控制上体保持下旋，同时以髋部发力，带动大腿和小腿加速向后上方甩腿，使整个身体脱离横杆。

（4）落　地

保持屈髋伸膝的姿势下落，最后以上背部或背先落于海绵垫上。落在海绵垫后要做好缓冲控制，防止受伤。

2. 跳　远

跳远技术由助跑、起跳、腾空和落地四个部分组成。

（1）助　跑

助跑是为了获得理想的水平速度，并为准确踏板和快速有力地起跳做好准备。助跑距离与运动员的年龄、运动水平和发挥速度的能力有关，助跑的距离一般为

跳　远

28 ～ 50 米。男子助跑为 16 ～ 24 步，女子为 14 ～ 18 步。助跑过程注意身体重心和节奏的把握，最后一步达到助跑最高速度。

（2）起　跳

助跑的倒数第二步摆动腿着地时，膝关节迅速前移，上体正直，起跳腿自然积极地前摆。在起跳腿的大腿前摆时，抬腿要比短跑时低些，并积极主动下压，脚掌踏上起跳板，然后屈膝缓冲，身体重心稍降低。当身体重心移至起跳腿支点的垂直部位时，起跳腿迅速用力地蹬伸，使髋、膝、踝三个关节迅速伸直，上体挺起，摆动腿的大腿积极向前上方摆至水平位置，小腿自然下垂，完成起跳动作。

起跳腿蹬伸充分的同时，同侧臂屈肘向前上方摆起，异侧臂屈肘向侧摆起，当双臂肘关节摆至略低于肩或与肩同高时突停，使身体借助于摆臂的惯性提肩、拔腰、挺胸、顶头，帮助身体重心提起，增大起跳效果。

（3）腾　空

起跳腾空后的空中动作主要有挺身式、蹲踞式和走步式，以下介绍挺身式。（图 10–1–5）

起跳腾空后，摆动腿的大腿积极下放，小腿随之向下、向后方摆动，留在体后的起跳腿与摆动腿靠拢。当达到腾空最高点时，身体充分伸展，形成挺胸展髋姿势。两臂上举或后摆，然后收腹团身，落地瞬间双腿前伸成落地动作。

图 10–1–5

（4）落　地

落地前，上体不要过分前倾，大腿要尽量上举靠近胸部。将要落地时，小腿积极前伸，双脚接触沙面后，迅速屈膝缓冲，两臂积极向前挥摆，臀部前移，上体前倾，使身体重心迅速移过支撑面。为了避免落地时身体后坐，可采用以下两种落地姿势：① 前倒姿势，即当脚跟着地后，前脚掌下压，两腿屈膝前跪，身体移过支撑点后继续向前移动，并向前倒下；② 侧倒姿势，即当脚跟着地后，一腿紧张支撑，另一腿放松，身体向放松腿的前侧方倒下。

（三）投

投

背向滑步推铅球技术由握球和持球、预备姿势、滑步、最后用力和维持身体平衡五个部分组成。

1. 握球和持球

握球的方法（以右手为例）：五指稍微分开，将球放在食指、中指、无名指指根处，拇指和小指扶在球的两侧，手腕背屈（图 10-1-6）。握好球后，将球放在锁骨窝处，贴于颈部，右臂屈肘向外，掌心向内。（图 10-1-7）

图 10-1-6

图 10-1-7

2. 预备姿势

持球后，站在投掷圈的后部，背对投掷方向，右脚在前，贴近投掷圈，身体重心落在右脚脚掌上，左脚在后，以脚尖自然点地。身体从正直姿势开始向前屈体，待身体与地面平行时，屈膝下蹲，形成团身动作。

3. 滑　步

预备姿势完成后，臀部带动身体重心略向投掷方向移动，使其移离身体的支撑点（右脚），以便于滑步并避免身体重心起伏过大。左腿以大腿带动小腿迅速向抵趾板方向摆出并外旋，右腿积极蹬伸，及时拉收并内旋，两腿摆蹬协调配合，推动身体向投掷方向快速移动。

4. 最后用力

最后用力是推铅球技术的重要环节。滑步结束后，左腿脚掌内侧着地支撑，右腿弯曲，支撑体重。左脚脚尖与右脚脚跟在一条直线上，肩轴与髋轴成扭紧状态，右腿积极蹬转，推动右髋向投掷方向转动，左臂由胸前向投掷方向牵引摆动，重心逐渐移至左腿，左膝被动微屈。左臂由上向身体左侧靠压制动，右臂向投掷方向转动，用力推球。铅球快离手时，手腕手指向外拨球。

5. 维持身体平衡

铅球离手后，两腿交换，降低重心，维持身体平衡。

模块 2　游　泳

一、了解游泳

（一）游泳的起源与发展

游泳百科

据现有资料记载，早在 5000 多年前已经有了游泳运动。古人类居住在江、河、湖、海一带，他们为了生存必然要在水中捕捉水鸟和鱼类作食物，通过观察和模仿鱼类、青蛙等动物在水中游动的动作逐渐学会了游泳。所以说游泳是人类在与大自然的斗争中产生和发展起来的。

现代游泳运动起源于英国。17 世纪 60 年代，英国不少地区的游泳活动就开展得相当活跃。1828 年英国在利物浦乔治码头修造了世界上第一个室内游泳池。1869 年 1 月在伦敦成立了大城市游泳俱乐部联合会（现英国业余游泳协会前身），并把游泳作为一个专门的运动项目正式固定下来。游泳运动随之传入各英国殖民地，继而传遍全世界。1896 年在希腊举行的第 1 届奥林匹克运动会，便把游泳列为比赛项目，当时只举行了男子 100 米、500 米、和 1200 米自由泳 3 个项目的比赛。1908 年在英国伦敦举行第 4 届奥林匹克运动会，成立了国际业余游泳联合会（简称国际泳联），审定了游泳的各项世界纪录，并制定了国际游泳比赛规则。

我国近代的游泳运动在 19 世纪中后期随着西方国家的侵略而首先开始于香港、广州等地，尔后逐渐扩展到内地。1887 年，广州沙面修建了中国第一个室内游泳池。1913 年，我国参加了在菲律宾马尼拉举行的第 1 届远东运动会。1920 年，国内的游泳比赛开始增设女子项目。1924 年成立了“中国游泳研究会”。中华人民共和国成立后，在党和人民政府的领导与关怀下，1952—1959 年我国游泳运动员频繁参加国际性比赛，也取得了不俗的成绩。1982 年，在印度新德里举行的第 9 届亚运会上，我国游泳金牌实现“零”的突破。1992 年，在巴塞罗那举行的第 25 届奥林匹克运动会上，中国游泳实现了奥运会游泳金牌“零”的突破，而且还改写了多项世界纪录。2016 年，在巴西里约举行的第 31 届奥林匹克运动会游泳比赛中，我国名将孙杨领衔的游泳军团，取得了 1 金 2 银 3 铜的优异成绩。目前，我国竞技游泳已经取得了长足的进步，成为世界泳坛上一支不可忽视的劲旅。

（二）游泳的锻炼价值

游泳的锻炼价值

游泳运动不仅具有较好的观赏性和趣味性，而且具有很高的健身价值。在水中不能像在陆地上那样自然地呼吸，生理环境也产生了巨大的变化，同时又要克服水的阻力，因此，游泳运动能改善心血管系统、呼吸系统、神经系统和消化系统的功能，促进人体正常生长发育和新陈代谢，提高全身的协调性、肌肉力量和耐久力，增强耐寒能力。游泳对于身体瘦弱者和许多慢性病患者还是一种有效的体育医疗手段。游泳在生产、科研和国防建设上有很高的实用价值。游泳还能磨炼意志，培养勇敢顽强的精神。

（三）游泳著名赛事介绍

1. 世界杯短池游泳赛

短池游泳世界杯赛

世界杯短池游泳赛是一个国际系列短池（25 米）游泳比赛，由国际泳联主办，参加成员是国际泳联会员。该系列比赛于 1989 年开始，每年举行分站的比赛，最终获得前 3 名的运动员可以获得奖金。50 米、100 米、200 米和 400 米分预赛和决赛两个阶段进行。400 米个人混合泳、800 米和 1500 米自由泳则在预赛与决赛之间适当延长间隔时间，分两天举行。

2. 奥林匹克运动会游泳比赛

奥林匹克运动会游泳比赛

现代游泳竞赛的历史应追溯到第 1 届现代奥运会前。1896 年第 1 届雅典奥运会上，男子游泳被列为 9 个比赛项目之一。1912 年第 5 届斯德哥尔摩奥运会上正式设立了女子比赛项目。

二、学习游泳

(一) 蛙　泳

蛙泳

蛙泳是身体俯卧于水中，两肩与水面平行，依靠两臂对称向后划水，两腿向后对称蹬夹水而向前游进的姿势。整个动作与青蛙游水十分相似，所以取名为蛙泳。蛙泳的特点是游时省力，容易学，游动时动作全部在水下，头部可以出水面呼吸，视野开阔，容易对准目标。

1. 身体姿势

蛙泳在游进之中，身体不是固定在一个位置上，而是随着手、腿的动作而不断地变化。当一个动作周期结束后，身体应展胸、稍收腹、微塌腰，两腿并拢，两臂尽量伸直，颈部稍紧张，头部置于两臂之间，眼睛注视前下方。整个身体应以身体的横轴为轴做上下起伏动作。

2. 腿部动作(图 10-2-1)

(1) 收　腿

两膝自然向下，逐渐分开，小腿在大腿后面向上折叠，脚跟沿水面向臀部靠拢。收腿时力量要小，放松。收腿结束时，大腿与躯干成 120° ～ 140° 角，两膝距离略宽于髋，小腿尽量与水面垂直，为翻脚和蹬腿做好准备。

(2) 翻　脚

收腿即将结束时，脚仍向臀部靠近，这时两膝关节向内扣，同时两脚向外侧翻开，使脚内侧和小腿内侧对好蹬水方向。脚外翻时，应积极用力勾脚，这是做好翻脚动作的关键，而膝关节和踝关节的灵活性则是完成动作质量的保证。

(3) 蹬夹腿

蹬夹腿是在翻脚的连贯动作下开始的，即翻脚后不停顿地向后做弧形蹬夹水，直至两腿并拢。蹬腿时应以大腿发力，先伸髋，再伸膝，到最后还有约 1/4 的路程时快速伸踝关节并拢两腿，使蹬水获得更大的效果。伸踝关节时伴有下压的动作，可使身体升起，有利于向前滑行。

(4) 滑　行

蹬腿结束后，腿略低于身体，随着蹬水产生的推进力向前滑行，腿应很快稍上抬，以减少滑行的阻力。

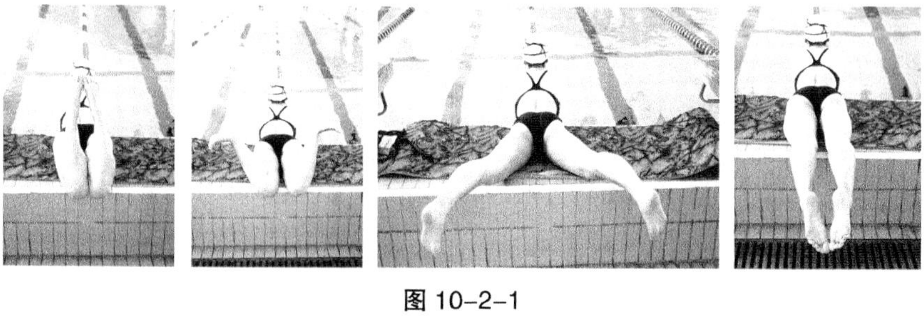

图 10-2-1

3. 手臂动作（图 10-2-2）

（1）抓　水

抓水是在两臂已前伸并拢且掌心转向外时，前臂、上臂内旋、掌心向外斜并稍屈腕，两手分开向斜下方抓水。当手掌前臂有压力时，抓水动作即完成。

（2）划　水

抓水后，两臂开始提肘屈臂，并继续向后方划水。当两手掌外划，宽度约近两倍肩宽，上臂和前臂夹角约为 115° 时，即转入内划。

（3）内　划

内划是划水的继续，它是划水动作中的一个重要组成部分，能产生较大的升力和推进力。内划时掌心由外转向内，完成此转腕动作，只要小指由上转为向下即可。同时必须与前臂、上臂同时用力向内夹，两肘自上而下直线内夹。内划动作完成时，两掌心向上，两肘正处于肩前下。

（4）前　伸

臂内划结束，此时要借助臂向前的惯性，立即伸肩、伸肘。两掌心由向上逐渐转为向下，两臂呈并拢伸直状。

蛙泳整个划水路线，近似"桃形"的轨迹。划水方向是向侧、下、后、内、前方；划水力量由小到大；划水速度由慢到快。特别强调：内划至前伸段中间不能有停顿，动作必须连贯，一气呵成。

图 10-2-2

4. 完整配合技术

由于蛙泳是通过臂腿相互交替运动产生向前的推进力，因此臂腿配合时机十分重要。配合得好，游速均匀效果好；配合得不好，出现减速，效果差。臂划水时腿伸直放松，收手时收腿，臂将伸直时开始蹬腿，接着臂腿伸直滑行。（图 10-2-3）

图 10-2-3

臂与呼吸及臂、腿、呼吸完整配合。蛙泳中臂与呼吸配合有早吸气和晚吸气两种形式：早吸气是两臂划水开始时抬头吸气，收手时低头屏气，两臂前伸时逐渐呼气；晚吸气是两臂内划时吸气，内划结束吸气也完成了。两臂前伸时屏气，向外划水时呼气。早吸气的吸气时间长，对初学者来说较容易掌握；晚吸气的吸气时间短，但完整配合连贯、紧凑，有利于力量的发挥，对提高成绩有明显的优势，为运动员所采用。

蛙泳臂、腿、呼吸的完整配合，一般为一次划臂、一次蹬腿、一次呼吸，但也可以 2 ～ 3 次臂腿动作呼吸一次。

5. 练习方法

（1）腿部动作练习方法

① 陆上模仿蛙泳腿部动作练习：坐在池边或凳上，上体稍后仰，两手臂在体后支撑，两腿伸直并拢，髋关节展开，做蛙泳的收腿（大腿带动小腿，边收边分）、翻脚（向外翻脚，脚的蹬水面对准水，膝稍内压）、蹬夹水（向后弧形蹬夹水）、停（两腿并拢伸直放松停一会儿）的动作，先分解练习再过渡到完整连贯动作。

② 水中做蛙泳腿部练习：手扶支撑物，身体平卧浮于水中，髋关节展开，两腿放松伸直并拢，做收、翻、蹬夹、停的动作，先分解再连贯起来做。要求：肩浸入水中，腰腹部肌肉稍紧张，臀靠近水面，防止塌腰、挺腹、臀下沉；收腿时要放松慢收，小腿和脚在大腿投影之内；向外翻脚要充分，脚和小腿内侧对准水，脚心朝上；蹬夹水动作要连贯，速度相对要快些；蹬水结束后，两腿并拢伸直漂一会儿。

③ 滑行做蛙泳腿部练习：蹬壁或蹬池底滑行后做蛙泳腿，要求两腿蹬水后漂浮的时间要长一些，注意蹬腿效果和动作节奏。

④ 游动支撑做蛙泳腿部练习：扶住浮板的近端，两臂伸直，面部浸入水中，做蛙泳蹬腿动作。

⑤ 蛙泳腿和呼吸配合练习：当蹬夹动作结束、两腿并拢伸直时，抬头吸气，随后低头没入水中闭气再收腿。

（2）手臂动作练习方法

① 陆上站立，上体前倾，两臂前伸，掌心向下。按口令做以下动作：两手同时向侧后下方划水；屈臂收手至颌下，掌心斜相对；两手向前伸直并拢稍停。要求划水时掌心向外侧下方，内收时，用力压水。先分解练习再过渡到完整连贯动作。基本掌握臂的动作后，即可配合早呼吸，开始划水时抬头吸气，伸臂时，低头闭气及呼气。

② 站立在齐胸深的水中，俯卧，两臂按陆上练习要求做划水动作，原地先做，后在走动中做小划臂练习。划水时不要用力，体会水对掌的压力（水感）。手每划一次水，两臂在体前伸直并拢稍停一会儿，主要是体会划水路线。

③ 臂和呼吸配合练习，臂的动作同上，由走动到俯卧滑行做臂与呼吸配合动作。要求划臂开始抬头吸气（早吸气）或划水结束时抬头吸气（晚吸气）。

④ 双人配合练习，由同伴抱住练习者双腿，做蛙泳臂与呼吸配合动作的练习。

（3）完整配合动作练习方法

① 陆上模仿练习：站立，两臂向上伸直并拢。一腿支撑另一腿做模仿练习。按口令做："1"——两臂向两侧划水。"2"——收手同时收腿，收腿即将结束时开始翻脚。"3"——臂将伸直时蹬腿。"4"——臂、腿伸直稍停。然后逐渐连贯做，加呼吸动作。

② 水中练习：

滑行后闭气做臂、腿配合的分解练习。即先完成一次划臂动作后，再做一次蹬腿动作，臂和腿依次交替进行，以建立臂先腿后的概念。

闭气滑行，做划臂腿伸直、收手又收腿，臂将伸直再蹬腿，臂腿伸直后滑行的配合练习。

同上练习加呼吸配合。由多次蹬腿一次划臂逐渐过渡到一次臂、一次腿和一次呼吸的完整配合。

逐渐远距离游，在远游中改进技术。

6. 易犯错误、原因及纠正方法（表 10-2-1）

表 10-2-1　蛙泳常见错误及纠正方法

部　位	常见错误	原　因	纠正方法
腿部动作	蹬水时没有翻脚或一脚翻、一脚绷直剪水	1. 小腿肌肉对翻脚的动作未建立感觉和体会 2. 绷脚尖形成动作定型	1. 多在水上做翻的强制性练习 2. 强调蹬水时保持脚翻、勾（勾脚尖）状态
	平收腿、蹬得过宽，先蹬后夹或只蹬不夹	1. 收腿时两膝外张 2. 旧的动作定型影响	1. 陆上模仿加深体会 2. 用矫枉过正方法，要求收蹬，用绳固定两膝距离，限制其外张
	收腿时游速突减，蹬水时不走	1. 收腿过快，收大腿过多 2. 蹬腿时脚与小腿不对水	1. 强调慢收腿，控制大腿与躯干的夹角约为130° 2. 强调慢收到位，小腿约与水垂直。注意翻脚后蹬腿，并相对地快些
臂部动作	划水时手摸水（划不到水）	1. 划水时拖肘 2. 手臂力量差	1. 划水时，高抬肘，屈臂划水幅度小些 2. 加强手臂力量训练
	划水路线太靠后，超过肩的延长线	1. 急于用力划水，推动身体前进，收手过晚 2. 抬头吸气时间过长或吸气时抬头过晚	1. 伸肩划下抓水，保持高肘提前划水 2. 屈臂小划水，或扒在水线上练习，限制划水过肩
配合动作	蹬腿的同时划臂	配合节奏混乱，急于划臂	强调先伸臂后蹬腿，臂腿伸直再滑行。或两臂前伸，蹬两次腿，划一次臂，然后再做一次腿一次臂配合
	蹬腿的同时伸臂	臂划水结束后没有及时转入收手和伸臂，而是停留在胸前	1. 强调收手时收腿，适当地慢 2. 划、收、伸衔接应紧密连贯，强调臂先伸直再蹬直
	吸不到气	1. 吸气前未呼气或呼气过早过猛，使呼与吸之间有停顿 2. 抬头太慢，吸气时间太短 3. 用鼻吸气，呛水	1. 臂前伸时开始呼气，注意呼气节奏。呼与吸衔接，嘴将出水加速呼气，嘴一出水顺势吸气 2. 滑水时开始抬头，划水时吸气 3. 用嘴、鼻呼气，用嘴吸气

（二）自由泳

自由泳，又称爬泳，游进时身体俯卧在水中，两腿交替上下打水，两臂轮流向后划水，动作结构简单，推进力均匀，既省力又能产生最大速度的一种泳姿。在游泳中，自由泳是游得最快的姿势。

1. 身体姿势

游自由泳时，身体要尽量保持俯卧的水平姿势。但是为了取得更好的动作效果，头部应自然稍抬，两眼注视前下方，头的 1/3 露出水面，水平面接近发际，双腿处于最低点，身体纵轴与水平面成 3° ～ 5° 的仰角。自由泳游进中，身体可以围绕身体纵轴做有节奏的转动，转动的角度一般为 35° ～ 45° 。如果速度加快，角度就会相对减少。（图 10–2–4、图 10–2–5）

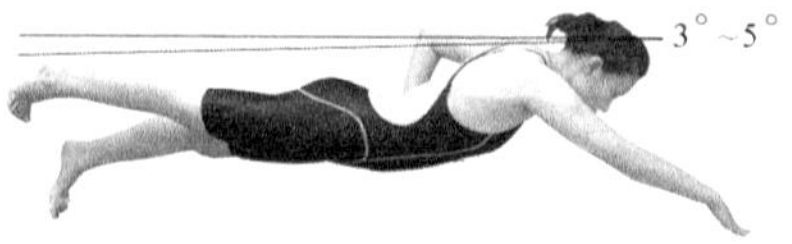

图 10–2–4

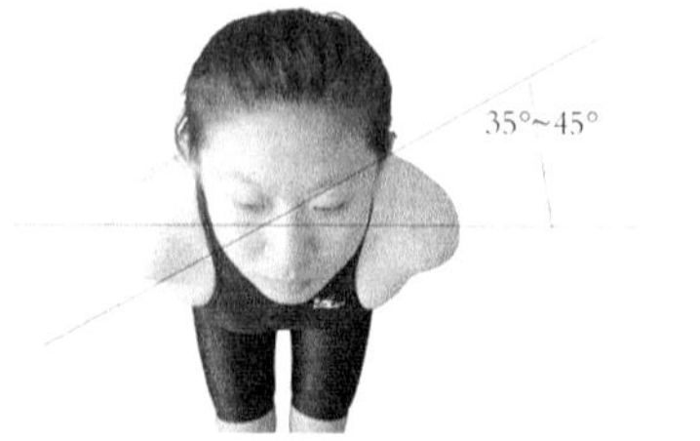

图 10–2–5

2. 腿部动作

两腿上下连续打水，其两脚尖上下交替幅度以垂直距离为 30 ～ 40 厘米。脚稍向内转，脚尖自然绷直，踝关节放松，由大腿发力，带动小腿和脚做鞭打动作打水。向上提时直腿，向下时大腿先下打，膝部随之下打，然后小腿和脚依次下打，整个下打过程犹如甩鞭。

3. 手臂动作

（1）入　水

肘略高于手，手掌自然伸直并拢，与水面约成 45° 角，拇指领先斜插入水中。入水的范围在肩的延长线上或在肩的延长线与人体中线之间。入水点约是臂前伸的 2/3 位置上。臂入水后积极向前方伸肘伸肩，掌心朝下。

（2）划　水

在臂向前伸展的基础上，开始下滑并屈腕屈肘，使前臂转成向后对水。在肘约屈成 150° 角时开始用力划水。当臂划至肩下时，手在身体中线下方，肘成 90° ～ 120° 角。接着上臂与前臂同时向后划去，一直划到大腿旁，这过程中肩向后移，肘靠向体侧，以加长划水路线并使前臂和手掌能以最大面积向后推水。臂入水后下滑屈肘，划至肩下时腕与前臂成 180° 角，然后逐渐伸腕使手掌展开，直至划到大腿旁，手掌与前臂成 200° ～ 220° 角。整个划水动作由慢到快，划水结束时达到最快。（图 10–2–6）

图 10-2-6

（3）出水和移臂

划水结束后，前臂和手腕放松，提肩提肘使整个手臂出水，动作迅速而不停顿。接着，在肩的转动下，带动整个手臂向前移动，移臂时仍保持高肘屈臂的姿势。出水和移臂动作要放松，使用力划水后的肌肉得到短暂的休息。

在自由泳划臂的整个周期中，动作是不停顿的，划水动作的内部循环是有节奏地进行的，随着阶段的不同，各部分所用力量也不同，动作速度也不一样。整个水下划臂的路线从仰视图来看呈"S"形。

（4）两臂的配合

两臂配合是前进速度均匀的最重要条件之一。一般有前交叉、中交叉、后交叉三种配合形式，前交叉是指一臂入水时，另一臂已前摆至肩前方与水平面约成 30° 角。前交叉有利于初学者掌握爬泳动作和呼吸。中交叉是指一臂入水时，另一臂处于肩下部位，与水平面约成 90° 角。后交叉是指一臂入水时，另一臂处于腹下，手与水平面约成 150° 角。后两种配合有利于发挥两臂力量和提高动作频率，加快滑水速度，保持均匀的推进力。

4. 呼吸与臂的配合

一般是两臂各划一次做一次呼吸。以向左侧转头吸气为例，左臂入水后，口鼻开始呼气，左臂划至肩下并继续后划，同时头随身体绕纵轴向左侧转动，并加速呼气，在臂出水时嘴把气呼完，立即张口吸气，当左臂前移至肩侧时吸气结束，并随着左臂的入水，闭气将头转正。待臂入水后又开始第二个循环动作。好的吸气动作，应使头与身体成一线一同转动，口在低于水面的波谷中吸气。

5. 完整配合动作

自由泳的完整配合技术，是匀速地不断向前游进的保证。在完整配合技术中，一般手臂各划一次水，呼吸一次，双腿打水有 2 次、4 次、6 次等，也有不规则打水或交叉打水等多种配合形式。这往往是因为个人的特点习惯，以及比赛项目或距离长短不一而异。

初学者以学习 6 次打腿、2 次划手、1 次呼吸的配合技术为好。这样有利于学习过程中保持臂、腿动作的协调，以及身体平衡的掌握。（图 10-2-7）

图 10-2-7

6. 练习方法

（1）腿部动作练习方法

① 陆上模仿练习：坐在池边或岸边，两手臂后撑，两腿向前伸直并拢内旋，直腿做模仿打水的练习。练习时眼要看着两腿的动作。

② 水中练习：手抓水槽打水练习。练习时要求髋关节展开，两腿内旋，大腿带动小腿，踝关节放松。先直腿，后屈腿。蹬壁滑行打水练习。练习时要求闭气，两臂伸直并拢，头夹于两臂之间，打水时腿要放松。

（2）手臂动作和手臂与呼吸配合动作练习方法

① 陆上模仿练习：原地两脚开立，上体前倾做直臂划水模仿练习。重点体会推水结束后的空中移臂动作和手臂入水的动作。先单臂练习，再两臂交替练习。同上练习，要求划水时做出屈臂的动作，着重体会划水路线。除划水阶段用力外，其他动作放松，移臂时肘高于手。两脚开立，上体前倾，两手扶膝，做向侧转头吸气练习。同侧臂开始划水时呼气，推水时转头吸气，吸气后头迅速转回，手再做入水动作。

② 水中练习：站立浅水中，做同陆上练习的内容。在水中一边走动，一边要做同陆上练习的内容。要求划水时适当用力，注意手掌对水，推水时掌心向后，体会划水路线及水感。两臂配合：蹬边滑行后腿轻轻打水或大腿夹助浮器帮助下肢浮起，身体平衡，做单臂划水，如左臂划两次再右臂划两次。而后做两臂分解配合到左臂划水，空中移臂，入水后右臂再做。最后过渡到两臂前交叉配合划水。臂与呼吸配合：扶板打水，单臂划水，向同侧转头呼吸。转头时下颌向同侧肩靠近，不要抬头。滑行时轻轻打腿，划单臂向同侧转头呼吸，要求划水路线长。两臂配合，由分解过渡到前交叉，加转头呼吸。

（3）完整配合动作练习方法

水上练习：由蹬壁滑行打腿开始，加各种配合练习，要不停地打腿。首先抓好臂腿配合，再加呼吸配合，但不宜过早强调呼吸，以免影响臂腿配合的质量。完整动作配合游时，不一定非要 6 次打腿，只要臂腿配合协调，划水和呼吸时腿不停顿地打水即可，再逐渐加长游距，在练习中改进动作。

7. 易犯错误、原因及纠正方法（表 10-2-2）

表 10-2-2　自由泳易犯错误、原因及纠正方法

部　位	易犯错误	原　因	纠正方法
腿　部	小腿打水	1. 动作要领不清 2. 下打时屈膝太大	1. 明确动作要领 2. 先用直腿打水，然后体会用大腿带动小腿打水
	屈髋打水	躯干没充分展开或收腰	1. 多做陆上模仿练习，注意大腿上抬或用直腿打水 2. 水中练习要展髋，打水大腿上摆
	勾脚打水	踝关节灵活性差	1. 要求绷直脚尖打水 2. 多做踝关节灵活性练习

续 表

部 位	易犯错误	原 因	纠正方法
臂 部	臂入水后向下压水	1. 直臂入水 2. 过早用力划水	1. 入水时手指先入水，此时肘高于手 2. 入水后臂向前下方伸，抓到水后再划水
	手在肩外侧划水和划水路线短	1. 手入水点偏外侧，并向外侧划水 2. 没有抓水动作	1. 屈臂，手沿身体中线做“S”形划水，可要求在肩前入水，划水时向腹下抱向同侧大腿处推水 2. 用矫枉过正法，要求手臂在身体中线处入水，超过中线向后划水，划水结束时手触同侧大腿
完整配合	抬头吸气	1. 动作概念不清 2. 怕呛水，不敢抬头	1. 明确转头吸气 2. 吸气时，绕纵轴转动，转头时做“咬肩”动作
	吸不进气	不会呼吸或不会在水中吐气	1. 在水中做呼吸的基本动作 2. 强调水中吐气 3. 掌握转头吸气的时机，嘴将出水时猛吐、深吸气

模块 3 定向越野

一、了解定向越野

定向百科

（一）定向越野的起源与发展

定向越野起源于瑞典，最初只是一项军事体育活动。“定向”这两个字在 1886 年首次使用，意思是在地图和指北针的帮助下，越过不被人知的地带。真正的定向比赛于 1895 年在瑞典的斯德哥尔摩和挪威的奥斯陆的军营区举行，标志着定向越野作为一种体育比赛项目的诞生，距今已有 100 多年的历史了。

定向越野本身作为一种体育项目的开展是从 20 世纪初在北欧开始的，到 20 世纪 20 年代已在芬兰、挪威、瑞典和丹麦普及。1932 年举行了第一次世界定向越野比赛。1961 年，国际定向联合会（IOF）在丹麦哥本哈根成立。目前，定向越野已风靡全欧洲、大洋洲和北美地区，在亚洲的日本、韩国及中国香港地区，南美的巴西、智利也初具规模。1998 年世界公园定向运动组织来到指南针的发明地——中国，大大提高了人们参与定向运动的热情与兴趣。

（二）定向越野的锻炼价值

（1）定向越野可根据不同性别、年龄编组，赛程可远可近，难度可大可小。因此，它是一项男女老少皆宜的群众性体育运动项目。

（2）定向越野具有浓厚的趣味性、娱乐性。参赛者根据地图标明的运动方向进行地图与实地对照，选择运动路线，寻找检查点，比单纯的赛跑更能提高参赛者的兴趣，整个运动具有旅游特点。

（3）这项比赛与其他比赛一样，具有激烈的竞争性。定向越野不仅是体力方面的竞争，更是智力和技巧方面的竞争。

（4）定向越野还具有一定的知识性和军事意义，对于普及全民识图和用图的知识，加强国防建设大有好处。在青少年中开展这一项目，对于调节他们的学习、工作情绪、增强体质、丰富地理知识，尤其对培养他们的自我生存能力和启发智力有独特的好处。

（三）定向越野著名赛事介绍

1. 主要国际定向赛事

（1）瑞典五日赛

世界最大规模的定向运动赛事，每年 7 月吸引世界各地男女老少运动员参加。比赛共分 5 日，其比赛路线由若干段组成，每次都单独记录个人成绩，最后算出总成绩。

（2）芬兰 24 小时白昼接力赛

世界上最大的定向接力赛，每年 6 月在芬兰白昼地区持续比赛 24 小时。

（3）瑞典十公里夜间定向接力

世界上最刺激的夜间定向接力赛，每年 4 月在瑞典举行。

（4）世界青年定向越野锦标赛

19 ～ 20 岁青年男女参加，1986 年开始举行非正式比赛，1990 年起有了正式比赛。

（5）世界定向越野锦标赛

世界水平最高、最权威的传统定向运动比赛，1966 年以前每两年举行一次，2004 年开始每年举行一次。

（6）世界大师定向越野锦标赛

35 岁以上老运动员参加，组别有 35 ～ 39 岁、40 ～ 44 岁、45 ～ 49 岁、50 岁以上组等。1983 年开始举行非正式比赛，1998 年起有了正式比赛，现在每年举行一次。

（7）世界公园定向循环赛

它是在世界各地公园巡回举行的职业精英赛，并设总奖金和总排名，只有每年在世界排名前 25 名的男女运动员才有资格参赛。

2. 主要国内定向赛事

全国定向越野锦标赛、全国定向越野冠军赛、全国定向越野公开赛、全国学生定向锦标赛和全国学生定向越野精英赛；各省定向越野锦标赛、各省定向越野冠军赛和各省学生定向越野锦标赛。

二、学习定向越野

（一）定向越野的器材与设备

1. 个人装备

（1）服　装

定向运动对服装没有特殊的要求。一般来讲，个人对衣裤的选择应该以紧身而又不至于影响呼吸和肢体自如活动为宜，为防止草木的刺碰以及虫蚁的侵袭，最好穿面料结实的长袖衣裤。

专业的定向运动选手普遍选用一种有弹性的轻质化纤服装，它能防止草籽勾粘，减少丛林羁绊，在被浸湿的情况下依然能保持身体动作的最大灵活度，并且会很快风干。

（2）鞋

鞋要求合脚、轻便而又结实，鞋底的材料和造型能牢牢地抓住所有类型的地面，包括湿滑的泥泞地和坎坷坚硬的岩石地面。

（3）指北针（图 10–3–1）

目前常用的指北针分为两类：基板式和拇指式。

基板式定向专业指北针

拇指式定向专业指北针

图 10–3–1

2. 赛会需准备的器材

器材装备

（1）地　图

地图是定向运动最重要的器材，它的质量好坏直接关系到比赛过程是否安全、结果是否公正。因此，国际定向联合会专门为定向运动比赛制定了《国际定向运动图制图规范》，规定比例尺通常为 1 ∶ 15000 或 1 ∶ 10000，等高距为 5 米。

（2）比赛路线

比赛路线由活动组织方印刷或手绘在地图上，与地图一起发给参赛运动员使用。

定向运动比赛路线通常设计成环形，其难度、长度主要根据参赛者的水平、比赛预定时间来确定。

（3）检查卡（图 10–3–2）

为了证明参赛人员找到并到访了每个检查点，赛事组织人会在比赛前发给每位参赛者一种验证成绩的设备——检查卡或电子指卡。

检查卡是传统的成绩验证装置，用厚纸片制成。有的比赛需要回收地图，这时的检查卡也可能会直接印在地图的空白处。

电子指卡是最近几年兴起并使用的一种基于电子点签系统的成绩验证装置。

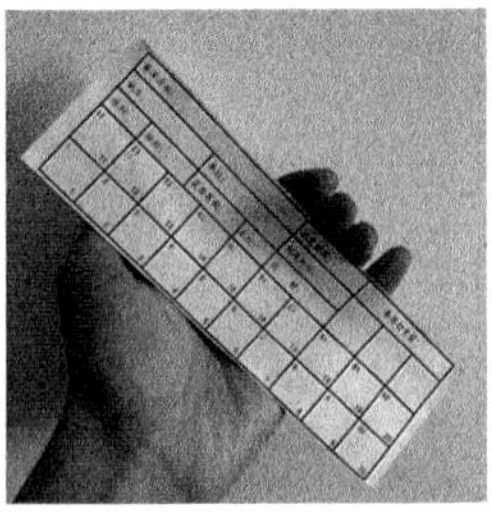

定向运动检查卡

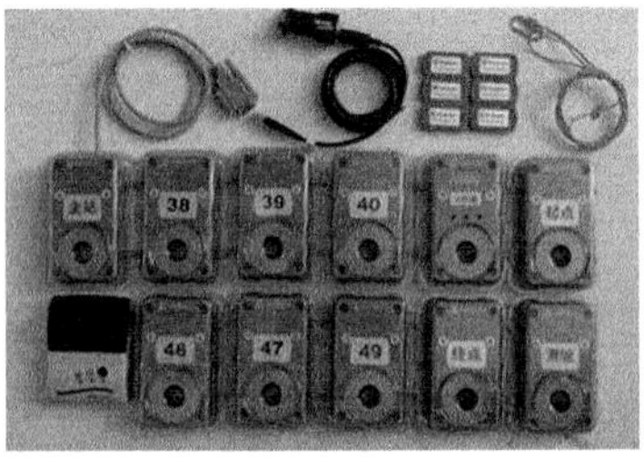

定向运动电子指卡

图 10–3–2

（4）检查点

检查点是工作人员于比赛前在比赛场地中摆放的标志。严格意义上的检查点由三个部分组成：点标、点签、地物及其特征。

① 点标（图 10–3–3）

点标是用三面标志旗成城的“三角形灯笼”，每个面的标志旗呈正方形，沿对角线分开，左上为白色，右下为橙红色，尺寸为 30 厘米 × 30 厘米。点标上编有代号，以便参赛者在比赛时根据此代号来判断自己是否找到了正确的检查点。

图 10–3–3

② 点　签

点签提供找到检查点的凭据。传统的点签是夹钳式的，用弹性较佳的塑料或金属材料制成，顶端装有钢针。每个检查点的点签钢针以不同的方式排列，这使点签可以夹出不同的图案印痕，以证实参赛者找到了这个检查点。

电子式的点签，我们称其为“卡座”。它的前端有一个圆洞，在插入电子指卡时，会把当时的时间写入指卡。当参赛者完成比赛，携带指卡返回终点时，指卡上不但记录了比赛总用时，而且还记录了参赛者到达每个检查点的具体时间。

③ 地物及其特征

地物是现地存在，并在图上正确标示的地面物体。有的地物较大或者较长（如湖泊和道路等），其明显的弯部、转角处就是特征。

（5）号码布

比赛的规格较高、人数较多时，号码布用来识别运动员的必需物品，以利于裁判工作的进行。

（6）检查点说明符号

检查点说明符号是一种以表格形式在赛前发给参赛者的一套全世界统一的符号和文字系统。它可以使参赛者在进入地图上的检查点圆圈之后，不必再为寻找点标的位置而东奔西走，以保证参赛者的主要精力和时间都用在比赛的途中。

（二）定向越野的基本技能

1. 国际定向越野地图与磁北针的使用

地图和指北针是定向越野运动中使用的主要工具。在这里重点介绍定向地图和指北针在实地的利用，包括实地判定方位、标定地图、对照地图确定站立点的位置、对照地图确定目标点的方向、利用地图行进等内容。

定向越野的基本技能

（1）实地判定方位

实地判定方位是指在实地辨明东、西、南、北方向。了解实地的方位是使用地图的前提。

① 利用指北针判定方位

方法：将指北针放平，待磁针完全静止后，磁针的红色一端即N端为北面，S端为南面。如果测定方位的人面向北面则他的左为西，右为东，背后为南。

如果想测某一点的方位时，可将罗盘上的零刻度对准目标，当罗盘水平静止后，N端所指的刻度便是测量点至目标的方位，如磁针N端指向36°，则表示目标在测量位置的北偏东36°。

② 利用地物判定方位

在野外，凡见到有地物或植物生长的地方，同样可以根据日常生活习惯和自然客观规律产生的现象进行方位判定。如地球的北半球，我们居住的房屋或用于朝拜的庙宇大门通常都朝南开设；树木一般朝南的一侧枝叶茂盛，色泽鲜艳，树皮光滑，向北的一侧则相反；长在石头上的青苔喜阴湿，以北面为多旺；积雪多半是朝南的一面先融化等。

③ 利用太阳和手表判定方位

在天气晴朗的日子，上午9时至下午4时之间，可将手表指示的时间折半后，用时针对准太阳，此时手表上的12时刻度即指向北方。其口诀是："时间折半对太阳，12字头对北方。"但是要注意：一是将手表平置；二是在南、北纬20°～30°地区的中午前后不宜使用；三是要把标准时间换算为当地时间。

（2）标定地图

标定地图就是给地图定向，使地图的方位与现地的方位一致。通过标定地图，就可以将地图上的地物、地貌符号与实地的地物、地貌一一对应，这不仅可以帮助我们迅速地查看地图，了解实地地物的分布情况、地貌的起伏程度以及他们之间的相互关系，还可以帮助我们根据地图上的路线，在实地选择具体的运动路线，这一技能将贯穿整个运动过程。常用的标定地图的方法有概略标定、利用指北针标定和利用地物标定。

① 概略标定

地图上的方位是：上北、下南、左西、右东。当我们在实地正确地辨别了方向之后，只要将越野图的上方对向实地的北方，地图即已标定。这种方法简单易学，是定向越野比赛中最常利用指北针标定地图用的方法。

② 利用指北针标定

在上一节中我们介绍过，定向地图上标有磁北线，用红色粗线条标出，箭头指向地图的上方。利用指北针标定地图时，通过转动地图，将指北针上的红色指针与磁北线的方向吻合或平行。由于指北针上的指针和地图上的磁北线都是红色的，所以也称此方法为"红对红"或"北对北"。（图10-3-4）

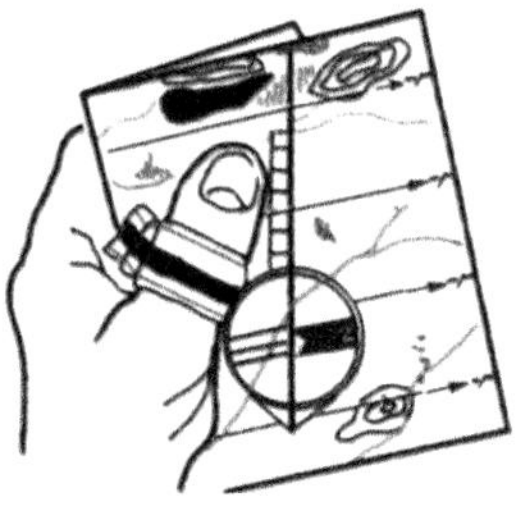

图10-3-4

③ 利用地物标定

a. 利用直长地物标定地图

直长地物是指较长的线状地物，如铁路、公路、土垣、沟渠和高压线等。

在图10-3-5中，运动员利用路边的沟渠来标定地图时，平移且转动地图，使图上的沟渠与实地的沟渠方向大致重合。

方法：首先应在图上找到这段直长地物。转动地图，使图上的直长地物与现地的直长地物方向一致。对照两侧地形，使图与现地各地形点的关系位置相符。

b. 利用明显地形点标定地图

在实地找出一个与地图上地物符号相应的明显地物，如小桥、亭子、独立的建筑等，然后转动地图使图上的站立点至目标的连线与实地的站立点至目标的连线相重合。

方法：选择一个图上与实地都有的明显的地物。转动地图，使图上的站立点至目标的连线相重合。（图 10–3–6）

图 10–3–5

图 10–3–6

（3）确定站立点在地图上的位置

在野外，我们时刻要注意确定自己站立的地点在地图上的位置。这是从事定向越野必须掌握的一项基本技能。其主要方法是：通过标定地图，将地图与现有的地物、地貌进行逐一对照，来确定自己的方位。

① 直接确定

当自己所处位置是在明显地形点上时，只要从图上找出该地形点，站立点即可确定，这是最常用的方法。（图 10–3–7）

图 10–3–7

② 利用位置关系来确定

当站立点位于明显地形点附近时，可以利用位置关系来确定站立点。利用位置关系确定站立点主要是依据两个要素，一是站立点至明显点的方向，二是站立点至明显点的距离。在地形起伏明显的地方，还可以结合高差情况进行判定。如图 10–3–8，当你站立于小河北岸、村舍正右方，左距公路 150 米远处，依此方位关系，在地形图上定出站立地点的位置。

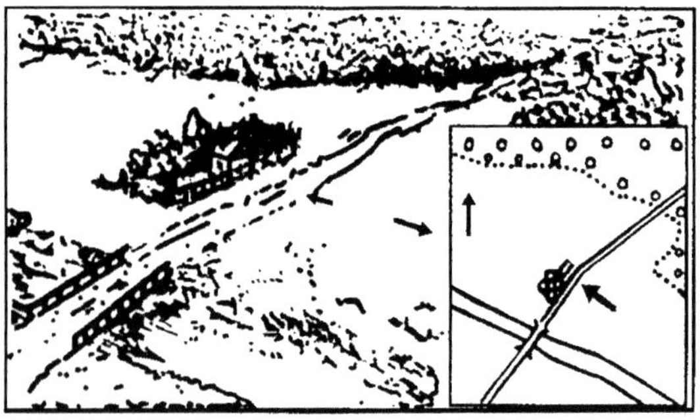

图 10–3–8

③ 利用“交会法”确定

当站立点附近无明显地形点时，可以利用“交会法”确定站立点位置。按不同情况，“交会法”又可以具体分为 90° 法、截线法、连线法、后方交会法和磁方位角交会法。这些方法的优点是不需要判断或测量距离也能确定出较为准确的站立点位置。这对于初学者学习、巩固使用越野图的训练是很有意义的。下面我们介绍几种常用的方法。

当你站在线状上时可以利用 90° 法、连线法、后方交会法来确定：

a. 90° 法

方法如图 10–3–9 所示。

图 10–3–9

b. 连线法

当选手在线状地物上运动，同时待测的位置恰好是在某两个明显地形点的连线上时，可以利用这种方法确定站立点的位置。

铁塔与小丘的连线中间与小路的交点，就是站立点的位置。小山顶与墓地的连线至路的交点，就是站立点的位置。（图 10–3–10）

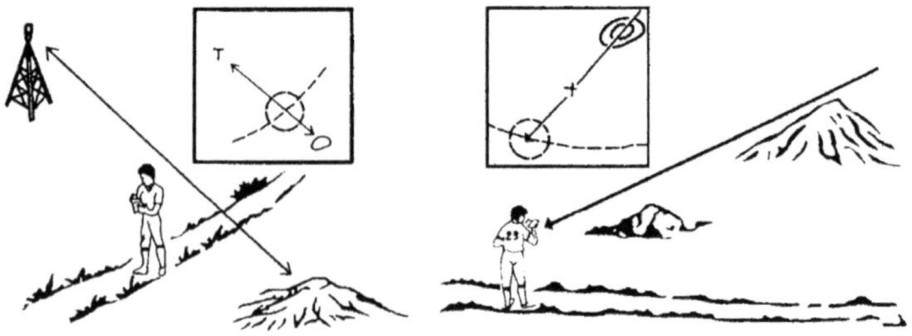

图 10–3–10

c. 后方交会法

当待测点上无线状地物可利用时，地图与现地相应的都有两个以上的明显地形点，且地形较开阔、视线良好的情况下，可以采用这种方法确定站立点。

如图 10–3–11，在地图上取一个山顶为标志，与实地相应山顶在地图上做一直线，地图上的树丛与实地相应的树丛在地图上做一连线，两条直线的交会点就是站立点。

图 10–3–11

2. 比赛路线的选择

定向地图上各检查点的连线是提供方位的直线，然而沿这条方位直线一般是不可能直接到达的，必须依照地图上各种符号和色彩的提示进行路线选择。不同的人技术水平不同，体能状况不同，所选择的路线也不尽相同。

（1）选择路线的标准

省体力、省时间，最稳妥、最能发挥自己的特长，尽量不失误或减少失误，顺利完成赛程并最终夺取胜利，是选择路线的基本标准。

（2）选择路线的原则

① 充分利用道路，坚持“有路不越野”的原则。

② 地形起伏不大、树林稀疏可跑的地段，坚持“选近不选远”的原则。

③ 地形起伏较大、树林密集、障碍大的地段，坚持“统观全局，提前绕”的原则。

④ 坚持“依线又依点”的原则。

3. 实例分析

在实践中，依靠上述几个原则决定路线的选择是不够的，只有让自己的“感觉”或“估计”变得更有科学根据，才有可能更快地提高定向越野成绩。分析与解决路线选择的基本问题的方法有多种，下面仅介绍其中的一种经验法。

某人以自己在道路上奔跑 300 米需要时间 2 分钟（近似值）作为标准，通过多次实践，对自己的奔跑速度有如下记录。（表 10–3–1）

表 10-3-1 不同地形每 300 米所用时间比较表

地形类别	每 300 米用时（分钟）	倍 率	每 2 分钟行进距离（米）
大 路	2	1	300
杂草地	4	2	150
有灌木的树林	6	3	100
密林或荆棘丛	8	4	75

那么，他（她）就可以用这样的方法解决问题：假定穿过密林的距离为 1（75 米），沿大路跑的距离为 4（300 米），则两种选择所用的时间相等。如果他（她）的体力好而定向本领差，那他（她）就应该选择沿大路跑。对于其他选择，可以按照同样的方法进行分析。

专题十一

武术与搏击运动

本章导读

武术是中华民族的优秀文化遗产，是以技击为核心，以套路和搏斗为运动表现形式的内外兼修的中华民族传统体育运动项目。武术寓技击于体育之中，内容博大精深，是以踢、打、摔、拿、击、刺等技击格斗动作组成的套路和搏斗的运动形式。练习武术，不仅可以防身自卫，还能起到锻炼身体、修身养性的作用。

学习目标

- 了解初级长拳的基础知识，学习初级长拳的基本动作。
- 了解太极拳的基础知识，学习二十四式太极拳的基本动作。
- 了解散打的基础知识，学习散打的基本技术。
- 了解跆拳道的基础知识，学习跆拳道的基本技术。
- 了解女子防身术的基础知识，学习女子防身术的基本技术。

模块1 初级长拳（第三路）

一、了解初级长拳

初级长拳

长拳是以套路为主的拳术。其特点是姿势舒展、动作灵活、节奏鲜明，并多起伏转折、蹿蹦跳跃和跌扑滚翻等动作。

初级长拳第三路创编于1957年。全套除预备式和结束动作以外，分为4段，来回练习4趟，每段8个动作，合计36个动作。该套路内容充实，具体包括了拳、掌和勾三种手型；弓、马、虚、仆和歇5种步型；手法有冲、劈、抡、砸和栽等拳法，推、挑、穿、摆和亮等掌法，盘和顶等肘法；腿法有弹、踹、踢和拍等；还有跳跃和平衡等动作。套路编排由简而繁，由易到难，有利于循序渐进地进行练习；套路布局和路线变化前后呼应，左右兼顾，均匀合理；在强调动作规格化、注重功力的同时，还较好地体现了攻防意识。

二、学习初级长拳

（一）初级长拳（第三路）动作名称

预备动作

1. 预备式　2. 虚步亮掌　3. 并步对拳

第一段

1. 弓步冲拳　2. 弹腿冲拳　3. 马步冲拳　4. 弓步冲拳
5. 弹腿冲拳　6. 大跃步前穿　7. 弓步击掌　8. 马步架掌

第二段

1. 虚步栽拳　2. 提膝穿掌　3. 仆步穿掌　4. 虚步挑掌
5. 马步击掌　6. 插步双摆掌　7. 弓步击掌　8. 转身踢腿马步盘肘

第三段

1. 歇步抡砸拳　2. 仆步亮掌　3. 弓步劈拳　4. 换跳步弓步冲拳
5. 马步冲拳　6. 弓步下冲拳　7. 插步亮掌侧踹腿　8. 虚步挑拳

第四段

1. 弓步顶肘　2. 转身左拍脚　3. 右拍脚　4. 腾空飞脚
5. 歇步下冲拳　6. 仆步抡劈拳　7. 提膝挑掌　8. 提膝劈掌弓步冲拳

结束动作

1. 虚步亮掌　2. 并步对拳　3. 还　原

（二）初级长拳（第三路）动作图解

预备动作

预备势（图 11-1-1）

头要端正，下颌微收，挺胸、塌腰、收腹。

1. 虚步亮掌（图 11-1-2）

三个动作必须连贯。成虚步时，重心落于右腿上，右大腿与地面平行；左腿微屈，脚尖点地。

图 11-1-1

图 11-1-2

2. 并步对拳（图 11-1-3）

并步后挺胸、塌腰；对拳、并步、转头要同时完成。

图 11-1-3

第一段

1. 弓步冲拳（图 11-1-4）

成弓步时，右腿充分蹬直，脚跟不要离地；冲拳时，尽量转腰送肩。

2. 弹腿冲拳（图 11-1-5）

弹出的腿要有爆发力，力点达于脚尖；弹腿和冲拳要协调，同时完成。

3. 马步冲拳（图 11-1-6）

成马步时，大腿要成水平，两腿平行，脚跟外蹬，挺胸、塌腰。

图 11-1-4

图 11-1-5

图 11-1-6

4. 弓步冲拳（图 11-1-7）

与本段的“弓步冲拳”相同，只是左右相反。

5. 弹腿冲拳（图 11-1-8）

与本段的“弹腿冲拳”相同，只是左右相反。

图 11-1-7

图 11-1-8

6. 大跃步前穿（图 11-1-9）

跃步要远，落地要轻，整个动作要协调、连贯完成。

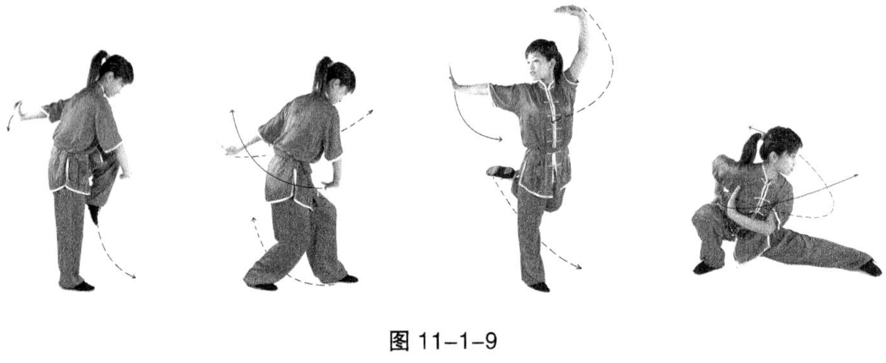

图 11-1-9

7. 弓步击掌（图 11-1-10）

8. 马步架掌（图 11-1-11）

抖腕、甩头要同时。马步的要求同前。

图 11-1-10

图 11-1-11

第二段

1. 虚步栽拳（图 11-1-12）

落步、架拳、栽拳、转头要同时完成。

2. 提膝穿掌（图 11-1-13）

支撑腿与右臂充分伸直。

3. 仆步穿掌（图 11-1-14）

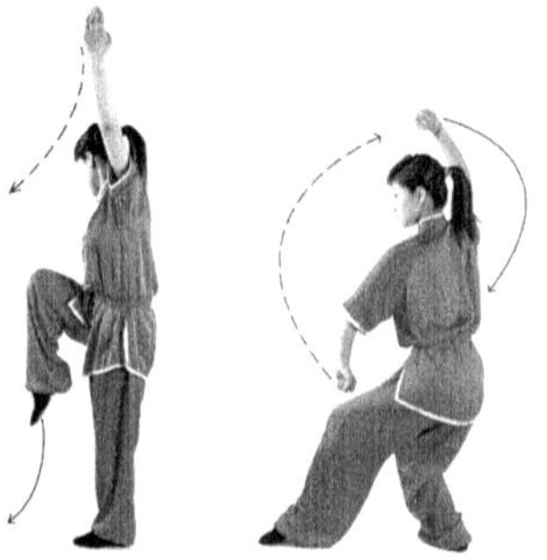

图 11-1-12

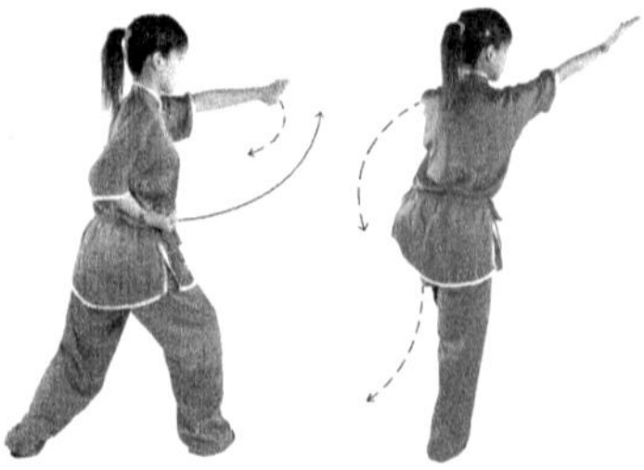

图 11-1-13

图 11-1-14

4. 虚步挑掌（图 11-1-15）

上步要协调，虚步要稳。

5. 马步击掌（图 11-1-16）

右掌搂手时，先使臂内旋、腕伸直，手掌向下、向外转；接着臂外旋，掌心经下向上翻转，同时抓握成拳。收拳和击掌动作要同时进行。

图 11-1-15

图 11-1-16

6. 插步双摆掌（图 11-1-17）

两臂要画立圆，幅度要大，摆掌与后插步配合一致。

7. 弓步击掌（图 11-1-18）

图 11-1-17

图 11-1-18

8. 转身踢腿马步盘肘（图 11-1-19）

两臂抡动时要画立圆，动作连贯；盘肘时要快速有力，右臂前送。

图 11-1-19

第三段

1. 歇步抡砸拳（图 11-1-20）

抡臂动作要连贯完成，划成立圆；歇步要两腿交叉前蹲，左腿的大小腿靠紧，臀部贴于小腿外侧，膝关节在右小腿外侧，脚跟提起；右脚尖外撇，前脚掌着地。

图 11-1-20

2. 仆步亮掌（图 11-1-21）

落步下蹲时，先成右仆步，然后迅速过渡成左仆步；成仆步时，左腿充分伸直，脚尖内扣，右腿前蹲，两脚掌前部着地；上体挺胸塌腰，稍左转。

图 11-1-21

3. 弓步劈拳（图 11-1-22）

左右脚上步稍带弧形。

图 11-1-22

4. 换跳步弓步冲拳（图 11-1-23）

换跳步动作要连贯、协调；震脚时腿要弯曲，全脚掌着地；左脚离地不要高。

图 11-1-23

5. 马步冲拳（图 11-1-24）

6. 弓步下冲拳（图 11-1-25）

7. 插步亮掌侧踹腿（图 11-1-26）

插步时上体稍向右倾斜，腿、臂的动作要一致；侧踹高度不能低于腰，着力点在脚跟。

图 11-1-24

图 11-1-25

图 11-1-26

8. 虚步挑拳（图 11-1-27）

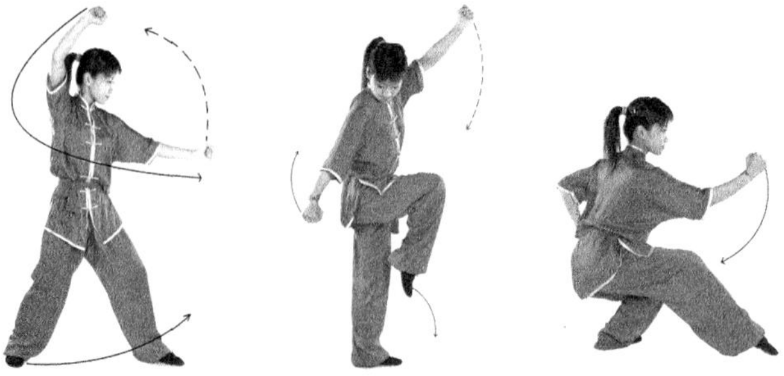

图 11-1-27

第四段

1. 弓步顶肘（图 11-1-28）

交换步时不要过高，但要快；两臂抡摆时要成圆弧。

图 11-1-28

2. 转身左拍脚（图 11-1-29）

右掌拍脚时手掌稍横过来，拍脚要准而响亮。

3. 右拍脚（图 11-1-30）

与本段的“转身左拍脚”相同。

图 11-1-29

图 11-1-30

4. 腾空飞脚（图 11-1-31）

蹬地要向上，不要太向前冲；左膝尽量上提；击响要在腾空时完成，此时，右臂伸直成水平。

5. 歇步下冲拳（图 11-1-32）

图 11-1-31

图 11-1-32

6. 仆步抡劈拳（图 11-1-33）

抡臂时一定要画立圆。

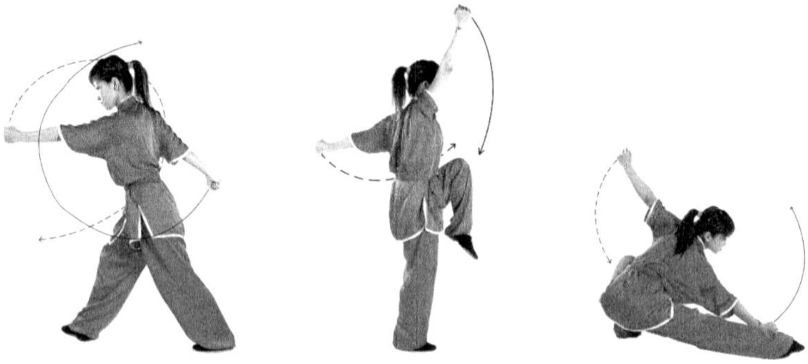

图 11-1-33

7. 提膝挑掌（图 11-1-34）

抡臂时要画立圆。

8. 提膝劈掌弓步冲拳（图 11-1-35）

图 11-1-34

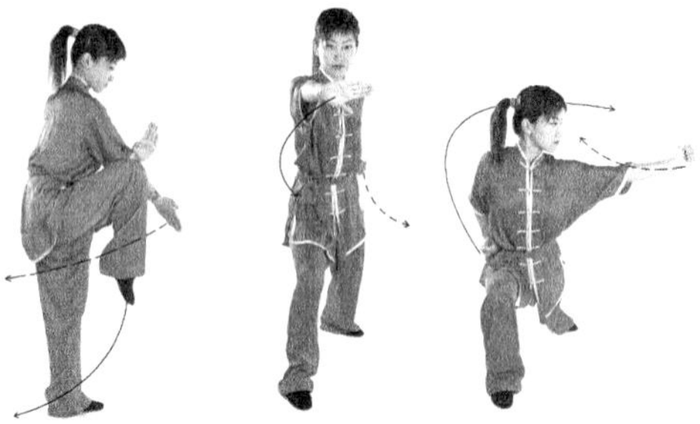

图 11-1-35

结束动作

1. 虚步亮掌（图 11-1-36）

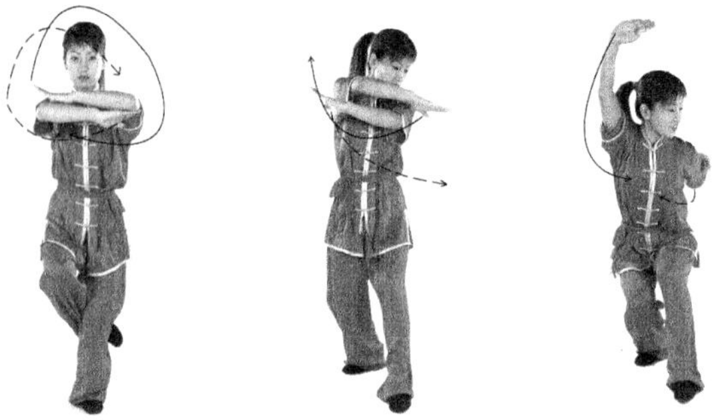

图 11-1-36

2. 并步对拳（图 11-1-37）

还原（图 11-1-38）

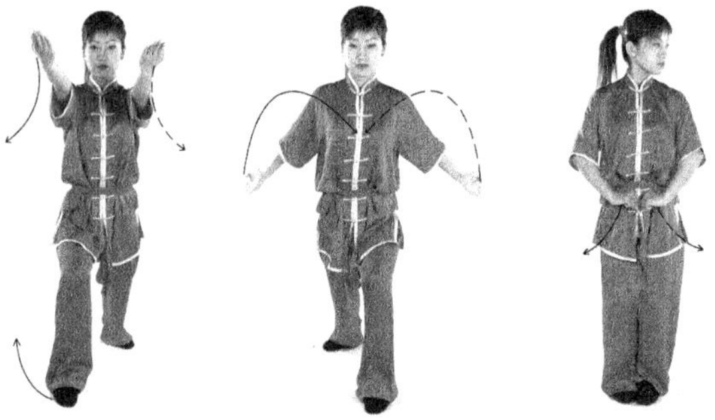

图 11-1-37

图 11-1-38

模块 2 二十四式太极拳

太极拳百科

一、了解太极拳

太极拳是中国武术的一个重要拳种。该拳种根据我国古代阴阳哲学的学说而命名。太极拳中所有动作的开合、起落、进退、刚柔、蓄发、顺逆、虚实和曲直等，无不和谐地体现出阴阳对立与统一的理念。

太极拳在长期的流传过程中逐渐形成了陈式、杨式、吴式、孙式和武式等功法流派。中华人民共和国成立以后，创编了二十四式简化太极拳，更适合广大群众练习。

太极拳的运动特点：中正安舒、轻灵圆活、松柔慢匀、开合有序、刚柔相济。经常练习太极拳可亲身体会到音乐韵律、哲学内涵、美的造型和诗的意境，在高雅的享受中，使身心得到放松。

生理、生化、解剖、心理和力学等多学科的研究证明，太极拳对防治高血压病、心脏病、肺病、肝炎、关节病、胃肠病和神经衰弱等慢性疾病有很好的辅助疗效。

二、学习太极拳

（一）二十四式太极拳动作名称

第一组	1. 起　势	2. 左右野马分鬃	3. 白鹤亮翅	
第二组	4. 左右搂膝拗步	5. 手挥琵琶	6. 左右倒卷肱	
第三组	7. 左揽雀尾	8. 右揽雀尾		
第四组	9. 单　鞭	10. 云　手	11. 单　鞭	
第五组	12. 高探马	13. 右蹬脚	14. 双峰贯耳	15. 转身左蹬脚
第六组	16. 左下势独立	17. 右下势独立		
第七组	18. 左右穿梭	19. 海底针	20. 闪通臂	
第八组	21. 转身搬拦捶	22. 如封似闭	23. 十字手	24. 收　势

二十四式太极拳

（二）二十四式太极拳动作图解

第一组

1. 起势（图 11-2-1）

头颈正直，下颌微收，身体放松，收腹敛臀，气沉丹田，两臂自然垂于体侧。两臂上抬时配合吸气。两肩下沉，两肘松垂，手指自然微屈。屈膝、松腰、敛臀，身体重心落于两脚中间。两臂下落和身体下蹲的动作要协调一致。

图 11-2-1

2. 左右野马分鬃（图 11-2-2）

两臂分开时要保持弧形，弓步动作与分手的速度要均匀一致；身体转动时要以腰为轴带动上肢做动作；移动重心时上体要保持平稳，不可前俯后仰；胸部宽松舒展。

图 11-2-2

3. 白鹤亮翅（图 11-2-3）

两手抱球与右脚跟进半步要协调一致，重心后移和右手上提、左手下按要协调一致；转动动作要以腰带臂，虚步动作要收腹敛臀，臀部与脚跟在一个垂直面内。

图 11-2-3

第二组

4. 左右搂膝拗步（图 11-2-4）

腿成弓步的同时，手掌向前推出；身体不可前俯后仰，要松腰松胯；推掌时要沉肩垂肘、坐腕舒掌，同时须与松腰、弓腿上下协调一致；弓步时，两脚脚跟的横向距离保持在 30 厘米左右。

图 11-2-4

5. 手挥琵琶（图 11-2-5）

身体重心转变带动上肢动作，上下协调一致；左手上起时要由左向上、向前，微带弧形；身体姿势要平稳自然，沉肩垂肘，胸部放松。

图 11-2-5

6. 左右倒卷肱（图 11-2-6）

前推的手臂微屈，后撤的手随转体走弧线；前推时要转腰松胯，两手的速度要一致；转体时前脚以脚掌为轴扭正；退左脚略向左后斜，退右脚略向右后斜，避免使两脚落在一条直线上。

图 11-2-6

第三组

7. 左揽雀尾（图 11-2-7）

掤出时，两臂肘部微屈保持弧形；分手、松腰、弓腿三个动作必须协调一致；揽雀尾弓步时，两脚跟横向距离不超过 10 厘米。向前挤时，上体要正直；挤的动作要与转腰、弓腿相一致。重心右移时，要松腰、坐胯，两手臂收至腹前；向前按时，两手须走曲线，按掌与弓腿协调一致，腕部高与肩平，两肘微屈。

图 11-2-7

8. 右揽雀尾（图 11-2-8）

动作方法与“左揽雀尾”相同，只是方向相反。

图 11-2-8

第四组

9. 单鞭（图 11-2-9）

完成定式时，右肘稍下垂，左肘与左膝上下相对，两肩下沉；左手向外翻掌前推时，要随转体边翻边推出，不要翻掌太快或最后突然翻掌；全部过渡动作，上下要协调一致。如面向南起势，单鞭的方向（左脚尖）应向东偏北（大约为 15° 角）。

图 11-2-9

10. 云手（图 11-2-10）

身体转动要以腰脊为轴，松腰松胯，不可忽高忽低；两臂随腰转动而运转，动作自然圆活，速度缓慢均匀；下肢移动时，重心要稳，两脚掌先着地再踏实，脚尖向前；视线随左右手而移动；第三个“云手”的右脚最后跟步时，脚尖微内扣，以便于接“单鞭”动作。

图 11-2-10

11. 单鞭（图 11-2-9）

与前“单鞭”相同。

第五组

12. 高探马（图 11-2-11）

上体左转与推右掌、收左掌协调一致；跟步转换重心时，上体保持自然正直，不要有起伏。

13. 右蹬脚（图 11-2-12）

两手分开时，腕部与肩平齐；蹬脚时，左腿微屈，右脚尖回勾，力达脚跟；分手和蹬脚要协调一致，右臂与右腿上下相对。如面向南起势，蹬脚方向应为正东偏南（约 30°）。

图 11-2-11

图 11-2-12

14. 双峰贯耳（图 11-2-13）

完成本式时，头颈正直，松腰松胯，两拳松握，沉肩垂肘，两臂均保持弧形。双峰贯耳式的弓步和身体方向与右蹬脚方向相同，弓步时两脚跟横向距离同“揽雀尾”式，两脚横向距离不超过 10 厘米。

15. 转身左蹬脚（图 11-2-14）

与右蹬脚相同，只是左右方向相反。左蹬脚方向与右蹬脚成 180°，即正西偏北约 30°。

图 11-2-13

图 11-2-14

第六组

16. 左下势独立（图 11-2-15）

左手、左小腿回收协调一致；做仆步时，左脚尖与右脚跟踏在中轴线上。上体要正直，独立的腿微屈，右腿提起时左手上挑。

图 11-2-15

17. 右下势独立（图 11-2-16）

右脚尖触地后再提起向下仆腿。其他均与“左下势独立”相同，只是左右相反。

图 11-2-16

第七组

18. 左右穿梭（图 11-2-17）

左右穿梭分别向左斜前方、右斜前方约 30° ；架推掌与前弓腿上下要协调一致；上体保持正直。

图 11-2-17

19. 海底针（图 11-2-18）

身体要先向右转再向左转，完成姿势后向西，上体微前倾。

20. 闪通臂（图 11-2-19）

推掌、架掌与弓腿动作要协调一致；弓步时两脚横向距离同“揽雀尾”势，不超过 10 厘米。

图 11-2-18

图 11-2-19

第八组

21. 转身搬拦捶（图 11-2-20）

向前冲拳时，右肩随拳略向前引伸，沉肩垂肘，右臂要微屈。

图 11-2-20

22. 如封似闭（图 11-2-21）

身体后坐时，应避免后仰，臀部不可凸出；两臂随身体回收时，肩、肘部略向外松开，不要直着抽回；两手推出时，间距不超过肩宽。

图 11-2-21

23. 十字手（图 11-2-22）

两手分开和合抱时，上体不要前俯；站起后，身体自然正直，头要微向上顶，下颌稍向后收；两臂环抱时要圆满舒适，沉肩垂肘。

24. 收势（图 11-2-23）

两手左右分开下落时，要全身放松，同时气徐徐下沉（呼气略加长）。呼吸平稳后，左脚收到右脚旁再走动。

图 11-2-22

图 11-2-23

模块3 散 打

一、了解散打

散打百科

（一）散打的产生

散打是两人按照一定的竞赛规则，运用武术中的踢、打、摔技法为主要进攻手段，再加上防守和步法等技术进行徒手格斗对抗的现代竞技体育项目，是中国传统武术的擂台形式，是中国武术的重要组成部分。

散打是一项新兴的徒手格斗类竞技运动，它是在继承我国传统武术的基础上，汲取世界其他国家武技精华创造而来的。散打运动的历史虽然不长，但是凭借其独有的魅力，发展很快。现在，散打运动不但有世界锦标赛和世界杯比赛，而且已经成为多个综合性运动会的正式比赛项目。

散打属于武术格斗运动，但与讲求实用技击的武术格斗又有所不同。从体育的观念出发，出于保护运动员安全的考虑，散打的许多技法都受竞赛规则的制约，使得这项格斗运动尽显其体育属性。在现代散打竞赛中，运动员在不违反竞赛规则的情况下可以使用各流派的武技方法。简言之，现代散打是对传统武术的传承与发展。

（二）散打的锻炼价值

散打要求“远踢、近打、贴身摔”，它具有鲜明的中国特色。通过运用拳打、脚踢、快摔等动作，并在攻防中扬长避短，攻彼弱点、避彼锋芒，讲究时机，能够提高判断力和应变能力，提高人们克敌制胜和防身自卫的能力。经过长期锻炼，还可以培养人们勤奋、刻苦、果敢、顽强、虚心好学、勇于进取的良好习性和意志品德，对人体神经系统、感觉器官、运动器官、肺通气机能等起到一定促进作用。

二、学习散打

基本姿势

（一）实战姿势

实战姿势可分为左实战姿势（正架）与右实战姿势（反架）两种。大多数人右臂比左臂有力，常采用左手在前、右手在后的左实战姿势（本节中的举例如无特别说明，都以左实战姿势为例）。相反，左利手的人（俗称“左撇子”）则常采用右实战姿势。

左脚在前，右脚在后，两脚之间的距离与肩同宽，两膝微屈，脚后跟稍离地，重心在两腿之间，两手握拳，左前右后，拳心朝内，左手臂弯曲，肘关节夹角在

90°～110°之间，左拳与鼻同高，肘尖下垂，右手臂弯曲，肘关节夹角小于90°，前臂与上臂紧贴右侧肋部，身体侧立，下颌微收，含胸收腹，两眼平视前方。(图 11-3-1)

图 11-3-1

基本步法

(二)步　法

1. 进　步

从实战姿势开始，上体保持不变，右脚蹬地，重心前移，左脚微离地面，向前移动半步，右脚随之跟进半步，以前脚掌着地，迅速、轻灵而富有弹性，整个动作完成后，还原成实战姿势。(图 11-3-2)

2. 退　步

从实战姿势开始，左脚蹬地，重心后移，右脚微离地面向后移动半步，左脚随之后移半步，整个动作完成后仍保持原来的实战姿势。(图 11-3-3)

图 11-3-2

图 11-3-3

3. 上　步

从实战姿势开始，右脚向左脚前方跨出一步，身体左转180°，左脚以前脚掌为轴，脚跟内转，两脚变成右实战姿势站位，同时，两臂也做前后位置的交换。(图 11-3-4)

4. 撤　步

左脚蹬地，向后撤步，身体左转，落脚于右腿侧后，右臂前伸，左臂屈肘于胸前，成右实战姿势，目视前方。(图 11-3-5)

图 11-3-4

图 11-3-5

5. 闪　步

从实战姿势开始，左(右)脚向左(右)侧移半步，右(左)脚随之向左(右)滑步。(图 11-3-6)

6. 垫 步

右脚向前上步，全脚掌踏于左脚内侧，同时左脚抬起，向前上步。左脚落地，右脚跟步，身体保持平衡稳定，成实战姿势，目视前方。（图 11-3-7）

图 11-3-6

图 11-3-7

基本拳法

（三）拳 法

1. 左冲拳

从实战姿势开始，右脚微蹬地面，重心前移；同时左拳直线向正前方冲出，力达拳面；目视攻击的方向。（图 11-3-8）

2. 右冲拳

从实战姿势开始，右脚微蹬地并向内扣转，身体重心前移，转腰送肩的同时，右拳直线向正前方直线冲出，力达拳面，左拳屈臂护于胸前，目视攻击的方向。（图 11-3-9）

3. 左掼拳

从实战姿势开始，右脚的前脚掌略微蹬地，重心前移；上体略微向右转，前臂与上臂夹角在 80° ～160° ，可随意调整；左拳向正前方横向弧形击出，力达拳面，拳心向下，右拳屈臂护于胸部，目视攻击方向。（图 11-3-10）

图 11-3-8

图 11-3-9

图 11-3-10

4. 右掼拳

从实战姿势开始，右脚的前脚掌略微蹬地，重心前移，胯部内合并向左转腰；前臂与上臂夹角在 80° ～160° ，可随意调整；右拳快速向左前方横向弧形击出，力达拳面，左拳屈臂护于胸前，目视攻击的方向。（图 11-3-11）

5. 左抄拳

实战姿势开始，重心略下沉，左拳屈臂由下向前上方勾起，上臂与前臂夹角在 90° ～110° ，拳心朝里，力达拳面，右拳屈臂护于头部及胸前，目视攻击的方向。

（图 11–3–12）

6. 右抄拳

从实战姿势开始，右脚蹬地，扣膝合胯，腰略微左转的同时，右拳屈臂向正前上方冲出，上臂与前臂夹角在 90° ～ 110° ，拳心朝里，力达拳面，左拳屈臂护于头部及胸前，目视攻击的方向。（图 11–3–13）

图 11–3–11

图 11–3–12

图 11–3–13

（四）腿　法

基本腿法

1. 蹬　腿

左蹬腿：实战姿势站立，右腿直立或稍屈，左腿提膝抬起，勾脚，当膝稍高于髋时，以脚跟领先向前蹬出，亦可送髋，力达脚掌，以脚跟或全脚掌为发力点。（图 11–3–14）

右蹬腿：实战姿势站立，身体重心前移至左脚，左腿直立或稍屈，身体稍左转，右腿屈膝前抬，勾脚，当膝稍高于髋时，以脚跟领先向前蹬出，亦可送髋，力达脚掌，以脚跟或全脚掌为发力点。（图 11–3–15）

图 11–3–14

图 11–3–15

2. 踹　腿

左踹腿：实战姿势开始，右腿直立或稍屈支撑；左腿屈膝抬起，小腿外摆，脚尖勾起，脚掌正对攻击目标，展髋\挺膝向前踹出，力达脚掌。右拳护于下颌处，左臂自然下垂，头部保持端正，上体可侧倾，目视踹击的方向。（图 11–3–16）

右踹腿：实战姿势开始，左腿直立或稍屈支撑，身体向左转 180° ，俯身并向后侧倾，同时右腿屈膝前抬，小腿外摆，脚尖勾起，脚掌正对攻击目标，用力向前踹出，力达脚掌。左拳护于下颌处，右臂自然下垂，头部保持端正，上体可侧倾，目视踹击的方向。（图 11–3–17）

图 11-3-16

图 11-3-17

3. 鞭　腿

左鞭腿：以实战姿势站立，重心稍后移，同时左腿屈膝向前提起，支撑腿以前脚掌为轴向右转，上体随腿部转动向右后略侧倾，左膝向内扣，翻胯，大腿带动小腿横向击打，脚面绷直，力达脚背，右拳护于下颌处，左臂自然下垂，动作完成后小腿和手臂按动作原路线收回。（图 11-3-18）

右鞭腿：以实战姿势站立，重心前移至左腿，右腿蹬地，屈膝向前提起，同时以左脚掌为轴左转，身体随之向左后侧微倾，右膝内扣，翻胯，大腿带动小腿横向击打，脚面绷直，力达脚背，左拳护于下颌处，右臂自然下垂，动作完成后小腿、手臂按动作原路线收回。（图 11-3-19）

图 11-3-18

图 11-3-19

（五）摔　法

基本摔法

1. 夹颈过背

双方由实战姿势开始，甲以左掼拳击乙头部；乙用前臂挂挡甲左前臂后夹握对方左前臂，随之左臂由甲右肩上肩穿过，屈臂夹甲颈部；同时右脚向后插半步与左脚平行，两腿屈膝，身体右转，以左侧髋部紧贴甲方前身与小腹；继而两腿蹬伸，向下弓腰，低头向右转，将甲背起后摔倒。（图 11-3-20）

图 11-3-20

2. 抱腿前顶

甲出拳击乙头部时，乙上左步，下潜躲闪，两手抱甲双腿，屈肘，两手用力回拉，同时用左肩前顶甲胯部、腹部，肩前顶，将甲摔倒。（图 11-3-21）

图 11-3-21

3. 抱腿旋压

右脚蹬地，上左步，身体下潜，重心移至左腿，同时左手抄抱对方大腿内侧，右手抱住对方小腿，以左脚掌为轴，身体向右后方旋转，以右手提、左肩压的合力，将对方摔倒。（图 11-3-22）

图 11-3-22

4. 接腿上托

甲用蹬腿或踹腿进攻乙胸部时，乙立即用双手抄抱住甲脚踝处，屈臂上抬，两手向前上方推托，直至使甲倒地。（图 11-3-23）

图 11-3-23

5. 接腿手别

甲用左中低鞭腿进攻乙肋部或大腿时，乙立即接抱甲左小腿，向前下方弓腰，左手臂由甲裆下穿过，别甲右腘窝；手别的同时，右脚后撤半步，右手抱甲左小腿向右转体使甲摔倒。（图 11-3-24）

图 11-3-24

6. 接腿勾踢

甲用右鞭腿进攻乙肋部时，乙立即顺势抄抱住甲右小腿，立即抢先进步，并向左转身，同时用手臂抄抱其膝关节以上部位，右手由甲右肩上穿过下压其颈部，右脚向前勾踢甲支撑腿踝关节处，同时上体右转，右手回拉，将对方摔倒。（图 11-3-25）

图 11-3-25

（六）防守技术

基本防守技术

1. 拍　挡

由正架实战姿势开始，右（左）手以拳心为力点向里横向拍挡，同时上体微左（右）转，完成动作后还原。（图 11-3-26）

图 11-3-26

2. 挂　挡

由正架实战姿势开始，右（左）手屈臂上提，护于同侧耳郭处，肘尖下垂，同时上体微左（右）转，完成动作后即回原位。（图 11-3-27）

图 11-3-27

3. 拍　压

左（右）拳变掌，以掌心或掌根为力点由上至下在腹前拍压，屈肘，同时上体微右（左）转，前臂接近水平，指尖向右（左）。（图 11-3-28）

图 11-3-28

4. 外抄抱

左（右）手外旋弯曲，上臂紧贴肋部，前臂水平，手心朝上，同时右（左）手屈臂紧贴于头部、腹部、胸部，立掌，掌心朝外，手指朝上，形成合抱状，同时上体微左转。（图 11-3-29）

5. 里抄抱

左（右）手微屈并外旋，紧贴于腹前，手心朝上，同时右（左）手屈臂紧贴于胸前，立掌，虎口朝上，掌心朝前，两手成合抱状，上体微含胸。（图 11-3-30）

图 11-3-29　　图 11-3-30

6. 外　截

左（右）拳由上向下、向左（右）后斜挂，拳心朝外，肘尖朝后，臂微屈，同时上体微向左（右）转，完成动作后即刻还原。（图 11-3-31）

图 11-3-31

7. 里　挂

左（右）臂内旋，左（右）拳由上向下、向右斜下挂防，拳眼朝内，拳心朝左（右）。同时上体微右转（右），完成动作后即刻还原。（图 11-3-32）

图 11-3-32

8. 掩　肘

右（左）臂弯曲回收，前臂外旋，上臂贴近右（左）肋，在腰微向左（右）转的同时向内、向腹下滚掩，拳心朝里，以前臂尺骨下端（小指侧）为防守力点，含胸、收腹、低头，完成动作后即刻还原。（图 11-3-33）

图 11-3-33

9. 阻　挡

身体微前移，提肩缩颈，以肩部和手心阻挡对方直线拳法或腿法的进攻。（图 11-3-34）

10. 提膝格挡

重心移至右腿，同时左腿屈膝提起，向左或向右格挡对方的腿法进攻。（图 11-3-35）

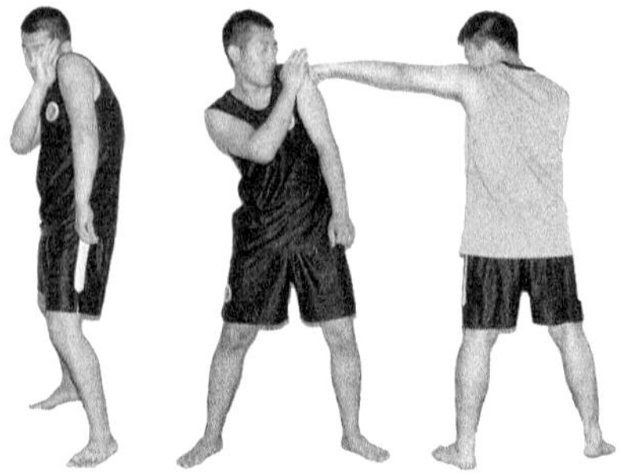

图 11-3-34

图 11-3-35

11. 收　步

前脚由前向后收步，接近后脚时脚前掌着地，重心落于后脚。（图 11-3-36）

12. 后　闪

重心后移，梗脖缩颈，上体略后仰闪躲。（图 11-3-37）

图 11-3-36　　图 11-3-37

13. 侧　闪

两膝微屈，俯身，上体向左侧或右侧闪躲。（图 11-3-38）

14. 下躲闪

两腿屈膝，沉胯，重心下降，上体向下，弧形躲闪，两手紧护头部和躯干。（图 11-3-39）

图 11-3-38　　图 11-3-39

（七）练习方法

1. 步法训练

（1）双脚快速同时着地跳绳，30 秒一组，做四组。

（2）双脚快速交替跳绳，30 秒一组，做四组。

2. 拳法训练

（1）手持小重量哑铃（根据个人能力选择重量）做各种拳法练习。

（2）用设备将自己的拳法动作进行录像，随后看动作找出错误，并纠正错误。

3. 腿法训练

优秀的腿法好的柔韧性离不开，所以须提高腿部的柔韧性。

（1）压腿分为正压、侧压和后压三个方向，将腿放在一定高度（一般高于髋，但因人而异）进行练习。要求正压时髋部正对腿部，侧压和后压时将髋部打开。

（2）踢腿时可以扶着把杆，也可以行进中踢腿。常用踢腿方法有正踢腿、侧踢腿和后踢腿。还可以两腿分别向对侧 45° 角方向踢出“十”字踢腿。要求踢腿时上体正直，腿要伸直。

模块 4 跆拳道

一、了解跆拳道

跆拳道百科

（一）跆拳道的起源与发展

跆拳道起源于朝鲜半岛，距今已有 2000 多年的历史。在朝鲜三国时代，由于三国互相抗衡，侵袭对方，加速了武艺的盛行。第二次世界大战后，朝鲜自卫术再度兴起，从异国他乡回归故土的朝鲜人也将各国的武道技艺带回本国，逐渐与本国技艺融为一体。从 20 世纪 50 年代起，其内涵风格和名字均得到规范和统一。1955 年，韩国政府正式将朝鲜半岛的自卫术称为跆拳道。1961 年，韩国成立了唐手道协会，后更名为跆拳道协会，并使跆拳道成为韩国全国运动会正式竞赛项目。（图 11–4–1）

图 11–4–1

1966 年，国际跆拳道联盟韩国成立。1973 年，世界跆拳道联盟在韩国汉城（今首尔）成立。1980 年，国际奥委会正式承认了世界跆拳道联盟。1994 年，经国际奥委会正式通过，跆拳道被列为 2000 年奥运会正式比赛项目，设男、女各 4 个级别。目前，跆拳道运动已经成为完全独立的、正规的比赛项目。

中国的跆拳道运动起步较晚，但是发展较为迅速。1995 年，中国跆拳道协会正式成立，从此跆拳道在中国迅速发展起来。同年，中国跆拳道协会被世界跆拳道联合会接纳为正式会员。1998 年，在越南举办的第 13 届亚洲跆拳道锦标赛上，贺璐敏为中国赢得了第一枚亚洲比赛金牌。1999 年，在加拿大埃特蒙多举行的世界跆拳道锦标赛上，我国女选手王朔战胜多名世界跆拳道高手，获得女子 55 公斤级冠军，这是我国跆拳道运动员获得的第一个世界冠军。2000 年，在悉尼奥运会女子跆拳道 67 公斤以上级比赛中，中国女选手陈中力克群雄获得冠军，这是我国获得的第一枚奥运会跆拳道金牌。2002 年，中国跆拳道精英挑战赛竞赛规则出台，中国跆拳道从此正式迈入商业化的道路。

（二）跆拳道的锻炼价值

1. 磨炼意志，培养品德

跆拳道练习推崇“以礼始、以礼终”的尚武精神，练习中要以“礼义廉耻、百折不屈”为宗旨。练习跆拳道可以培养顽强果断、吃苦耐劳的精神和积极向上的品质，使人养成礼让谦逊、宽厚待人的美德和热爱祖国的思想，为社会和国家培养具有优秀品质的建设者和接班人。

2. 强体防身，练就健全的体魄

跆拳道运动紧张激烈，对抗性极强，可使人筋骨强壮，提高各关节的灵活性及肌肉的伸展性和收缩能力，提高人的速度、反应、灵敏、力量和耐力素质，提高人内脏器官的功能和人体神经系统的灵活性，增强人体的击打和抗击打能力，增强自卫能力。

3. 身心双修，增强体质

跆拳道以身心双修为终极目标，练习跆拳道可以调动全身的肌肉、器官积极参与，对于全面发展练习者的各项身体素质有重大作用。长期坚持跆拳道训练可以使肌纤维增粗、肌肉结缔组织弹性改善、肌腱弹性和韧性加强，使练习者的肌肉发达、力量增大、体格健壮。跆拳道，注重静心守神，能调节人体的阴阳平衡，和顺气血，改善身体功能和精神状态，起到“心身相益”的作用。

（三）跆拳道的礼仪

跆拳道的礼仪是跆拳道基本精神的具体体现。跆拳道练习虽然是以格斗的形式进行，但是由于双方都是以提高技艺和磨炼意志品质为目的，所以在双方各自内心深处都必须持有向对方表示敬意和学习的心理。因此，练习者在练习或比赛前后都一定要向对方敬礼，即跆拳道运动始终倡导的“以礼始，以礼终”的尚武精神。礼仪是跆拳道运动必不可少，而且十分重要的组成部分。

跆拳道礼仪

礼仪也是跆拳道练习过程中的行为规范。练习跆拳道的人要对跆拳道的历史、内容、特点、作用及教育意义有全面的了解和认识。练习时应衣着端正，头发整洁，对教练、同伴时刻都要表现出恭敬、谦虚、互助互学的态度。谦逊的言语、友好的态度、虚心和好学的作风是跆拳道练习者应遵循的重要礼仪。

礼仪不只是在形式上的表现，而是要发自内心地去践行，在长期练习和比赛的过程中逐渐将礼仪的形式转化为心理动力。最常用的礼节表示方式是向教练、同伴敬礼。敬礼动作的具体要求是：面向对方直体站立，向前屈腰 15°，头部前屈 45°，此时两手紧贴两腿，两脚跟并拢。训练时，进入体育馆后，以端正的姿势向国旗敬礼，然后按馆长、教练和长辈的顺序依次向他们敬礼。在体育馆内不得嬉戏、吵闹；妥善保管好自己的道服及其他物品；运动过程中道服松开时，应停止运动，转身背向国旗、会旗和教练员及同伴整理道服，整理好后再转回原来方向。（图 11-4-2）

图 11-4-2

（四）跆拳道的段位划分

跆拳道根据练习者的水平分为十级和九段，初学者从十级开始逐渐升至一级，然后入段。段位越高表明水平也越高，最高段位为九段。从十级到一级是初学者的等级标准，以不同的腰带颜色表示。进段后都以黑腰带表示，一段至三段被认为是黑带新手的段位，四段到六段是高水平的段位，七段到九段被授予那些有很高学识造诣的杰出人物或对跆拳道运动有杰出贡献的人。黑带的段位是通过黑带上的特殊标记区分的。（图 11-4-3）

图 11-4-3

二、学习跆拳道

（一）基本进攻技术

跆拳道以腿法的攻击为主，被称为“踢的艺术”。大学生要想学好跆拳道，必须要学好、练好跆拳道的基本技术。

1. 准备姿势

准备姿势也称实战姿势或预备姿势，是跆拳道比赛中双方开始时的基本站立姿势。准备姿势应便于进攻、防守反击和步法的移动。（图 11-4-4）

2. 推　踢

以左势实战姿势开始，右脚蹬地屈膝提起，左脚以脚掌为轴向外旋转约 90°，重心往前压，同时右脚迅速向前方直线推踢，力点在脚掌；推踢后屈膝收腿成左势实战姿势。（图 11-4-5）

图 11-4-4

图 11-4-5

3. 前　踢

以左势实战姿势开始，右脚蹬地屈膝提起，左脚以脚掌为轴向外旋转约 90°；同

时右腿伸膝、送髋、顶髋，小腿快速向前踢出，力达脚背；踢击目标后迅速收回成左势实战姿势。(图 11–4–6)

4. 横　踢

以左势实战姿势开始，右脚蹬地夹紧向前、向上提膝，左脚以脚掌为轴外旋；右膝关节抬至水平位置，小腿迅速向前踢出；击打目标后迅速收小腿，重心落下成左势实战姿势。(图 11–4–7)

图 11–4–6

图 11–4–7

5. 后　踢

以左势实战姿势开始，左脚以脚掌为轴内旋成脚跟正对对手，上身旋转，右膝向腹部靠近，大腿、小腿折叠，右腿用力向攻击目标直线踢出，重心前移落下成右势实战姿势。(图 11–4–8)

图 11–4–8

6. 侧　踢

以左势实战姿势开始，右脚蹬地起腿，屈膝上提，左脚以脚掌为轴向外旋转 180°，脚跟正对前方，右腿快速向右前上方直线踢出，力点在脚跟，放松收腿成左势实战姿势。(图 11–4–9)

7. 下　劈

以左势实战姿势开始，右脚蹬地，重心前移，右脚上举至头部上方时，迅速向前下方劈落，用脚后跟或脚掌击打目标后，放松落地成右势实战姿势。(图 11–4–10)

图 11-4-9

图 11-4-10

8. 后旋踢

以左势实战姿势开始，左脚以前脚掌为轴向内旋转 90° ，上身旋转，重心前移，屈膝收腿，右腿向右后方最高点伸出并用力向右屈膝击打，重心不动，身体继续转动，脚落于原来位置，恢复成左势实战姿势。（图 11-4-11）

图 11-4-11

9. 双飞踢

先用右横踢攻击对方左肋部，随即左脚蹬地起跳，身体腾空右转，用左横踢迅速踢击对方胸部或腹部，左脚横踢目标后迅速前落成左势实战姿势。（图 11-4-12）

图 11-4-12

10. 旋风踢

以右势实战姿势开始，以右脚掌为转动轴，脚跟向前转动一周，左腿屈膝上提，随身体转至正对前方时，右脚蹬地跳起向右横踢，左右脚依次落地。（图 11-4-13）

图 11-4-13

（二）基本防守技术

1. 利用闪躲、贴近等方法进行防守

闪躲就是当对方进攻时通过脚步的移动，向左右两侧或向后闪躲，从而使对方的进攻落空。贴近就是当对方进攻时快速上步与对方靠贴在一起，使对方由于距离过近而无法发挥出进攻的威力。例如，当乙方使用后腿劈腿技术进攻甲方时，甲方向左侧或右侧移动身体，避开乙方的劈腿进攻；再如当乙方前横踢进攻时，甲方可快速后撤一步或是立即上前一步，贴近乙方，使其不能用规则允许的踝关节以下的部位击打得分。

2. 利用格挡的方法进行防守

按照防守方向来划分，格挡的基本方法有向上、向（左右）斜下和向（左右）斜上防守三种。一般来说，运动员采用格挡的方法是出于以下的原因：① 对方进攻速度较快，自己已来不及使用闪躲、贴近等方法时，下意识地用格挡进行防守；② 已预测到对方使用的技术，使用针对性的格挡是为了迅速做出反击动作，使格挡成为转化攻防的连接技术，为比赛得分创造条件。

模块5 女子防身术

一、了解女子防身术

（一）女子防身术的概念

女子防身术是女性在受到不法侵害或可能要受到不法侵害时，为摆脱或反击歹徒而进行防身自卫的一种防卫技术，是一种实战性较强的搏击项目。自卫防身是将拳击、武术、摔跤、柔道、跆拳道、空手道、擒拿格斗等武术技击方法予以整合，以制服对方、保护自己为目的的专门技术。防身术中的招法，实质上是中华武术的精华集锦。它把武术中各种适合实践应用的招法分离出来，经过摘编、加工、提炼、创造、完善，使其成为一种散招，并具备简单、实用、易记、易学的特点。

女子防身一般从守势开始。除非受过专业训练，徒手主动攻击歹徒是很危险的。敢于侵犯青年女子的歹徒一般都比较强壮，所以，女方应尽量避免实力较量。

（二）女子防身术的锻炼价值

（1）演练防身术，可以卫国（维护社会治安）、卫民（保护人民群众生命财产安全）、护己（保护自身不受侵害）。

（2）可以强壮身体，提高击打力量。

（3）可以健美形体，培养良好的气质。

（4）可以提高胆量，提高心理素质。

（5）可以获得防身术的知识和技巧。

（6）可以提高心理防卫技能（如大骂、呼喊、指责、怒斥、与之周旋等）。

（三）男性要害部位简介

1. 裆　部

人的肛门和会阴穴（位于肛门与外生殖器之间）受到插戳、踢打等攻击，会难受异常，但一般不会丧失战斗力。裆部之所以被称为男性要害部位，主要是因为睾丸位于裆部。攻击裆部无须太大的力量即可奏效。所以老武术家常说："搜裆，四两力就够了。"一旦睾丸受损伤，往往发生阴囊血肿，使人剧痛难忍，轻者倒地不起、恶心呕吐，稍重者神经性休克，再重者当场毙命。对手的裆部应当是女子自卫防身攻击的主要目标。由于这一部位不堪一击，可以使你轻而易举、毫不费力地完成致命一击，转危为安。

2. 双　眼

双眼也是防护薄弱、容易受到损伤的人体部位。武术家一般都将双眼称为"明穴"，说明了它既是公开暴露的，又是要害部位。攻击眼睛也不需要太大的力量，眼睛受到击打会感到痛楚。

3. 咽　喉

咽喉下有食道、气管、静脉、膈神经与迷走神经分支，古人又把它喻为形势险要之处。咽喉一旦受到击打，呼吸、血流受阻，神经反射作用出现，轻则说不出话，难受异常，重则昏迷、窒息。咽喉这一要害部位面积较大，由颈部正前方两锁骨内侧、胸骨柄上缘的凹陷处（中医针灸学所讲的"天突穴"），一直往上到喉结一片，都可称咽喉。

4. 颈　侧

颈部两侧有颈动脉，受到有力击打会导致脑部供氧不足，严重者昏厥甚至死亡。

5. 腋　下

位于腋窝之下的这一部位是人体又一薄弱部位。这一部位有丰富的神经，又有人体重要内脏器官——肺脏。而人体背部、胸部的防护，在这里恰巧形成交接空缺。腋下受到打击，轻则疼痛、憋闷、难受，重则吐血、窒息。

由于裆部、眼睛、咽喉、颈侧、腋下这五个部位是不需要大力量即能攻击奏效的部位，所以是女子自卫防身攻击歹徒的重点选择部位，一定要牢记。

二、学习女子防身术

（一）防身基本技术

女子防身术的基本技术是运用手、脚、四肢和躯干等部位，单独或配合做出的一些简单的招式以及技术动作。它包括手法、肘法、腿法、膝法、解脱法等基本技术。

1. 手法和肘法

（1）手　法

①直击拳

【动作方法】预备姿势（左架）站立，左拳直线向前击出，力达拳面，拳心向下；左肩前顺，右腿膝盖内扣，眼视左拳。（图 11-5-1）

② 前后撩掌

【动作方法】预备姿势站立，左拳或右拳变掌，掌心向前下，由屈到伸向前或向后撩击对方，力达手掌。（图 11-5-2）

图 11-5-1

图 11-5-2

（2）肘　法

肘法属于近距离击打的技法，利用屈肘时的臂部和突起的肘尖进行进攻和防守。肘不但坚硬，且攻击力大；其招式稳而速，短而险，时短时长，变化莫测，在近身最易发挥攻击和防守的效用。主要的攻击性肘法有以下几种。

① 顶　肘

【动作方法】肘部平抬，屈臂，肘尖向前，发力时蹬地、送髋，同时另一手上臂向另一侧用力。顶肘是以肘尖攻击，女性自卫时用以顶击歹徒腋下。（图 11-5-3、图 11-5-4）

② 横　肘

【动作方法】横肘时上臂向前横移，实际上是用旋转身体的力量，以肘尖击打对手，适于攻击对手的太阳穴、后脑、耳门、颈部以及胸肋等。（图 11-5-5）

图 11-5-3

图 11-5-4

图 11-5-5

③ 砸　肘

【动作方法】手臂上抬，肘尖朝前上方，砸击时身体迅速下沉，肘由上向下砸击。砸肘多用于当对手抱腰、腿时，砸击其后脑、腰部。（图 11-5-6）

④ 反手顶肘

【动作方法】手臂略上抬，身体迅速下沉（但幅度没有砸肘大），同时肘向后顶击，力达肘尖。顶肘主要用于攻击背后之敌的肋部、腹部。（图 11-5-7）

⑤ 反手横肘

动作方法：手臂平抬，蹬腿，身体旋转发力，同时手臂随旋转方向横向向后猛击，力达肘尖。反手横肘主要用于攻击背后之敌的面部、太阳穴等。（图 11-5-8）

图 11-5-6

图 11-5-7

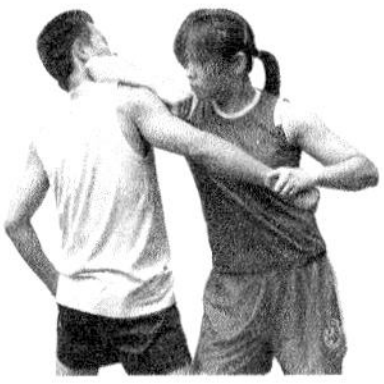
图 11-5-8

2. 腿法和膝法

（1）腿　法

腿法，即人体下肢屈伸、摆扣、剪绞等攻击方法。腿可以上踢头胸，中踢腰腹，下踢裆腿，前后左右也均有各种不同的攻击方法。

① 弹　踢

【动作方法】预备姿势站立，支撑腿稍屈，另一腿由屈到伸向前弹击，膝部挺直，脚面绷平，力达足尖或足背。先朝其面部虚击左右拳，待其招架时，以最快速度弹踢对方，眼视对方肩部。（图 11-5-9、图 11-5-10）

② 蹬　踢

【动作方法】预备姿势站立，支撑腿稍屈，另一腿由屈到伸勾足尖向前蹬击，膝部挺直，力达足跟。（图 11-5-11、图 11-5-12）

图 11-5-9

图 11-5-10

图 11-5-11

图 11-5-12

（2）膝　法

膝法是屈胯抬膝进行进攻或防守的方法，具有重要作用。膝部因其解剖特点，具有启动快、力量大的特征，是近距离的重型“武器”。膝法攻击的部位有面部、下颌、胃、肝、背部、裆部等。

① 前顶膝

【动作方法】预备姿势站立，一腿微屈支撑，另一腿迅速提膝上抬，力达膝盖处。

【用法】当对方从正面搂抱时，即可用双手搂住对方脖子回拉下压，同时屈膝上顶。（图 11-5-13、图 11-5-14）

② 横撞膝

【动作方法】预备姿势站立，一腿微屈，外撇支撑，上体稍转并侧斜倾，另一腿屈膝上抬横撞对方，力达膝盖处。

【用法】当对方近身平勾拳进攻时，应顺势低头偏身抬膝横撞，力达膝盖处。（图 11-5-15）

图 11-5-13

图 11-5-14

图 11-5-15

3. 解脱法

当自己的身体某些部位被歹徒抓住或控制住时，首先想到的就应是如何解脱。特别是女子防身时，解脱就显得更为重要。

（1）腕部被抓解脱

压腕脱：握拳用力下压对方虎口，对方必松。（图 11-5-16、图 11-5-17）

上摆脱：握拳臂内旋屈肘，即可解脱。（图 11-5-18 ～图 11-5-20）

图 11-5-16

图 11-5-17

图11-5-18

图11-5-19

图11-5-20

（2）胸襟被抓解脱

扣腕压肘脱：一手用力将对方抓握手固定压拧，同时蹬腿转腰，另一臂弯曲撞击对方肘部即可解脱。（图 11-5-21）

（3）肩部被抓解脱

坠肘脱：右肩被对方左手抓住时，屈肘由上向下坠击对方小臂，即可解脱。（图 11-5-22、图 11-5-23）

图 11-5-21

图 11-5-22

图 11-5-23

（二）防身技术组合

本部分是根据女性的生理特点，结合格斗技术中以柔克刚、击打要害、顺势借力等招法编排和设计的女子防身技术组合动作。

1. 托颌顶裆

【动作方法】当你自然行走或站立，歹徒在正前方，其手臂由你的腋下穿过抱住你的腰部时，双臂上举，双手托（推）歹徒下颌部；屈抬右腿，用右膝下顶歹徒裆部，上体自然后仰。（图 11-5-24 ～图 11-5-26）

图 11-5-24

图 11-5-25

图 11-5-26

2. 撞面顶裆

【动作方法】当你自然站立或乘公共汽车，歹徒在正前方抱住你的双臂及腰部时，上体后仰，然后向前勾头，用前额撞击歹徒面部；随即屈抬右腿，上体后仰，用右膝上顶歹徒裆部。（图 11-5-27 ～图 11-5-29）

图 11-5-27

图 11-5-28

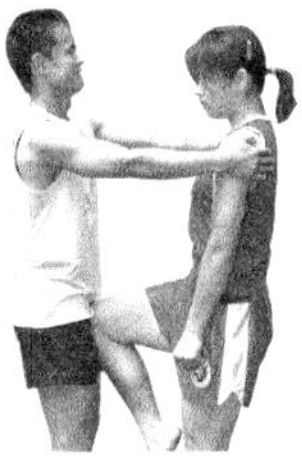
图 11-5-29

3. 顶肋击面

动作方法：当你自然行走或站立，歹徒在背后搂抱住你的双臂及胸部时，向前上右步，双臂屈肘上提其双臂；右手松开其左手腕，左臂反手横肘击其左腋，同时撤左步，身体左转，用右拳击其左侧下颌。（图 11-5-30 ～图 15-3-33）

图 11-5-30

图 11-5-31

图 11-5-32

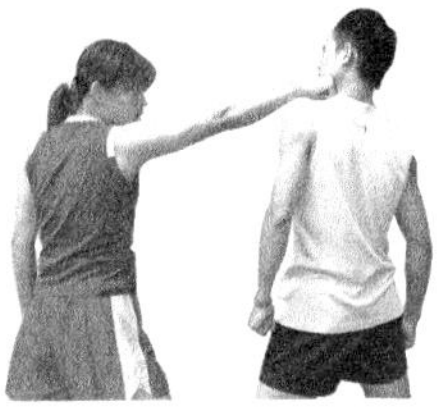
图 11-5-33

专题十二

球类运动

本章导读

球类运动主要由篮球、足球、排球、乒乓球、羽毛球和网球等项目组成。球类运动的发展速度惊人，并因其特有的娱乐性、观赏性、竞争性和健身性得以广泛开展。参加球类运动不仅可以使人体全身的肌肉和关节组织得到活动，有效地提高反应能力，发展灵敏素质及协调性，还可以培养勇敢顽强、机智果断等品质。同时，由于球类运动的趣味性高，它对心理和情绪具有强大的调节作用，堪称运动中的“心理调节师”。

学习目标

- 了解篮球、足球、排球、乒乓球、羽毛球和网球的基本知识。
- 学习篮球、足球、排球、乒乓球、羽毛球和网球的基本技术和战术。

模块 1　篮　球

一、了解篮球运动

（一）篮球运动的起源与发展

篮球百科

篮球运动是由美国马萨诸塞州斯普林菲尔德市（即春田市）基督教青年会干部训练学校的体育教师詹姆斯·奈史密斯于 1891 年发明的。他受当地青年摘桃扔入桃筐的活动性游戏启发，在一块场地的两端设置两个竹制桃筐，展开投篮比赛，这便是篮球运动的雏形。由于这种游戏性和趣味性较强的活动有较好的健身作用，人们在游戏的基础上充实了活动内容，制订了部分限制性规则，不断改革比赛方式，逐步形成了现代篮球运动。

1932 年，葡萄牙、瑞士、希腊、罗马尼亚、阿根廷、意大利、拉脱维亚和捷克斯洛伐克 8 个国家在日内瓦宣告建立国际业余篮球联合会，初步统一了国际篮球比赛的规则。男子篮球运动被列入 1936 年第 11 届奥运会竞赛项目，标志着现代篮球竞技运动的形成。

（二）篮球运动的锻炼价值

篮球运动是全民健身活动的手段，具有娱乐和增强体质的作用。从事篮球运动，能够提高参与者各感受器官的功能，提高神经中枢系统的灵活性，改善内脏器官的功能，促进参与者的力量、速度、耐力、灵敏等身体素质的全面提高。它能全面、有效、综合地促进身体素质和人体机能的发展，保持和提高人的生命活力，为人的一切活动打下坚实的物质（身体）基础，从而提高生活的质量。

（三）篮球著名赛事介绍

1. 奥运会篮球赛

奥运会篮球赛

1936 年第 11 届柏林奥运会上，男子篮球比赛第一次被列为奥运会比赛项目。女子篮球到第 21 届 1976 年蒙特利尔奥运会上才被正式纳入。奥运会篮球比赛只设男女 2 个团体项目，各有金、银、铜 3 块奖牌。各国都非常重视奥运会的篮球比赛，可以说奥运会篮球比赛已成为当今世界篮球大赛中最重要的赛事。

2. 篮球世界杯

篮球世界杯

篮球世界杯是国际篮球联合会主办的世界最高水平的国家队级篮球赛事，每 4 年举办一次。篮球世界杯的前身是从 1950 年开始举办的世界男子篮球锦标赛，2012 年 1 月，国际篮联宣布男篮世锦赛更名为篮球世界杯。2014 年西班牙篮球世界杯是男篮世锦赛更名为篮球世界杯后举办的第 1 届篮球世界杯。2019 年篮球世界杯，由中国北京、广州、南京、上海、武汉、深圳、佛山、东莞 8 个城市联合举办。中国成为第 2

个举办世界级篮球大赛的亚洲国家。（图 12-1-1）

图 12-1-1

3. 美国男子职业篮球联赛

美国男子职业篮球联赛（National Basketball Association），简称NBA，于 1946 年 6 月 6 日在纽约成立，是由北美 30 支队伍组成的男子职业篮球联盟，是美国四大职业体育联盟之一。（图 12-1-2）

NBA 的 30 支球队分属两个联盟：东部联盟和西部联盟，每个联盟由 3 个赛区组成，每个赛区有 5 支球队。

图 12-1-2

美国男子职业篮球联赛

二、学习篮球运动

（一）篮球基本技术

1. 传接球

（1）双手胸前传球

双手胸前传球

手腕急促地由后而前、由内向外翻，同时拇指下压，中指、食指用力拨球将球传出。（图 12-1-3）

图 12-1-3

（2）单手肩上传球

肩关节充分外展，传球时，肘关节领先，全身协调用力。（图 12-1-4）

图 12-1-4

单手接球

（3）双手接球

伸臂迎接，在手接触球的同时，收臂后引缓冲，持球于胸腹之间，动作连贯一致。（图 12-1-5）

双手接球

图 12-1-5

侧身跑

2. 运　球

（1）低运球

两腿弯曲，降低重心，上体前倾，用上体和腿保护球。同时，用手短促地按拍球，使球从地面向上反弹的高度在膝关节以下，以便更好地控制球和摆脱防守继续前进。（图 12-1-6）

跨步急停

图 12-1-6

（2）高运球

两腿微屈，目光平视，手用力向前下方推按球，把球的落点控制在身体侧前方，使球的反弹高度在胸腹之前，手脚要协调配合，使球有节奏地向前运行。（图 12-1-7）

跳步急停

图 12-1-7

（3）运球急停急起

在快速运球中，突然急停时，手拍按球的前上方；运球急起时，要迅速启动，拍按球的后上方，注意用身体和腿保护球。（图 12-1-8）

后转身

图 12-1-8

（4）体前变向换手运球

右手变左手运球时，手与球配合要合理，变向要及时。（图 12-1-9）

图 12-1-9

3. 投　篮

投篮是进攻中得分的一种方法，是所有技术、战术运用的最终目的。进攻方的技术、战术运用都围绕着最终投篮命中而努力，防守方则运用必要的防守技术阻挠进攻方投篮并设法得到球，组织反攻投篮。

（1）单手肩上投篮

投篮时要自下而上发力，抬肘，手臂上伸，接近垂直时，屈腕拨球，将球投出。（图 12-1-10）

图 12-1-10

（2）原地跳起单手肩上投篮

跳投的关键是向上举球和起跳动作协调一致，利用身体在空中最高点刹那间的稳定迅速出手（图 12-1-11）。如果一开始就选择比较远的距离进行原地投篮练习，为了能够投球进圈，会导致投球动作的错误或夸张。

原地单手肩上投篮

行进间单手肩上投篮

跳起单手肩上投篮

图 12–1–11

（3）行进间单手低手投篮

行进间单手低手投篮

第一步稍大，第二步要继续加速，腾空时间短，投篮瞬间要控制好身体的平衡。（图 12–1–12）

（4）勾手投篮

右脚自然高抬保持身体平衡，右手向上伸展，单手持球，左手手臂横向协调弯曲护球，当起跳至最高点时，利用手指、手腕力量柔和地出手投篮。（图 12–1–13）

图 12–1–12

图 12–1–13

交叉步突破

4. 移　动

移动是篮球技术的基础，是比赛中运用最多的一项基本动作。进攻与防守都离不开移动技术。在此，我们着重介绍防守移动技术。

（1）滑　步

侧滑步

重心平稳，移动时，异侧脚先蹬地，防守时，双脚尽量不要交叉，否则会很难迅速启动和改变方向。（图 12–1–14）

图 12–1–14

同侧步突破

（2）后撤步

前脚用力蹬地，利用腰部力量带动转胯，后脚的前脚掌要积极碾转蹬地。（图 12–1–15）

（3）攻击步

后脚猛力蹬地，前脚突然迅速向前跨出逼近对手，落地时重心偏前脚，前脚同侧手前伸做干扰和阻截性防守动作。（图 12–1–16）

图 12–1–15

图 12–1–16

（二）篮球基本战术

1. 进攻战术

（1）传切配合

传切配合是进攻队员之间利用传球和切入技术所组成的简单配合，包括一传一切配合和空切配合。配合的要点是切入队员要把握好切入时机，持球队员要及时准确地将球传出。

【一传一切配合】

⑤传球给④后，迅速摆脱对手的防守向篮下切入，接④的回传球投篮。（图 12–1–17）

【空切配合】

④传球给⑤后，⑥立即摆脱对手的防守向篮下切入，接⑤传来的球投篮。（图 12–1–18）

（2）突分配合

突分配合是持球队员运用突破打乱对方防守部署或吸引防守，并及时将球传给获得空位的同伴，使同伴获得进攻机会的配合方法。

⑤从防守者左侧突破，吸引对方两名防守队员同时封堵⑤的突破路线，此时④及时跑到有利的进攻位置，接⑤的传球投篮，或接球后做其他配合。（图 12–1–19）

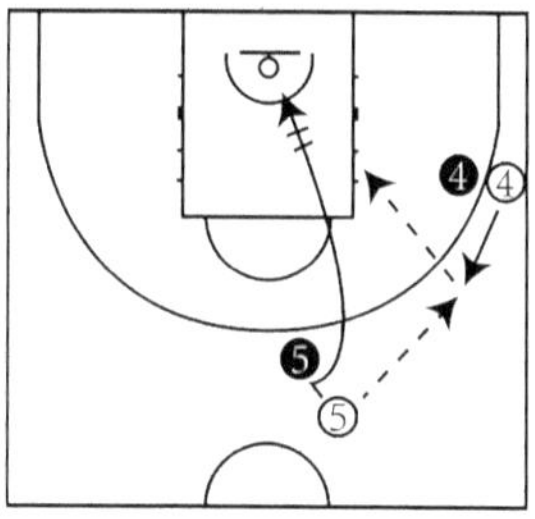

图 12–1–17

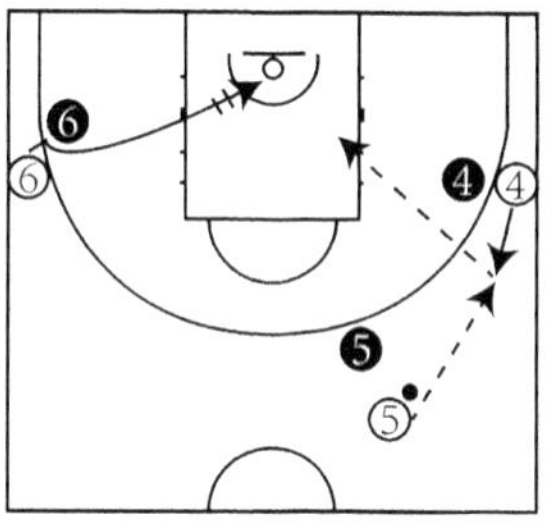

图 12–1–18

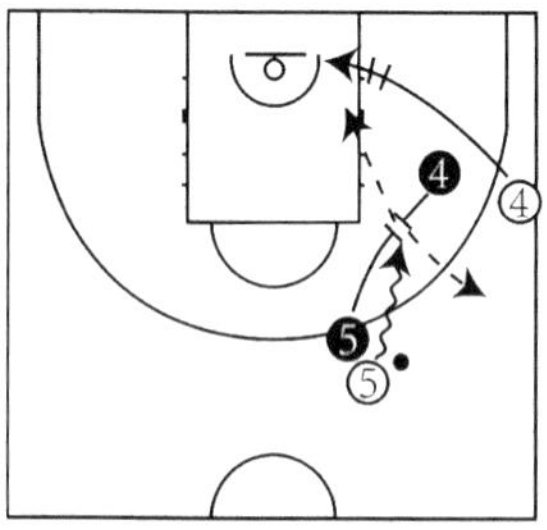

图 12–1–19

（3）策应配合

策应配合是指进攻队员背对或侧对球篮接球后，以持球队员为枢纽，与同伴相互配合而形成的一种里应外合的配合方法。

④摆脱防守后插到罚球线作策应，⑤将球传给④，摆脱防守空切篮下，接④的策应传球投篮。（图 12–1–20）

3 秒违例

5 秒违例

8 秒违例

（4）掩护配合

掩护配合是进攻队员有目的地去选择适当的位置，运用合理的技术动作，用自己的身体挡住同伴的防守者的移动路线，使同伴借以摆脱防守的一种配合方法。

24 秒违例

【给持球队员做掩护】

⑤传球给④后，跑到④的防守队员的侧面做掩护，④接球后做投篮或突破动作，吸引防守，当⑤达到掩护位置后，④在⑤的掩护下持球从左侧突破投篮，⑤完成掩护后迅速移动到有利位置去接球或抢篮板球。（图 12-1-21）

技术犯规

【给无球队员做掩护】

⑤传球给④后，跑去给同伴⑥做掩护，当⑤到达掩护位置后，⑥利用⑤的掩护切入篮下接④传来的球投篮。④接到⑤的传球后要做投篮、突破的假动作吸引防守，⑥切入篮下时，④要及时将球传给⑥。（图 12-1-22）

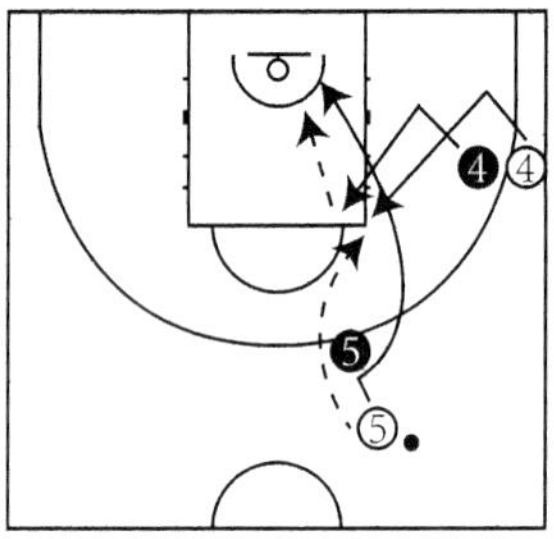

图 12-1-20

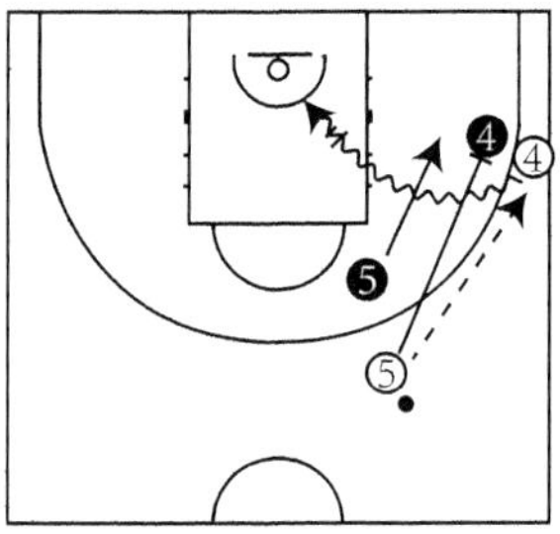

图 12-1-21

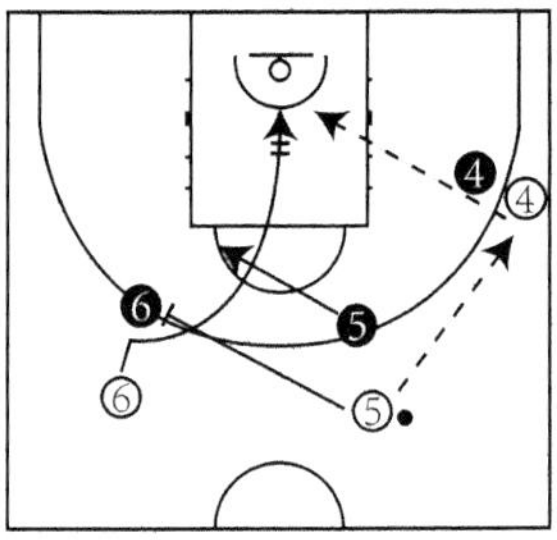

图 12-1-22

2. 防守战术

（1）半场人盯人防守

防守有球队员

半场人盯人防守的特点是防守任务明确，机动灵活，能有效地控制对方的进攻重点，但它容易被对方局部击破。

半场人盯人防守的基本要求是根据对手、球和球篮来选择防守位置，以人盯人为主，近球紧，远球松，积极移动，抢占有利位置，破坏对方进攻配合，加强防守的协同性。

（2）区域联防

区域联防是一种半场的全队防守战术，是指由攻转守时，防守队员退回半场，每人分工负责防守一个区域，并与同伴协同防守的集体防守战术。它的基本要求是在防守分工负责区域的基础上，5 个队员必须协同一致，积极随球移动，以防球为主，人、球兼顾。

“2–1–2”联防是区域联防的基本形式。5 个队员的位置分布均匀，移动距离短，便于相互协作。联防适用于防守外围运球突破和夹击中锋，同时也便于控制后场篮板球发动快攻（图 12-1-23 ①）。防守的薄弱环节是防区的衔接处，即图 12-1-23 ②中的阴影部分。

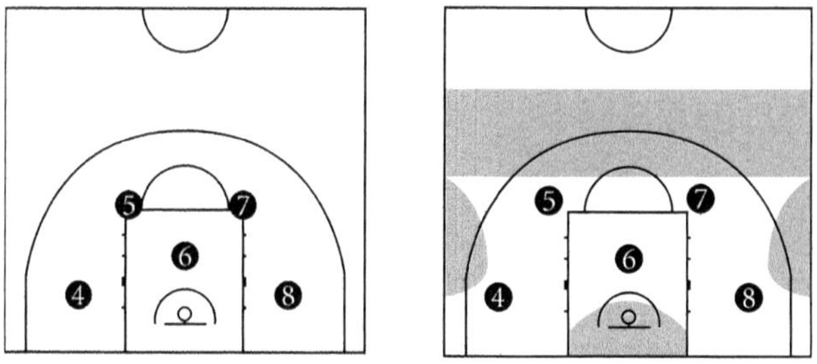

① ②

图 12-1-23

模块 2 足 球

一、了解足球运动

（一）足球运动的起源与发展

古代足球运动起源于中国，称为汉代蹴鞠是训练士兵的手段，制定了较为完备的体制。唐宋时期蹴鞠活动达到高潮，甚至出现了按照场上位置分工的踢法。南宋《武林旧事》曾列出了“筑球三十二人”竞赛时两队的名单与位置：“左军一十六人：球头张俊、跷球王怜、正挟朱选、头挟施泽、左竿网丁诠、右竿网张林、散立胡椿等；右军一十六人：球头李正、跷球朱珍、正挟朱选、副挟张宁、左竿网徐宾、右竿网王用、散立陈俊等。”这被认为是历史上的第一份足球“首发名单”。

现代足球起源于英国。1848 年，足球运动的第一个文字形式的规则《剑桥规则》诞生了。所谓的《剑桥规则》，是在当时英国伦敦的牛津和剑桥之间进行比赛时制定的一些规则。因为当时在学校里每套宿舍住有 10 个学生和 1 位教师，因此他们就以每方 11 人进行宿舍与宿舍之间的比赛。11 人制足球比赛就是从那时开始的。1862 年，在英国诺丁汉郡成立了世界上第一个足球俱乐部。1863 年 10 月 26 日，在英国成立了世界第一个足球组织——英国足球总会，并制定了统一的足球规则，人们称这一天为现代足球的诞生日。这次制定的足球规则共 14 条，它是现今足球规则的基础。1908 年的第 4 届奥运会开始，足球被列为奥运会正式比赛项目，但它不允许职业运动员参加。1904 年 5 月 21 日在法国巴黎成立了国际性的组织——国际足球联合会。随后，世界各大洲的足球联合会也相继成立。1930 年起，每 4 年举办一次世界足球锦标赛（又称世界杯足球赛），比赛取消了对职业运动员的限制。1989 年，国际足联开始正式把五人制足球纳入管理范围。

足球百科

（二）足球运动的锻炼价值

1. 能全面发展人的身体素质

足球运动是全面锻炼和健全体魄的良好手段，是全民健身活动中一项行之有效的体育运动项目。经常从事足球运动，可以提高人们的力量、速度、灵敏、耐力、柔韧等身体素质，并能使人的高级神经活动得到改善，尤其能增强人体的心血管系统、呼吸系统等的功能，从而促进人体的健康。

2. 能改善人的心理素质

参加足球运动，能提高人的注意力、观察力、想象力和思维能力，改善人的心理素质，提高人的心理健康水平。

3. 能培养人的优良品质

经常从事足球运动，不仅能对自身良好性格的形成产生巨大的影响，而且还可以培养人的意志、自制力、责任感及勇敢顽强、机智果断、坚韧不拔、勇于克服困难、团结协作等思想品德。

（三）足球著名赛事介绍

1. 世界杯

世界杯男子足球比赛

最初该项比赛叫作世界足球锦标赛，1956 年改名为世界杯足球赛；每 4 年举行 1 届（1942 年和 1946 年因第二次世界大战曾中断）。1971 年，国际足联重新制作新的奖杯，命名为“国际足联世界杯”。该项赛事与奥运会并称为全球体育两大最顶级赛事。（图 12-2-1）

图 12-2-1

2. 奥运会足球比赛

奥运会足球比赛

该项赛事每 4 年一届，属于奥运会比赛中的单项赛事。最早规定，参加奥运会比赛的运动员必须是业余选手；1993 年，国际足联执委会决定，允许每支参加奥运会足球决赛的球队中有 3 名超过 23 岁的队员。1996 年第 26 届奥运会上首次将女子足球列为正式比赛项目。

3. 欧洲足球锦标赛

欧洲足球锦标赛

欧洲足球锦标赛，也称欧洲杯，是一项由欧足联举办、欧洲足协成员国参加的国家级足球赛事。1960 年举行第 1 届，其后每 4 年举行 1 届。赛事创办时名称为“欧洲国家杯”，其后于 1968 年改为现在的名字。该项赛事最初的目的是填补两届世界杯之

间 4 年的空白，从而让欧洲各国有更多的比赛机会。（图 12–2–2）

4. 欧洲冠军联赛

欧洲冠军联赛，简称欧冠，是欧洲足球协会联盟主办的年度足球比赛，代表欧洲俱乐部足球最高荣誉和水平，被认为是世界足球最具影响力以及最高水平的俱乐部赛事，亦是世界上奖金最高的足球赛事和体育赛事之一。估计每届赛事约有超过十亿电视观众观看赛事。（图 12–2–3）

欧洲冠军联赛

图 12–2–2

图 12–2–3

二、学习足球运动

（一）足球基本技术

踢球、接球、运控球、抢截球、头顶球等技术构成了足球的基本技术。要踢好足球，必须熟练掌握足球的基本技术，并能得心应手地运用。

1. 踢球的基本技术

（1）脚背正面踢球

支撑脚支撑在球的侧面 10 ～ 12 厘米处，以脚背正面击球的后中部，击球后身体及踢球腿随球前移。（图 12–2–4）

脚背正面踢球

图 12–2–4

（2）脚背内侧踢球

与出球方向成 45° 角斜线助跑，支撑脚脚尖指向出球方向，并踏在球的内侧后方 20 ～ 25 厘米处。在支撑同时，踢球脚以脚背内侧部位触击球。击球后踢球腿及身体继续随球前移。（图 12–2–5）

脚背内侧踢球

图 12-2-5

（3）脚背外侧踢球

支撑脚脚掌在球的侧面 10 ～ 12 厘米处，当小腿做爆发式摆动时，脚尖内转，用脚背外侧击球。（图 12-2-6）

脚背外侧踢球

图 12-2-6

2. 接球的基本技术

（1）脚内侧接球

支撑脚脚尖正对来球，接球腿提起屈膝，大腿外展，脚底基本与地面平行，脚内侧正对来球并前迎，脚在与球接触的一刹那迅速后撤。（图 12-2-7）

（2）脚背外侧接球

接球点在接球腿一侧，接球时提腿屈膝，脚内翻，并对着接球后运行的方向，脚离地面的高度应约等于球的半径，然后大腿向接球后球运行的方向推送，同时身体随球移动。（图 12-2-8）

（3）脚背正面接球

脚背正面上迎下落的球，在球与脚面接触的一刹那，接球脚下撤，此时大腿膝关节、踝关节和脚趾均保持适度的紧张，脚尖微翘将球接到需要的地方。（图 12-2-9）

（4）脚底接球

身体和脚尖正对来球方向，脚尖上翘，一般以前脚掌触球的上部。在触球的一刹那，前脚掌将球停住，也可根据需要在接球同时将球推向身前或拉向身后。（图 12-2-10）

图 12-2-7

图 12-2-8

图 12-2-9

图 12-2-10

（5）大腿接球

面对来球方向，接球腿大腿抬起，在球与大腿接触的一刹那，大腿下撤。

（6）腹部接球

身体正对来球方向跑动，判断好球的落点，身体前倾，腹部对准落地反弹的球，推压球前进。

（7）胸部接球（挺胸式）

面对来球，上体后仰，两臂自然张开。在胸部接触球的一刹那，两脚蹬地，膝关节伸直，用胸部轻托球的下部，使球微微弹起。（图 12-2-11）

图 12-2-11

（8）胸部接球（收胸式）

面对来球，两臂自然张开，挺胸迎球。在胸部接触球的一刹那，收胸、收腹，将球接在体前或转体将球接在体侧。

3. 运控球的基本技术

（1）脚内侧运球

在运球前进时，支撑脚始终领先于球，位于球的侧前方，重心放在支撑脚上，另一只脚提起屈膝，用脚内侧推球前进，然后运球脚着地。

（2）脚背正面运球

运球时，上体稍前倾，步幅不要过大，运球腿提起，在着地前用脚背正面触球的后中部，将球推送前进。（图 12-2-12）

（3）脚背外侧运球

运球时，上体稍前倾，步幅不要过大，运球腿提起，使脚背外侧正对运球方向，在着地前用脚背外侧推拨球的后中部，将球推送前进。

（4）脚背内侧运球

上体前倾，运球腿提起外展，脚尖外转，使脚背内侧正对运球方向，在运球脚落

挺胸停球

缩胸停球

脚内侧运球

脚背正面运球

脚背外侧运球

脚背内侧运球

地前用脚背内侧推拨球，使球随身体前进。

图 12-2-12

4. 头顶球技术

（1）额头正面顶球

身体正对来球，上体后仰，顶球时，蹬地、收腹、摆体、顶送发力。（图 12-2-13）

（2）跳起额头正面顶球

起跳后，展腹挺胸，顶球时迅速收腹摆体，前额积极迎球顶送发力，落地缓冲。（图 12-2-14）

图 12-2-13

图 12-2-14

（二）足球基本战术

1. 足球比赛

比赛开始前，双方在各自半场就位。比赛由开球开始，足球被放置在中心标志上由进攻方开球。比赛开始后，每个队尽力将球踢入对方球门。球员可以利用除了双手和胳膊以外的身体部位触球。获胜者为比赛 90 分钟内进球数最多的一方。如果比赛结束时双方都没有得分或者得分相同，则为平局，此时如果必须决出胜负，则进行加时赛。如果有必要，还可以通过踢点球决胜。

（1）进　攻

比赛中，持球的一方向对方球门推进称为进攻。进攻的最终目标是进球得分。只有持球者将球尽量盘带到对方球门附近，才有可能射门得分。因此，进攻方的球员必须在场地中传球、盘带球、持球，并防止对方球员抢断。为了越过并攻破防守，进攻方的球员必须跑动到球场上没有防守球员的区域接球。

（2）防　守

防守方主要是阻止对方球员进球得分，或者夺回球的控制权以便发起进攻。防守

原地头顶球
跳起头顶球
抢截球
原地掷界外球
助跑掷界外球
接地滚球
接高球
接平球

球员可以通过断球、封锁持球队员或者其他队员的区域、紧逼持球队员或者通过直接铲断得球。球队通过采用各种防守策略阻止对方球队的进攻，如区域防守和盯人防守。（图 12-2-15）

铲 球

用脚将球从持球员的脚下铲断称为铲球。滑动的抢断十分有效，但是防守球员必须掌握好时机，否则有失败的危险。

紧 逼

防守球员紧跟着进攻方球员移动，可以找到推断的机会，同时造成进攻球员的传球困难甚至失误。

图 12-2-15

2. 战术阵型

足球比赛中，一支队伍的阵型由 3 或 4 个数字表示。例如，4—4—2 阵型，即此阵型包括 4 名后卫、4 名中场和 2 名前锋。因为守门员不包括在内，所以数字之和总是 10。根据比赛中的情况，阵型会发生变化。如果领先的球队需要加强防守，则会使用一个更具防守性的阵型。阵型有很多种组合，较常见的有 3—5—2 阵型、4—4—2 阵型和 4—3—2—1 阵型。（图 12-2-16）

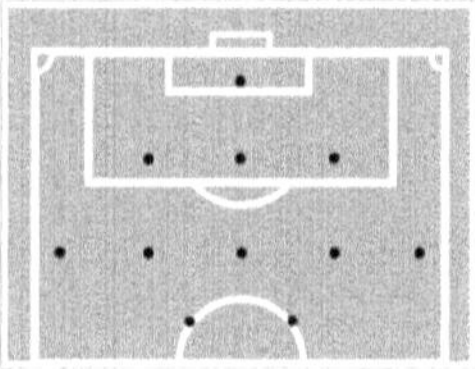

3—5—2阵型

此阵型中左右前卫（左右中场）更多地扮演进攻角色，有力地支持锋线队员。而中前卫经常与后卫合作防守，尤其当对方球队反击，而一半球员仍在前场无法返回时。

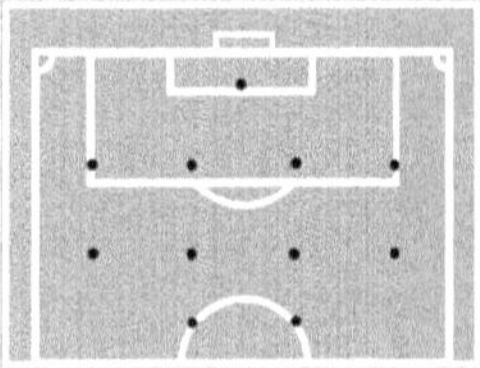

4—4—2阵型

又称为“一”字形，为目前最常见的一种足球阵型。此阵型中场球员与后卫和前锋紧密合作，可以在比赛中根据需要进行改变。此阵型中，中场球员跑动最多。

4—3—2—1阵型

此阵型是 4—4—2 阵型的变体，又被称为“圣诞树”。此阵型中有一名中场球员向前参与进攻，就意味着球队中实际有 3 名前锋，其中中间一名前锋站在另外两名前锋之前。

图 12-2-16

此外，在发前场边线球、角球和罚任意球时，多采用布置好的战术进攻。

模块 3 排 球

一、了解排球运动

（一）排球运动的起源与发展

排球运动始于 1895 年，由美国马萨诸塞州的霍利和奥克城基督教青年会干事威

倒地扑侧面球

拳击球

托 球

足球场地

越 位

排球百科

廉·摩根发明。排球最初是一种消遣游戏，后来由美国的传教士和驻外军官及士兵带到了世界各地，于 1905 年传入中国，先后经历了 16 人制、12 人制和 9 人制。中华人民共和国成立后，为了适应国际交往的需要，改为 6 人制，一直沿用至今。1964 年，第 18 届奥运会把排球列为正式比赛项目。

排球运动世界大赛主要有世界锦标赛、世界杯赛、奥运会排球赛、世界沙滩排球锦标赛赛、残奥会排球赛。中国女排在 20 世纪 80 年代夺得“五连冠”，极大地鼓舞了全国人民的民族精神，也极大地激发了全民学排球的热情，在全国形成了轰轰烈烈的排球热潮。此后中国女排陷入了低谷，17 年后陈忠和带领中国女排再次获得三连冠，并取得了 2004 年雅典奥运会的冠军，重新激发了人们对排球的热情。

排球运动发展至今，各国的水平不断提高，一支队伍独霸排坛的历史已经不存在了。巴西、意大利、土耳其、中国、美国、俄罗斯等世界强队水平已没有绝对的优势可言，只有不断创新技战术才能有更大的进步。

（二）排球运动的锻炼价值

1. 对人体生理健康的价值

经常参加排球运动，可以发展人体的速度、力量、耐力、灵敏性和柔韧性等身体素质，提高体能；可以促进人体各器官系统机能的改善，使身体健康发展。

2. 对人体心理健康的价值

参与排球运动，可降低人的焦虑和抑郁水平，对于不良情绪有良好的调节作用；可以增强人控制自己情绪的能力，同时可以培养人坚忍不拔、吃苦耐劳的顽强意志以及不怕困难、顽强拼搏的精神。

3. 对培养社会适应能力的价值

排球运动可以很好地培养人们的应变能力和适应能力。其作为非周期性的运动项目，不仅能培养人们沉着、果断等良好的心理品质，而且通过应对多种多样、变化无常的来球，还能人们的注意力、判断力、分析能力和应变能力。排球运动如果没有两人或两人以上的密切配合，将无法发挥个人的技战术作用，所以，此运动对参与者调节自身和正确处理与他人的关系、培养协作意识和集体主义精神等都具有积极意义。

（三）排球著名赛事介绍

奥运会排球赛

1. 奥运会排球赛

1964 年，排球运动首次亮相第 18 届日本东京奥运会赛场，有 10 支男队和 6 支女队参加了比赛。至 2016 年第 31 届里约奥运会，奥运会排球比赛的规模已发展到男女各 12 支队伍。

2. 世界排球锦标赛

世界排球锦标赛

世界排球锦标赛是由国际排球联合会主办的国际排球比赛，是排球最早的、规模最大的世界性比赛，每 4 年举行一届，受到各国普遍重视。第 1 届世界锦标赛始于 1949 年，最初只有男子比赛，女子比赛始于 1952 年。世界排球锦标赛原与奥运会同年举行，1962 年起改在奥运会后第二年举行（女子第 5 届除外）。冠军获得者可直接参加下届奥运会。

3. 世界杯排球赛

世界杯排球赛，每 4 年一次，地点自 1977 年起固定在日本，也叫“日本杯”排球赛。男子比赛始于 1965 年，女子比赛始于 1973 年。世界杯是由全球高水平的男、女球队参加的国际性的排球比赛，从 1991 年被改为在奥运会的前一年举行，相当于是奥运会的资格赛，获得前三名的队伍则有资格进入奥运会。

世界杯排球赛

二、学习排球运动

（一）排球基本技术

1. 准备姿势和移动

准备姿势

准备姿势根据身体重心的高低分为半蹲准备姿势、稍蹲准备姿势和低蹲准备姿势。这里主要介绍半蹲准备姿势。半蹲准备姿势动作要领：两脚自然开立，双膝适当弯曲，脚后跟稍提起，两脚微动；收腹，重心前移，两臂自然弯曲，两眼注视来球。（图 12-3-1）

移动的步法有并步与滑步、跨步、交叉步、跑步等。

移 动

（1）并步与滑步

当来球距离身体较近、弧线较高时用并步移动，连续的并步称为滑步；右（左）脚先向右（左）迈出一步，左（右）脚迅速并上。（图 12-3-2）

图 12-3-1

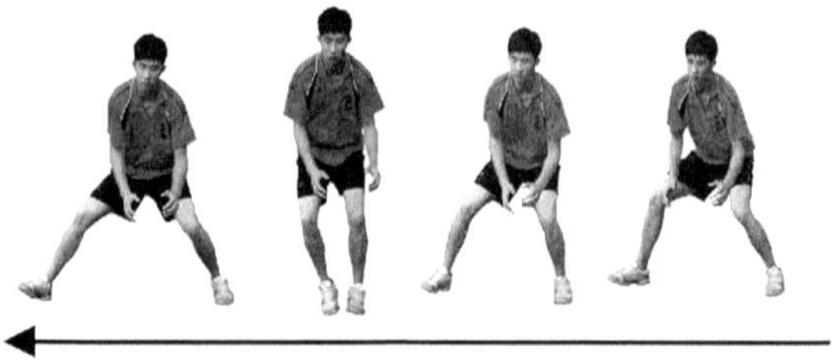

图 12-3-2

（2）跨 步

跨步比交叉步移动距离近，便于接距身体 1 ～ 2 米的低球；移动时，步幅较大，身体重心较低，方向可以是向前、向斜前或向侧方。（图 12-3-3）

（3）交叉步

当来球距身体 2 ～ 3 米时可选择交叉步。上体稍向左（右）转，左（右）脚从右（左）脚前面向右（左）交叉迈出一步，然后右（左）脚向右（左）跨出一大步，同时身体转向来球方向，保持击球前的姿势。（图 12-3-4）

图 12-3-3

图 12-3-4

2. 发球（以右手发球为例）

（1）正面下手发球

正面下手发球

左手将球抛起约 20 厘米，右手顺势后摆，右脚蹬地发力，右臂加速前摆，用掌根（或者虎口）击球的后下部。

（2）侧身下手发球

侧身下手发球与正面下手发球基本相同，不同的是要把握好向左转体的角度。（图 12–3–5）

图 12–3–5

（3）正面上手发球

正面上手发球

左脚在前，左手托球于体前，抛球于体前右肩前上方约 50 厘米处，右脚蹬地，重心前移，以收腹、屈体、挥臂鞭甩击球，手掌击球的后下部，做到推、包、压，使球向前下旋。（图 12–3–6）

图 12–3–6

3. 垫　球

垫　球

两脚开立，稍比肩宽。双臂伸直夹紧，上下肢协调用力，做到一插、二夹、三蹬地、四抬臂，击球点在前臂腕关节以上 10 厘米左右处。（图 12–3–7）

图 12–3–7

4. 传　球

稍蹲，面对来球，双手自然抬起，放松，置于脸前。正对来球，两手自然张开与球吻合，蹬地伸臂，于前额上方主动迎球。上、下肢协调用力，重心前移。（图 12–3–8）

图 12–3–8

5. 扣球（图 12–3–9）

（1）右脚先向前走一步（找方向），左脚跟着向前迈出一步（把握好节奏），右脚跨出一大步的同时左脚快速跟上，身体略向右侧身，踏地完成踏跳步（起跳有力）。

（2）挥臂时，以迅速转体、收腹动作发力，依次带动肩、肘、腕各关节成鞭甩动作向前上方弧形挥动，在右肩前上方最高点击球。以全掌包满球，手腕有推压动作，使球向前下方旋转飞行。

（3）落地时，身体自然下落，缓冲落地，保持平衡。

图 12–3–9

（二）排球基本战术

1. 阵容配备

（1）“四二”配备

此配备包括 4 名进攻队员和 2 名二传手。4 名进攻队员都站在对角位置上。

特点：比赛中每 1 轮的前后排都有 1 名二传手和 2 名攻手（即 1 名主攻手和 1 名副攻手），如图 12–3–10。其作用是便于组织进攻，发挥本队的攻击力量，较容易组成“中一二”与“边一二”进攻战术。此阵容配备多为初学者和一般水平的球队所采用。

（2）“五一”配备

此配备包括 5 名进攻队员和 1 名二传手，加强了进攻拦网的力量；配 1 名有进攻能力的接应二传，弥补主要二传队员来不及传球时出现的被动局面，如图 12–3–11。

特点：比赛中只有 1 名二传手，其他队员为攻手。其优点是有利于加强进攻和拦网力量，进攻点多而灵活，缺点对二传手的要求较高。

传　球

扣　球

拦　网

排球基本战术

排球场地

发球规则

图 12-3-10

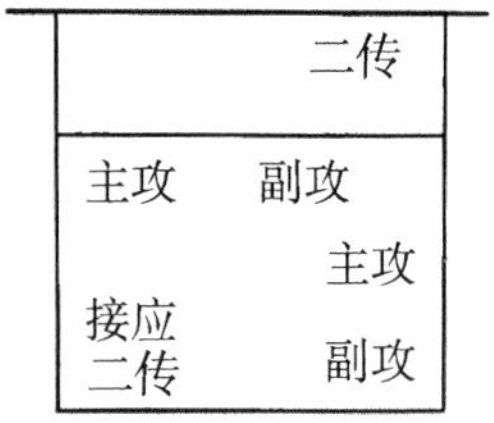

图 12-3-11

过中线规则

2. 进攻战术

（1）“中一二”进攻战术

此战术是 3 号位队员侯二传，将球传给 2 号位、4 号位队员进攻的组织形式。（图 12-3-12）

特点：二传手居中，易于接应，便于组织进攻，但其只能两点进攻，战术变化少。这种战术适合初级水平球队运用。

拦网规则

（2）“边一二”进攻战术

此战术是 2 号位队员做二传，将球传给 3 号位、4 号位队员进攻的组织形式。（图 12-3-13）

特点：2 名进攻队员位置相邻，便于相互掩护配合，从而能打出多变的战术球。

（3）“插上”进攻战术

此战术是 1 号位队员由后排插上到前排做二传，把球传给 2 号位、3 号位、4 号队员进攻的组织形式。（图 12-3-14）

特点：有利于组织各种进攻战术，进攻点灵活。

过网击球规则

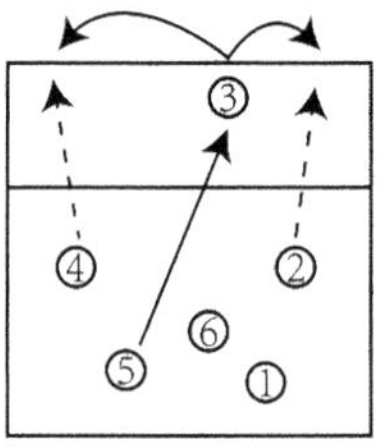

图 12-3-12

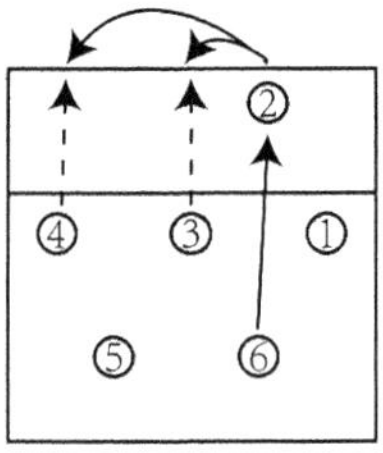

图 12-3-13

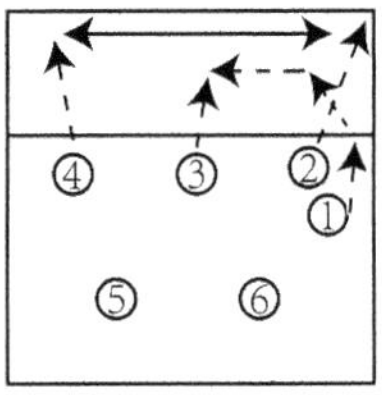

图 12-3-14

得分规则

3. 防守战术

这里主要介绍接发球阵型。

（1）“W”站位阵型

初学者比赛多采用“中一二”“边一二”进攻阵型，大多站成“W”形，也称“三二”形站位。其优点是 5 名队员分布均衡，前面 3 名队员接前场区的球，后排 2 名队员接后场区的球，职责分明；其缺点是后排 2 名队员接发球压力大。

触网规则

（2）“M”站位阵型

“M”形站位，也称“二一二”站位，其优点是队员分布更加均匀，分工明确，前面 2 名队员接前场区的球，中间队员负责中场区的球，后面两名队员接后场区的球。

模块 4　乒乓球

一、了解乒乓球运动

乒乓球百科

（一）乒乓球运动的起源与发展

关于乒乓球运动的起源中最为流行的说法，乒乓球于 19 世纪末起源于英国，由网球运动派生而来。据说，在 19 世纪末的一天，两个英国上流社会贵族青年看过温布尔登网球赛后，到一家上等饭馆的单间去吃饭。他们先是用雪茄烟的木盒盖当扇子，继而讨论网球技战术，然后捡起香槟酒的软木酒瓶塞当球，以大餐桌当球台，中间拉一细绳为网，用烟盒盖当作球拍打球。侍者在一旁喝彩，闻声赶来的女店主见此情景，不禁脱口喊出“table tennis”，这一声将乒乓球命名为“桌上网球”。后来，乒乓球的球拍演变为柄长、两面贴有羊皮纸、中间是空洞的形式，用这种球拍打塑料球时发出“乒”的声音，落台时发出“乓”的声音，由此，乒乓的名字诞生了。

乒乓球运动被世界公认为是中国的“国球”。1952 年，在北京大学举行了第一次全国比赛。赛后，国家乒乓球队开始集中训练。同年，中华全国体育总会乒乓球部加入了国际乒联，后改称为中国乒乓球协会。1959 年 4 月 5 日，在第 25 届世界乒乓球锦标赛中，容国团为我国夺取了第一个男子单打世界冠军。1961 年 4 月，中国乒乓球协会在北京承办了中国历史上第一个世界锦标赛——第 26 届世界乒乓球锦标赛。从获得第一个世界冠军至今，中国乒乓球队在世界大赛中共为祖国夺取了 100 多个世界冠军，创造了世界体坛罕见的长盛不衰的历史。

（二）乒乓球运动的锻炼价值

1. 全面发展身体素质，突出发展灵敏和快速反应能力

在乒乓球运动中，乒乓球的飞行速度平均可达 20 米/秒，通常对方攻出的快球只需 0.15 秒左右的时间就可到达本方球台。在如此短的时间里，球员不仅要迅速、准确地判断出对方的击球点、旋转、速度以及战术意图，而且要迅速、果断地做出还击。因此，长期从事乒乓球运动，能使锻炼者的中枢神经系统得到改善和提高，从而提高情绪的稳定性和反应速度和身体协调能力。

2. 有利于提高智力水平

乒乓球比赛过程错综复杂，要求参赛者要善于观察对方的技术特点，分析对方的心理，揣摩对方的战术规律，根据赛场上的实际情况决定技战术对策，果断地给对方出其不意的一击。可以说，双方参赛的运动员在智力上的角逐是非常激烈的。因此，长期从事乒乓球运动的锻炼，有利于培养人们独立分析问题和解决问题的能力，使智力得到全面的开发，心理潜力得到充分的挖掘。

（三）乒乓球著名赛事介绍

1. 世界乒乓球锦标赛

世界乒乓球锦标赛

世界乒乓球锦标赛是国际乒联举办的一项最重要、水平最高的世界性乒乓球比赛，设男子团体、女子团体、男子单打、女子单打、男子双打、女子双打和混合双打 7 个项目。世界乒乓球锦标赛是由国际乒联授权，一个会员协会主办，任何会员协会均可派选手参加任何项目的比赛。从 1926 年第 1 届起，每年举行一届，1939—1946 年期间因第二次世界大战而暂停，第 24 届后每 2 年举行一届。

2. 乒乓球世界杯赛

乒乓球世界杯赛

乒乓球世界杯赛是国际乒联举办的另一个重大的世界性比赛，自 1980 年起每年举办 1 届，前 10 届只设男子单打一项，1990 年开始陆续增设男子团体、女子团体、女子单打、男子双打、女子双打和混合双打。由国际乒联公布的世界优秀选手（或协会）排名名单中最前面的一部分选手（或协会），各大洲的冠军和主办协会的冠军共 16 名选手（或协会）参加。

3. 奥运会乒乓球比赛

奥运会乒乓球比赛

1981 年 10 月 1 日，国际奥委会在联邦德国巴登举行的会议上作出决定，把乒乓球列入奥运会比赛项目。1982 年 4 月 25 日在匈牙利布达佩斯举行的欧洲乒联会议上，时任国际奥委会主席萨马兰奇宣布，乒乓球从 1988 年起开始列为奥运会的比赛项目。奥运会乒乓球比赛设有男、女单打和男、女团体共 4 个项目。

4. 全国乒乓球锦标赛

全国乒乓球锦标赛

全国乒乓球锦标赛是中国国家体育总局举办的全国规模的比赛，是全国最高水平的乒乓球比赛。以省、市、自治区和中国人民解放军为竞赛单位。1952 年在北京举行首届比赛，自 1956 年武汉第 2 届锦标赛起每年举行 1 届。全国乒乓球锦标赛设男、女团体和男单、女单、男双、女双、混双共 7 项比赛。

二、学习乒乓球运动

（一）乒乓球基本技术

1. 握拍方法

（1）直拍动作要点

拍前，以食指第二关节和拇指第一关节扣拍。拍后，三指弯曲贴于拍的 1/3 上端。（图 12-4-1）

（2）横拍动作要点

虎口贴拍，握住拍柄，食指在拍后，自然伸直，拇指在拍前。（图 12-4-2）

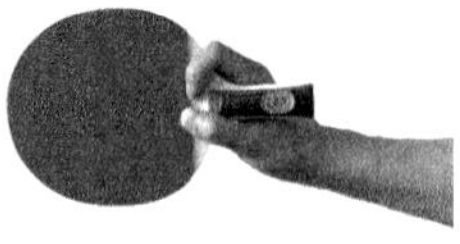

图 12-4-1

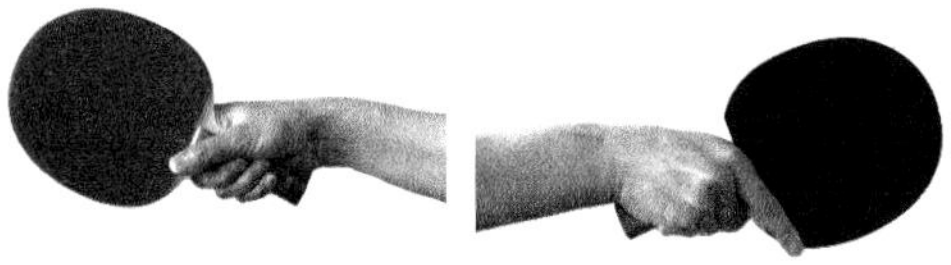

图 12-4-2

2. 准备姿势与站位（以右手持拍为例）

距球台 20～40 厘米，中线偏左，两脚平行站立，屈膝内扣，前脚掌着地；上体前倾；两眼注视来球；持拍手臂自然弯曲，手腕放松，置拍于腹前；不持拍手臂屈肘抬起，高于台面。（图 12-4-3）

直拍准备姿势与站位　　横拍准备姿势与站位

图 12-4-3

3. 基本步法（配合持拍）

（1）单步移动

以一脚为轴，向某一方向移动，重心随之落在移动脚 A 上。（图 12-4-4）

左脚向前上步　右脚向后退步　左脚向左上步　右脚向右上步

图 12-4-4

（2）跨步移动

以一脚（A）向某一方向跨出一大步，重心随之移动到跨出的脚上，另一脚迅速向相同方向滑动半步，重心跟过去。（图 12-4-5）

左脚向左跨一大步　右脚随势跟上半步　右脚向右跨一大步　左脚随势跟上半步

图 12-4-5

（3）并步移动

先以来球相反方向的脚（A）向另一脚（B）并一步，脚（B）向来球方向再迈一

步。（图 12-4-6）

（4）跳步移动

以远离球的脚用力蹬地为主，两脚同时离地，向来球方向跳动。（图 12-4-7）

图 12-4-6

图 12-4-7

（5）交叉步移动

先以远离球的脚（A）迅速向左来球方向跨出一大步，随后支撑脚（B）向同方向再迈出一步，击球后迅速还原。（图 12-4-8）

图 12-4-8

4. 发球技术（以右手为例）

（1）正手平击发球

正手发平击球

发球准备：近台站位，含胸收腹，屈膝，左手抛球，右臂内旋，拍面稍前倾，向身体右后方引拍。

击球动作：左手抛球的同时，右上臂带动前臂，从右后方向前方挥动并发力，撞击球的中上部。（图 12-4-9）

击球后：手臂继续向前随势挥动，迅速还原。

直拍正手平击发球

横拍正手平击发球

图 12-4-9

（2）反手平击发球

发球准备：站位于球台中线偏左，身体略向左转，左手抛球时，右臂外旋，拍面角度稍前倾，向身体左后方引拍。

击球时：右臂从身体左后方向右前方挥动，击球中上部，向前方发力。（图 12-4-10）

击球后：手臂和手腕继续向右前方随势挥动，并迅速还原。

直拍反手平击发球

横拍反手平击发球

图 12-4-10

（3）正手发下旋、侧下旋、侧上旋球

发球准备：左脚稍前，身体右转，左手抛球，右臂屈肘引拍，与肩同高，拍面后仰，拍头斜向上方，手腕略外展。

下旋：以前臂为主，手腕为辅，由上向前下方挥拍，以拍的下缘触球，摩擦球的底部。

侧下旋：手臂从右后上方向左前下方挥摆，球拍从球的右中下部向左下部摩擦，前臂带动手腕快速发力。

侧上旋：球拍从球的中下部向左侧中上部摩擦，前臂带动手腕快速发力。

（4）反手发下旋、侧下旋、侧上旋

发球准备：右脚在前，身体左转，向身体左后上方引拍，拍面稍后仰。

击球动作：球下降时，用转腰带动肩臂，并以前臂发力为主，迅速挥拍。

下旋：由上向前下方挥拍，以拍的下缘触球，摩擦球的底部。

侧下旋：球拍从球的中下部向右侧下部摩擦，产生侧下旋。

正手发左侧下旋球

侧上旋：球拍从球的中部向右侧或右侧偏上部位摩擦，产生侧上旋。

5. 直拍反手推挡（以右手为例）

站位：身体离球台约 40 厘米，左脚在前，屈膝。

击球前的引拍方法：引拍于腹前，拍的长轴与台面平行，拍面与台面垂直。

击球动作：拍面稍前倾，前臂向前推出，在来球上升期击球的中上部。（图 12-4-11）

击球后：手臂顺势前送，肘关节接近伸直时立即还原，准备连续击球。

图 12-4-11

6. 正手攻球（以右手为例）

站位：中台偏左，左脚稍前，屈膝，上体前倾，重心在两脚间。

击球前的引拍方法：先向右后下方引拍，上臂放松，上臂与臂夹角为 90°～130°，拍面稍前倾。

正手快攻

击球动作：借助腰和上臂的力量，以前臂发力为主，向左前方挥拍，在球的上升后期或高点期，击球的中上部，击球时以撞击为主，略带摩擦，前臂快速收缩至额前，重心移至左脚。（图 12-4-12）

图 12-4-12

7. 正手搓球（以右手为例）

击球前的引拍方法：身体稍向右转，向右上方引拍，拍头略上翘，拍面后仰。

击球动作：前臂和手腕向左前下方用力，慢搓是在下降期击球的中下部，球与拍接触时间稍长，加大摩擦；快搓是在上升期击球中下部，触球瞬间，手腕向前下方用力。（图 12-4-13）

易犯错误动作：没有摩擦球，而是将球托出。

图 12-4-13

8. 反手搓球（以右手为例）

击球前的引拍方法：向左上方引拍，拍面后仰。

击球动作：击球时，前臂和手腕向前下方用力切球，在球的下降期触球中下部，击球后，前臂随势前送。横拍搓球时，拍形略竖一些，击球后前臂向右下方挥摆。（图 12-4-14）

反手搓球

图 12-4-14

（二）乒乓球基本战术

1. 发球抢攻

运用发球抢攻时，要注意发球与抢攻的配合，所选的发球方式要与自己的技术特长密切结合。发球前，要做到心中有数，预先估计对方可能怎样回接、接到什么位置、自己如何抢攻，以免错失机会。

推挡球技术

（1）侧身用正手发平击球后抢攻

通常发球至对手中路偏反手底线大角，再配合正反手攻球。

如对方侧身攻你反手，可用推挡压直线，也可侧身攻直线还击，迫使对方扑救正手位，即可寻机抢攻。

（2）正手发转与不转球后抢攻

正手发转与不转球后抢攻是中国选手最为擅长的技术，尤其是直拍选手的绝招。

（3）反手发右侧上、下旋球后抢攻

如果你的正反手都有一定的进攻能力，不妨掌握这种战术，以增加变化的余地。

2. 搓攻战术

搓攻战术有如下几种方式：

（1）先搓反手大角再变直线；

（2）搓对方薄弱环节后抢攻。

3. 对攻战术

尽管“前三板”是乒乓球制胜的一大法宝，但它毕竟不是万能的，还有许多球无法在“前三板”中见胜负，必须运用对攻相持的战术。常用的对攻战术如下：

乒乓球比赛规则

（1）连压反手，伺机抢攻；

（2）压反手变正手；

（3）调正手压反手（调右压左）；

（4）压中路配合压两大角。

模块 5 羽毛球

羽毛球百科

一、了解羽毛球运动

（一）羽毛球运动的起源与发展

羽毛球运动是从古代的毽子球游戏逐渐演变而来的，古代类似羽毛球的毽子球游戏在中国和其他亚洲、欧洲的国家都有记载。在英国不列颠图书馆就有两人手握板状拍，对击类似羽毛球的雕版原始稿，时间大约是在 1390 年。国际羽毛球联合会在成立 50 周年的纪念册上是这样写的：“羽毛球运动早在 1934 年前就有着悠久的历史，很多世纪以前，在荷兰和中国就有使用球拍击打类似当今羽毛球的体育游戏。”

现代羽毛球运动形成于英国，而印度的普那是羽毛球运动的发源地。相传在 19 世纪 20 年代，这种游戏在印度的普那非常普及。1873 年，当时统治印度的英国军人将此种游戏带回了英国。这种游戏传入英国之后，格拉斯哥郡鲍弗特公爵在其领地伯明顿定下了游戏规则，这就是现代羽毛球运动最初的模式。人们把鲍弗特公爵的领地伯明顿这个地名，作为这种新的运动项目的正式名称，其英文名称为 Badminton。

1893 年，在英国的 17 个羽毛球俱乐部的一致倡议下，英国羽毛球协会成立了，并进一步修改了规则。1899 年，英国羽毛球协会举办了首届羽毛球锦标赛。此后，羽毛球运动由英国流传到英联邦各国，20 世纪初传到美洲，最后传到非洲。今天，羽毛球运动已成为一项全球性的体育运动。

（二）羽毛球运动的锻炼价值

1. 提高身体素质

羽毛球运动对身体素质的要求全面。在练习的过程中，为了提高击球的速度，获得更大的落点面积，最大限度地提高击球点，要求练习者要有良好的弹跳力以及上肢、下肢协调的能力，因此，经常参加羽毛球运动，可以达到增强身体肌肉力量，提高身体灵活性，提高心血管和呼吸系统功能的目的。

2. 增强心理素质

羽毛球运动不仅能提高运动能力，更是锻炼心智的一项运动。在练习和比赛过程中，因其竞争性、对抗性、大强度等诸多因素的影响，练习者会有很多复杂的心理体验。敢打敢拼，胜不骄，败不馁，培养顽强的毅力，弘扬体育精神，在羽毛球运动中有着很突出的表现。

3. 陶怡性情、益智益德

在羽毛球项目中设有单项、双打、团体项目。团体项目通过集体配合来实现，所以羽毛球项目可以培养独立思考、单独作战及集体主义精神，不仅能使练习者增长智慧、陶怡性情，而且能培养练习者以良好的心态、正确的人生观去面对事业、家庭、荣辱等。

（三）羽毛球著名赛事介绍

1. 汤姆斯杯世界羽毛球男子团体赛

1934 年，国际羽联第一任主席汤姆斯爵士捐资设此奖杯，供世界羽毛球男子团体赛用，1948 年举行了第 1 届比赛。从 1984 年起，该项赛事改为每逢双数年举行，并由 9 场制改为 5 场（3 场单打、2 场双打）制。

2. 尤伯杯世界羽毛球女子团体赛

尤伯杯是由世界著名女子羽毛球运动员尤伯夫人捐赠的奖杯，供世界羽毛球女子团体赛用，1956 年举行了第 1 届比赛。每场团体赛由 3 场单打和 4 场双打组成。从 1984 年第 10 届比赛开始，其与汤姆斯杯同时、同地举行，比赛方法也相同。

3. 苏迪曼杯世界羽毛球男女混合团体赛

苏迪曼杯是印尼羽协捐赠给国际羽联的以苏迪曼命名的奖杯。苏迪曼是印尼羽协创始人，长期担任国际羽联理事和副主席。苏迪曼杯赛每逢单数年举行，每场团体赛由男单、女单、男双、女双和男女混合双打共 5 场组成。

4. 世界羽毛球锦标赛

世界羽毛球锦标赛是单项赛事。1977 年，在瑞典的马尔摩举行了首届比赛，从 2006 年起，除奥运年外，每年举行一次。每项比赛均采用单淘汰制，不设附加赛，决出冠亚军，半决赛的负者并列季军。

5. 奥林匹克运动会羽毛球比赛

奥林匹克运动会羽毛球比赛是单项赛事。1992 年巴塞罗那奥运会，羽毛球运动列为奥运会的正式比赛项目。设男单、女单、男双、女双 4 枚金牌，1996 年亚特兰大奥运会又增设混合双打。

二、学习羽毛球运动

（一）羽毛球基本技术

1. 握拍法

正确而灵活多变的握拍方法是击球手法的前提条件，握拍要有利于手腕的发力，能控制击球力量的大小和球的飞行方向。

（1）正手握拍法

正确的握拍方法是先用左手拿住球拍杆，使拍面与地面垂直，其方式与手握菜刀相似，然后张开右手，使手掌下部（小鱼际）靠在球拍打握柄底托，虎口对着球拍柄较窄的一面，小指、无名指、中指自然地并拢，食指与中指稍稍分开，自然弯曲并贴在球拍柄上。（图 12-5-1）

（2）反手握拍法

一般说来，反手握拍有两种：一种是在正手握拍的基础上，把球拍框往外转，拇指伸直贴在拍柄的宽面上，食指、中指、无名指、小指并拢；另一种是正手握拍把球拍框

汤姆斯杯世界羽毛球男子团体赛

尤伯杯世界羽毛球女子团体赛

苏迪曼杯世界羽毛球男女混合团体赛

世界羽毛球锦标赛

奥林匹克运动会羽毛球比赛

正手握拍法

反手握拍法

外转，拇指贴在球拍柄的棱上，食指、中指、无名指、小指并拢。反手握拍时，手心与球柄之间要留有空隙，这样握拍有利于手腕力量和手指力量的灵活运用。（图 12–5–2）

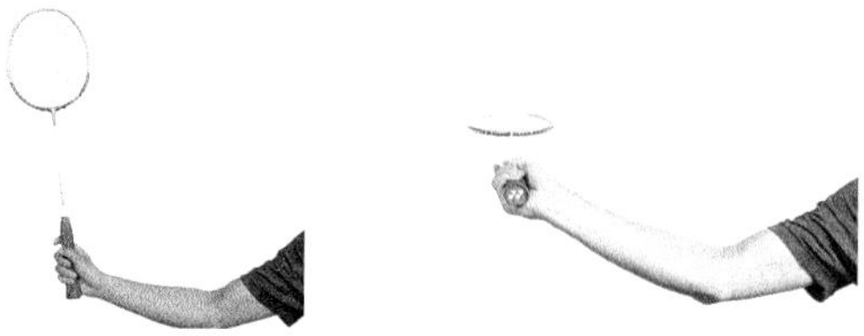

图 12–5–1

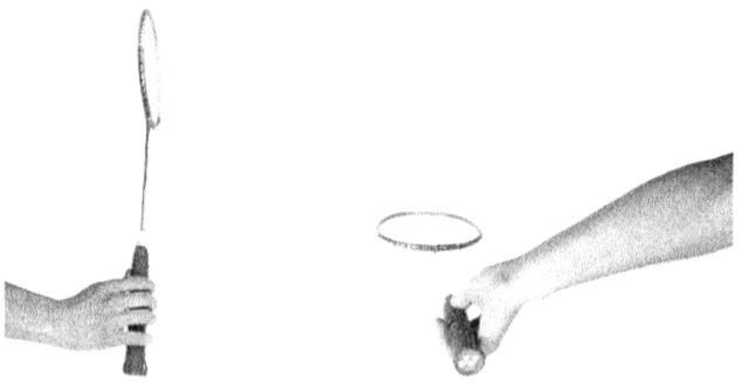

图 12–5–2

2. 发　球

发球是羽毛球运动一个重要的基本技术，因为发球质量的好坏直接关系到比赛的主动或被动，所以要重视发球，并把发球作为组织威胁进攻的开始。

羽毛球竞赛规则规定，合法的发球应注意以下两点：① 在发球过程中，双脚均不能离开地面或移动，但发球时随着身体重心的前移，右脚随之自然提起，只要脚尖不动，不属违例；② 当球与拍面接触的瞬间，球与球拍的接触点及整个球体均要低于腰部，拍框的最高点不能超过腕部。

（1）正手发高远球

发高远球

高远球就是把球发得又高又远，使球向对方后场上方飞去，球的飞行路线与地面形成的角度要大于 45° ，使球在对方场区底线附近垂直下落。（图 12–5–3）

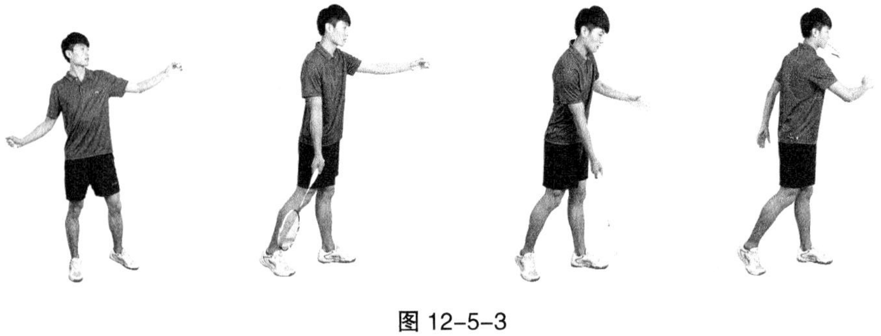

图 12–5–3

（2）反手发网前球

发网前球

反手发网前球就是运用反手发球技术把球发至对方发球区内前发球线附近。击球时，球拍由后向前推送击球，使球运行弧线的最高点略高于网顶，球拍触球时，拍面成切削式击球，使球落到对方场区的前发球线附近。（图 12–5–4）

图 12–5–4

3. 击球技术

比赛过程中，运动员要根据实际情况，灵活交替运用各种击球方法，使击球力量的大小、落点的远近、飞行弧线的高低、飞行线路的直斜、飞行速度的快慢以及球的旋转等经常发生变化，这样才能做到攻有手段，守有招数，赢得比赛的主动权。初学者应努力掌握击球法中最重要、最基本的一些内容，然后再争取全面、准确、熟练地掌握其他击球技术。

发平高球

（1）正手击高远球

起跳后手腕控制球拍，对准来球路线，快速挥拍击打球的后部，球即沿着直线飞行；若手腕控制拍面击球托的右下方，则球沿着对角线方向飞行。击球后，手臂随惯性自然回收至胸前。（图 12-5-5）

后场击高远球

图 12-5-5

（2）反手击高远球

如果对方的来球飞向左后场区，则要迅速把身体转向后方，移动到合适的击球位置，背对球网，反手握拍，沿半弧形击球，把球击向后上方。（图 12-5-6）

图 12-5-6

（3）正手放网前球

侧身向球的方向移动，上身稍前倾，右手握拍于体前；步法移动的最后一步是右脚向着来球方向，跨大弓箭步，身体重心要提高，前臂伸向来球，要往前上方举，稍上仰，斜对网，争取高点击球，握拍放松，稍收腕，向球托斜侧提击或搓切。击球的过程中左手要向后平举以协调动作。（图 12-5-7）

图 12-5-7

正手搓球

（4）搓　球

① 正手搓球：击球前，前臂稍外旋，手腕由后伸至稍内收闪动；击球时在正手放网前球动作的基础上，加快挥拍的速度，搓切来球的右下底部，使球旋转翻滚过网。（图 12-5-8）

图 12-5-8

反手搓球

② 反手搓球：主要靠前臂的前伸外旋和手腕由内收至外展的合力，搓击球的右侧后底部，使球侧旋滚动过网。（图 12-5-9）

图 12-5-9

后场吊球

（5）吊　球

① 正手吊球：吊直线球时，击球用力的方向是朝前下方，但在击球的一瞬间，前臂要突然减速，用手腕的闪动向下轻轻切击球托的右侧后下方，使球越网后即下落；吊对角线球时，击球用力的方向是对角线斜下方。（图 12-5-10）

图 12-5-10

② 反手吊球：反手吊直线球和反手吊对角线球的击球前动作同反手击高球动作类似。手指内侧顶住拍柄，手腕向后“甩腕”，轻击球托的后下部位，使球的飞行方向朝着直线和对角线方向落到对方的网前。(图 12-5-11)

图 12-5-11

（6）扣杀球

准备姿势和击球动作基本与正手击高远球相同，不同的是击球的一刹那须用全力，前臂快速带动手腕下压，触球时拍面前倾，向前下方用力。击球点在右肩稍前上方。击球时，手臂基本伸直，使右腿的蹬力、腰腹力量、上臂、前臂、腕力、指力及身体重心的转移等协调一致，最终集中在击球的一瞬间发力，这样便可形成凶狠的扣杀。(图 12-5-12)

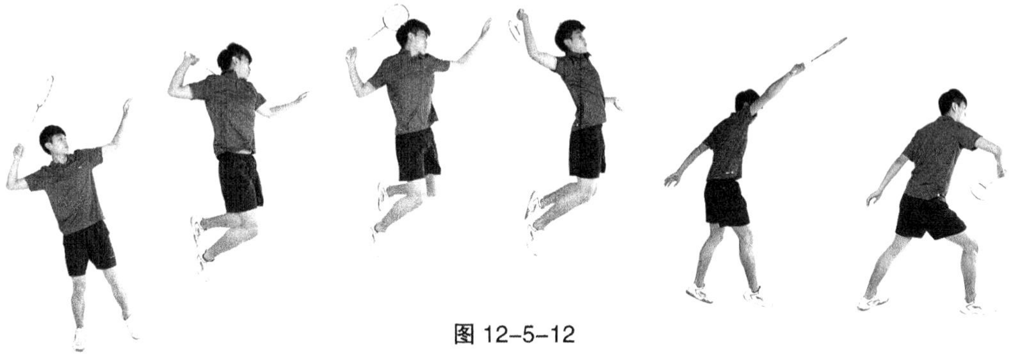

图 12-5-12

反手勾球

正手挑球

正手勾球

反手挑球

后场扣杀球

后场击高远球

网前推球

网前扑球

正手抽球

反手抽球

上网步法

羽毛球场地

基本规则

（二）羽毛球基本战术

1. 单打战术

（1）发球抢攻战术

此战术是根据对方的站位、反击能力和当时对手的思想状态等因素，有意识地通过多变的发球，争取场上的主动，为自己创造进攻的机会。

（2）压后场（反手）战术

此战术是通过高球、平高球、推球和抽球等技术反复地将球死死地压在对方的底线附近，特别是对方的反手后场区域，造成对方被动，回球质量下降，然后抓住机会攻其前场空当。

（3）下压进攻控制网前的战术

此战术进攻快速、凶猛，在速度、力量上将对方控制在网前，再配合平高球突击对方的底线，创造中后场的进攻机会，全力发起进攻。这种战术对付个头高大、步法移动迟缓、网前出手慢以及接下手球比较吃力的对手较为有效。

（4）打四方球战术

此战术对付步法慢、技术不全面、体力差和情绪易于急躁的对手较为有效。击球时落点角度大，线路变化多，才能取得好的效果。

2. 双打战术

（1）二打一（攻人）战术

如果发现对方其中一人技术或心理上比较弱，出现失误比较多，防守时球路比较单调，这时就可以集中力量打他。

（2）攻中路战术

对方左右站位时，力争把球打在两人之间的结合处，以便造成对方两人抢接或让球，彼此不协调，这样有效地限制对方挑出大角度的球路，为自己创造网前的封网机会。

（3）后攻前封战术

后场一人见高球就大力扣杀创造机会，前场另外一人扑球、搓球、勾球和推球控制网前，或拦吊、扑杀封住前半场，使整个攻防连贯而又有节奏地变化。

模块6 网　球

网球百科

一、了解网球运动

（一）网球运动的起源与发展

古代网球运动可追溯到古希腊时期，它是人们玩耍的一种“掌中游戏”。现代网球运动起源于英国。1873年，英国人温菲尔德少校在掌握了古代网球游戏之后，把它从古老的宫廷游戏搬到了室外，使网球运动走进了寻常百姓家。

1877 年，英国在温布尔登举行了第 1 届草地网球锦标赛，以亨利·琼为首的裁判委员会草拟的比赛规则是现代网球比赛规则的基础，其中的盘制、局制、换位法一直沿用至今。

网球运动走向普及和形成高潮是在美国。第二次世界大战期间，其他国家的网球赛事都停止了，唯独美国继续开展并进入鼎盛时期，先后有 4000 多万人参加网球运动，普及率非常高，这为网球运动的发展做出了很大的贡献。

1912 年 3 月 1 日，世界网球的最高组织——国际网球联合会成立，总部设在英国伦敦。1896—1924 年网球为奥运会的比赛项目。此后，国际网联因运动员参赛资格问题而与国际奥委会发生冲突，网球不再是奥运会项目，直到 1988 年才重新进入奥运会。

（二）网球运动的锻炼价值

网球运动既是一种消遣、一种增进健康的手段，也是一种艺术追求和享受，还是一种扣人心弦的竞赛项目。网球运动文明、高雅，动作优美，每击出一次好球，打出弦音，都可使人感觉兴奋异常，愉快无比。

网球运动可以使人们动作迅速、判断准确、反应快，并能提高速度、力量、耐力、灵敏等素质。由于手握网球拍击球，在拍与球撞击时，需要根据来球的具体情况，随时挥拍应变处理。因此，对调节肌肉用力的紧张度与肌肉感觉有良好影响，对发展协调性有积极作用。

网球运动是一项男、女、老、少皆宜的运动，从 8 ～ 9 岁的儿童到 60 ～ 70 岁的人都可以根据个人体力情况进行锻炼。长期坚持网球活动，青年人能保持青春活力和健美形态；老年人能保持旺盛精力，推迟衰老，延年益寿，情绪饱满。网球是隔网对抗项目，没有身体接触，安全文雅。另外，打网球需要有一个对手或球友，这样通过打网球可以增进友谊、加强团结、交流球艺和开展社交活动。

（三）网球著名赛事介绍

1. 温布尔登网球公开赛

温布尔登网球公开赛是现代网球史上最早的比赛，由全英俱乐部和英国草地网球协会于 1877 年创办。每年 6 月或 7 月举办。

2. 美国网球公开赛

美国网球公开赛始于 1881 年，在美国纽约进行，地面类型为硬地。固定于每年 8 月底至 9 月初进行，是每年四大公开赛中最后举行的大赛。

3. 法国网球公开赛

法国网球公开赛始创于 1891 年，比温布尔顿网球公开赛晚 14 年。法网的场地设在巴黎西部蒙特高地的一座叫作罗兰·加洛斯的大型体育场内，该球场属于慢速红土球场。每年 5 月份举办。

4. 澳大利亚网球公开赛

第 1 届澳大利亚网球公开赛是 1905 年在墨尔本的威尔霍斯曼板球场举行的，它是四大公开赛中最迟创立的赛事。1972 年，这项赛事为了吸引更多的观众，将赛事固定

温布尔登网球公开赛

美国网球公开赛

法国网球公开赛

澳大利亚网球公开赛

在澳大利亚的大城市墨尔本举行。由于是硬地网球场，所以打法全面的选手占一定的优势。每年 1 月份举办。

以上四项网球公开赛被人们称为“四大满贯”网球赛。

二、学习网球运动

（一）网球基本技术

网球的基本技术包括握拍法、正手击球、反手击球、发球、接发球、截击、高压球、步法等几项，下面重点介绍前四项。

1. 握拍法

握拍的方法大体可分为“东方式”“西方式”和“大陆式”三种。

（1）东方式握拍法（图 12-6-1）

握拍时拍面与地面垂直，大拇指与食指成“V”字形，握在拍柄的中部，由于像握手的形状，因此也称为握手式握拍法。

东方式握拍法

（2）西方式握拍法（图 12-6-2）

这种握拍法俗称“大把抓”，把球拍平放在地面上，用手在拍柄顶端顺手一把抓起便是。正反拍是不换的，而且击球在同一拍面上。

（3）大陆式握拍法（图 12-6-3）

除了球拍面与地面垂直，大拇指与食指成“V”字形握在拍柄的中部等与东方式握拍法一样外，不同点是，大拇指与食指互相接触而不分开。如同握着锤子，所以又称握锤式握拍法。

西方式握拍法

大陆式握拍法

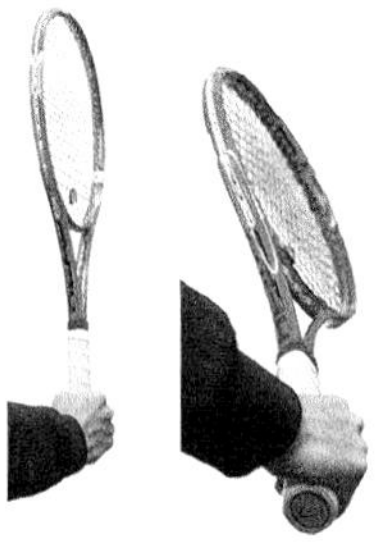

图 12-6-1

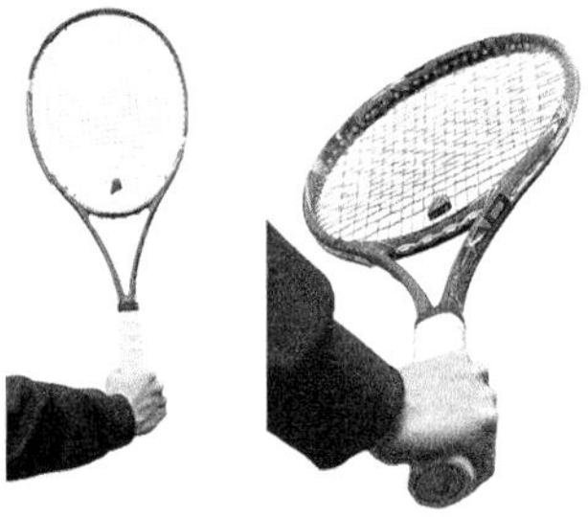

图 12-6-2

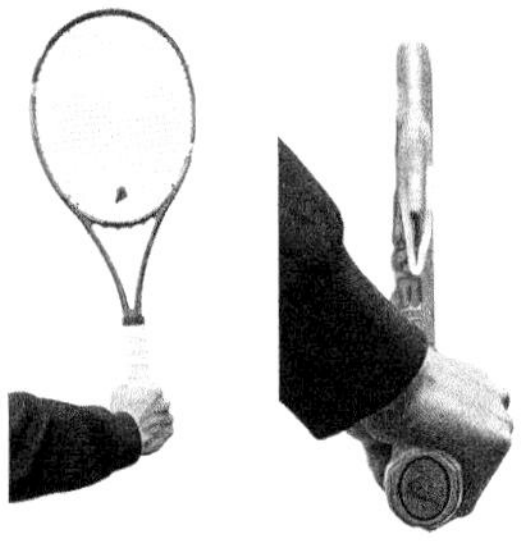

图 12-6-3

2. 正手击球（图 12-6-4）

网球正手击球指的是在本人握拍手同侧的地方对落地球的打法，它是网球基本技术中最常用的击球方法，是初学者最先学习的技术。正手击球技术由四个动作单元组成，即准备姿势、后摆引拍、前挥击球、跟进随挥。正手击球的动作，从理论上讲，动作比较深长，击球有力，速度也快，下面以右手握拍者为例介绍正拍击球的动作要领。

（1）准备姿势

正手击球

面对球网，双脚向前自然分开与肩同宽，双膝微屈，身体略向前倾，重心落在双脚的前脚掌上，右手握拍，左手轻托拍颈，双肘微屈，球拍舒适地放在身前，拍面垂直于身体指向对方，两眼注视对方来球，做好击球准备。

（2）后摆引拍

当判断来球需用正拍回击时，转动双脚，左脚跟抬起，身体向右转并向右前方上步，右脚向右转 90° 与底线平行，同时转肩、转髋带动右手向后摆动引拍（此为关闭式步法，适用于初学者转体；另一种为开放式步法，左脚不必上步，两脚平站但需要更多地向右转体动作），引拍时肘部弯曲、自然下垂，拍头低于膝盖，左手伸向前方，保持身体平衡，后摆引拍时身体重心移向右脚，左肩对着右侧的网柱，手腕固定，挥拍转动约 180° ，拍头指向后挡网。

（3）前挥击球

从后摆进而向前挥动时紧握球拍，手腕后伸、固定，用力蹬脚，转动身体和挥拍，正拍的击球点在身体的右侧前方不超过腰的高度，击球时的挥拍速度最快，球打在拍面的中心，挥拍时拍头自下而上地挥动，使球稍带上旋。

（4）跟进随挥

球触拍后，使拍面平行于网的时间尽量长些，挥拍沿着球飞行的方向前送，重心前移落在左脚，身体也随着转向球网，挥拍动作在左肩上方结束，拍头指向上方高出头部。随挥跟进动作要比后摆动作大而充分，保证击球的稳定性。随挥跟进结束，立即恢复准备姿势，准备下一次击球。

图 12-6-4

3. 反手击球（图 12-6-5）

反手击球是网球基本技术中最常见的击球方法，分为单手与双手两种。初学者一般是先学习正手击球再学习反手，当正手有了一定的基础后，再学习反手比较容易。下面以单手反手击球为例介绍反手击球要领。反手击球动作技术由四个环节组成：准备姿势、后摆引拍、挥拍击球和随挥跟进。

反手击球

（1）准备姿势

反手准备姿势与正手击球相同。面向球网，双脚分开与肩同宽，屈膝，上体稍前倾，重心落在前脚掌上，左手扶住球拍拍颈，拍头指向对方，拍面与地面垂直。双眼注视对方来球。

（2）后摆引拍

当判断对方来球朝你的反手方向飞来时，扶住拍颈的左手应迅速帮助右手握拍变换为反手握拍法，向左转肩转髋带动球拍向左后方摆动，后摆时肘关节自然弯曲，拍头稍翘起，指向后方，右脚向左前方上步，右肩或者是右背对着球网，重心移向左脚。反手击球的引拍动作应比正手击球的引拍完成得早，整个动作要连贯、协调，左手始终扶住拍颈。

（3）挥拍击球

球拍由后向前上方挥出，前挥时手臂仍保持弯曲，直到随挥结束后才伸直。击球点在右脚左侧方向，击球时球拍与右脚应在一条直线上，击球高度在膝与腰之间（比正手击球稍低），击球时手腕绷紧（平时握拍引拍成放松姿态），拍面与地面保持垂直，击在球的中部。要有以手背击球的意识，用转体和转肩的力量使重心前移到右脚上。

（4）随挥跟进

击球后，球拍沿着球飞行的方向向前向上送，重心前移落在右脚上，挥拍在右肩上方结束，拍底部指向前方，左手稍提起来保持整个身体平衡，身体转向球网，恢复原来的准备姿势。

图 12-6-5

发 球

4. 发球（图 12-6-6）

在网球比赛中，发球由于是比赛的开始，通常被认为是最重要的网球击球技术。发好球的重要因素是：动作连贯、动作简单、良好的平衡和准确的抛球、合理的正确握拍（拍面垂直地面，手腕处于舒适的位置）。

（1）握　拍

作为初学者可用东方式正手握拍或大陆式握拍。

（2）站　位

双脚齐肩宽，在端线后侧身站立，右脚与底线基本平行。左脚正对右网柱（与端线夹角为 45°），手腕和手臂放松握拍于身体前，左手在拍颈处托住拍，两脚尖的连线就对着目标。

（3）向后拉拍和抛球

两手臂一同向下和向上运动，球从伸展的左手中向上垂直抛出，位置在身体前面和左脚上部，握拍手掌在向后拉拍时朝下，身体重心平稳地向前脚移动，抛球的高度应能满足击球手臂的充分伸展，并使击球感到舒适。

（4）击球点

抛球后，身体开始向前转动，球拍在身后做环绕动作，并最后向前挥动击球。运动员必须尽力伸展身体，在最高点击球，击球点应在身体右前方。

（5）随挥动作

球拍挥动成弧形，并在身体左侧结束，身体重心完全落在前脚上，右脚指向后挡网。

图 12-6-6

5. 接发球

接发球技术是网球技术中最难掌握、最重要的技术之一。接发球者在一定程度上必须接受发球员的支配，必须在瞬间精准、迅速、到位地把“判断”和“回击”这两个环节一气呵成。尽管如此，破发也不能光指望对方失误，接发球者必须有主动破坏对方防线、阻止对方攻势的意识和办法。

6. 截击（图 12-6-7）

截击是在对方回球落地之前就将其打回对方的场地的击球，通常是在判断对方回球方向的基础上，自己移动到接近球网的位置进行回球，一般朝向对方很难触及的方向。截击在双打中非常重要，对制胜有着关键的作用。截击时球拍小幅度后摆，拍头和两眼同来球保持在同一水平面上，在体前击球。

截击技术

图 12-6-7

7. 高压球（图 12-6-8）

高压球是运动员用头顶高压球来反击落地或落地后的挑高球。高压球与发球动作相似，但后摆准备动作要比发球小。高压球要比发球难打，因为判断挑高球要比自己抛球难得多，但基本的击球方法非常相似。其动作要点为侧身转体并用短促的垫步向后退，同时侧身，持拍手上举至头部位向后引拍，重心在两脚前脚掌上，后腿弯曲，随时准备扣杀；准备击球时，非持拍手上举指向来球的方向和高度，击球与发球时击球一样，击球点在右眼前上方；近网高压球击球点可偏前，便于下扣动作的完成，远网后场高压的击球点可稍后些，击球动作向前下方挥击，以防下网；击球后的跟进动作尽量像发球那样完整，起跳高压时要保持身体平衡。

图 12-6-8

（二）网球基本战术

1. 单打基本战术

单打比赛需凭借球员个人的技术、智慧和体力，扬长避短，争取主动，取得胜利。在战术运用上，要力争使对方随着自己的节奏走，而不能反过来跟着对方走。单打战术可分为发球战术、接发球战术、底线打法战术、上网战术、截击球战术、挑高球战术和高压球战术等。下面重点介绍发球战术、接发球战术、底线打法战术和上网战术。

（1）发球战术

发球是进攻的开始，取得发球局的胜利是赢得比赛胜利的关键。如果发过去的球，对方不需要移动就能还击，说明发球落点欠佳；如果发出的球迫使对手离开基本位置进行接发，则发球效果良好。因此，发球要考虑落点、力量和旋转等因素才能有良好的效果。由于发球都有两次机会，第一次发球就可以使用攻击性最强的发球方式。一种是大力发球，利用速度制胜，找最短的发球路线发直线球；另一种是找落点发球，利用准确的落点造成对方接发球的困难，发到接发球员的薄弱处（通常是其反手位置），或者使对方在移动较大的情况下接球。为了增加对方接发球的难度，还可以利用球的旋转，使球沿弧线飞行。第二次发球时，必须在保证发球成功率的前提下尽量增加发球的攻击性。

发球规则

（2）接发球战术

接发球的质量不仅与接发球技术有关，同时与接发球时采用的战术有很大关系。接发球战术包括接发球时的站位、移动和击球等。（图 12-6-9）

① 站位：站位时应考虑到正反手各有 1/2 的机会接球，一般站在对方可能发球角度的分角线上。如果对手善于发侧旋球，接发时要相应地稍向右或向左移。此外，还要根据自己的技术条件，尽量向前站，以缩短反击的距离，使对方没有充足的时间准备。切忌在中场等球，应将中场视为罚球区，如果不得不在罚球区内击球，那么击球后要快速离开此区域，或向前上网截击或退回到端线击球。

② 移动：接大角度球时，不要向后跑，而应向前迎球，边移动边引拍。接发球的移动方向应向侧前方，即上步击球。如果球朝身体正面击来，来不及移开时，可采取撤步转体的方法，保持侧身对网进行击球。

③ 击球：接发者要想由被动防守快速地转为积极进攻，必须加强接发球的反击。要根据具体情况采用不同的击球方法。当对方发球后立即上网，可以用上旋击球打到

后场或使球过网后急坠，对方不能在较高点做攻击性截击球的动作，还可采用挑高球技术，但要注意高度和深度；当对方发球到达反手位，并且带侧旋又有一定角度时，则以削球向对方反手位较斜角度还击。

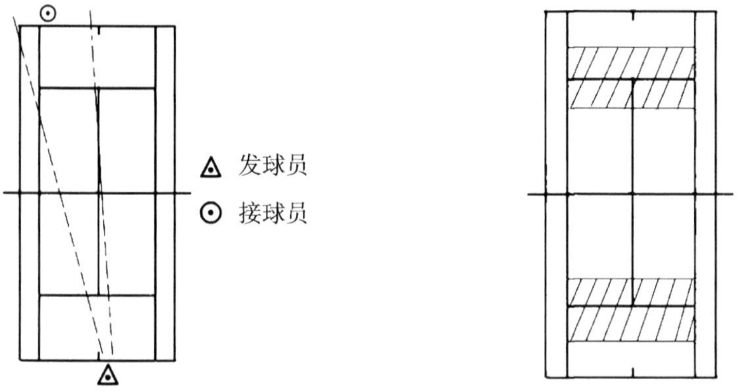

站　位　　　　接球者的罚球区（阴影部分）

图 12-6-9

（3）底线打法战术

底线打法战术是以底线正反手抽击球为基础组织的战术。底线击球的原则就是用速度、旋转和落点调动对方，把球尽量打到对方够不着的地方，或攻击对方的弱点，迫使其失误。

① 击球深度

向对方底线处击球，使球在离网的上空大约 1.5 米高处通过，这样一方面能将对手压在底线附近，使得其回击球的距离加长，另一方面，使对手回击球的角度减小。另外，将球打深也有利于随球上网。当对手远离球网，回击的球速慢又很浅时，或对手因救斜线球而远离场地时，都可运用放小球技术，调动对手前后移动。

② 击球角度

控制击球角度是调动对手移动的前提，能使自己免于被对方操纵。一般通过打斜线球和打直线球来控制击球角度。斜线球尽量打到对方场区的底角或边线附近，这样才能最大限度地调动对手。直线球飞行距离较斜线球短，能加快回击速度。当对方打来斜线球时，以直线球还击，可以左右调动对手。

（4）上网打法战术

上网打法战术是利用网前技术为主要进攻手段的重要战术，也是进攻性最强的战术。上网的时机很重要，上网前的那次击球，不仅要注意方向，同时也要注意击球的速度不宜过快，使自己有移动上网的时间。一般来说，应该是击向对方场区的中间且接近端线的长球，这样就可以造成对方最小的回击角度。网前的站位一般在对方可回击角度的分角线上，离网 2 ～ 2.5 米处。采用截击球技术将球回向远离对手的一侧，并且积极移动，根据对手的位置来确定自己的站位。同时，防范挑高球，对手一旦打出挑高球，应当立即判断，如落点不够深则采用高压球还击，如落点较深则要追到球的侧前方进行回球。（图 12-6-10）

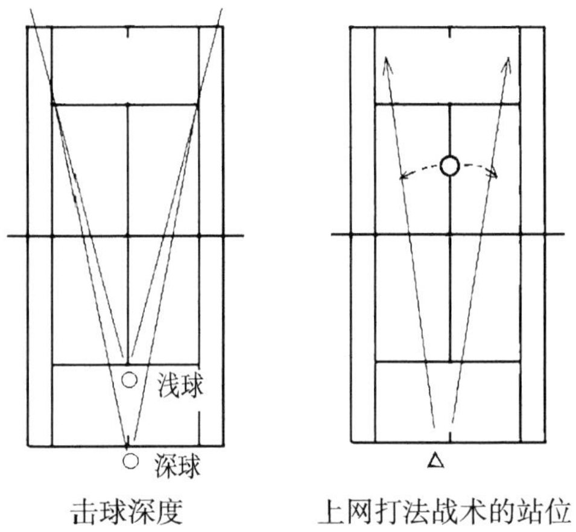

图 12-6-10

2. 双打基本战术

双打比赛相对于单打来说，场地加宽了，但每个人占据的区域缩小了，需要两名队员合理地处理好各自的分工和位置，当同伴场区出现防守漏洞时，能够及时补位，默契配合，协同作战。争取上网是双打比赛的战术原则，迅速占据网前位置就能占优势。一有机会，就应上网用截击球的方法进行攻击，网前截击技术和高压球技术是双打比赛的主要得分手段，速度比单打的更快，要求运动员的反应快，动作迅速，判断准确。

（1）双打基本站位

一名球员站在网前，另一名站底线处是常见的双打站位。如果网前球员到球场另一侧试图接球，那么他身后就会出现空当，这时他的搭档须去补位。为避免两人向同一位置跑去接球，必须用“我接”“换位”等语言来进行交流。还有一种发球时的站位叫澳大利亚式站位，是指发球员和他的同伴都站在场上同一侧或是场地中间的站位方式。如果接球员能打威力较强的斜线球，那么选择澳大利亚式站位可使得发球员的同伴可以在网前轻松截击。有时接发球员的同伴不直接站在网前而是站在发球线附近，当对手打球后再根据来球情况来移动。（图 12-6-11）

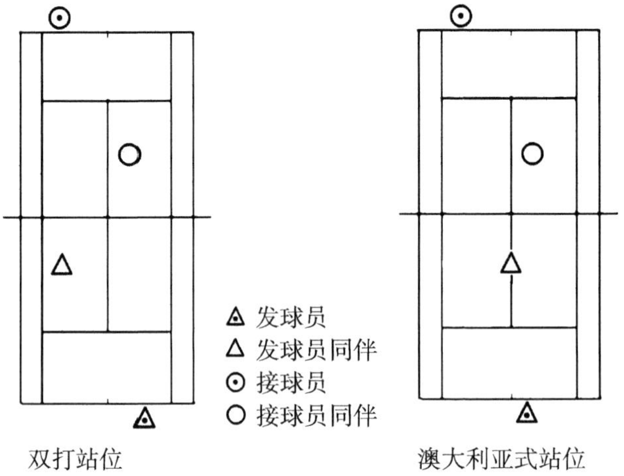

图 12-6-11

（2）发球战术

① 发球上网战术

在发球时，尽量争取较高的第一发球的成功率。落点要深，并不断变换发球落点，然后快速上网；第二发球利用旋转和落点的变化为上网创造条件。上网后的第一次拦截，一般应打得平而深，但是如果接发球员也上网时，就应打低而浅的截击球，迫使其把球挑高，这时就应使用高压球回击。

② 发球截抢战术

此战术要求发球员的一发成功率要高，角度的变化要多，扼制接发球员回球的力量和角度，为同伴制造截击的机会。发球员的同伴在对手接发球后，可以向斜前方移动，截出平而深的球。（图 12-6-12）

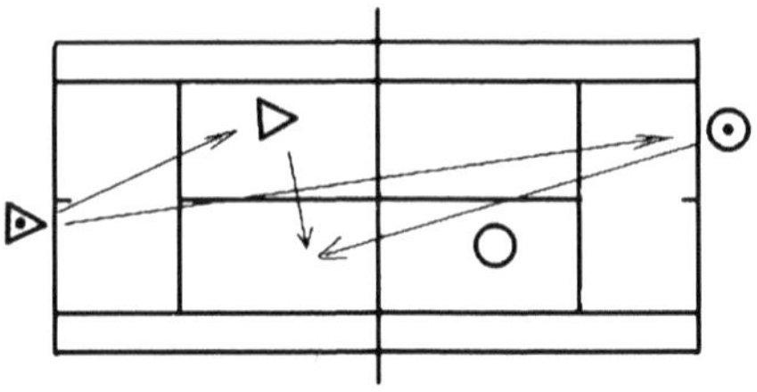

图 12-6-12

（3）接发球战术

对方发球时，接发球员的同伴一般站在发球线附近，根据接发球员回球的情况来组织战术行动。

发球规则

网球场地

基本比赛规则

赛制规则

专题十三

健身健美

本章导读

健身健美运动是一类以增进健康、发展肌肉、增强体力、美化形体和陶冶情操为目的的运动项目。它们可以根据人体结构和生理特点，通过徒手和各种器械，采用专门的动作方式和方法进行肌肉负荷锻炼，可以有效地增长肌肉、提高力量，塑造出健、力、美的身材，提高心血管系统、呼吸系统和消化系统等各内脏器官的功能，从而不断地提高人们的生活质量和健康水平。

学习目标

- ❖ 了解健美操、瑜伽、普拉提、形体训练、啦啦操、体育舞蹈和艺术体操的基本知识。
- ❖ 学习健美操、瑜伽、普拉提、形体训练、啦啦操、体育舞蹈和艺术体操的基本动作和训练方法。

模块 1　健美操

一、了解健美操

健美操百科

健美操是近几十年发展起来的一项新兴的体育运动项目，是以有氧运动为基础，以健、力、美为特征，融体操、舞蹈、音乐于一体，通过徒手、手持轻器械和用专门器械的操作练习，以达到健身、健美和健心的目的，并具有竞技性、娱乐性和观赏性的大众健身方式和竞技运动项目。

（一）健美操的起源与发展

从 20 世纪 60 年代末开始，信息技术的快速发展，使人们的脑力工作增加，体力活动减少，加之营养物质的过多摄入，给人带来了一系列的健康问题。在发达国家，人们为了抵御这种健康危机，发明了各种各样的健身方法，如慢跑、骑自行车、打球等，通过一系列有氧运动来达到减肥、健身、保健的目的。

美国是对健美操运动发展有着较大影响的国家，拥有上千个健美操俱乐部、健身房。美国影视明星简·方达在经历了各种减肥方法失败的打击后，认识到“健康的美才是真正的美、持久的美”，此后她选择了体育锻炼并获得很大成功，她根据自己健身的体会撰写的《简·方达健身术》一书，对健美操在世界范围内的推广做出了贡献。

健美操在欧洲的开展也很普及。在法国练习健美操的人达 400 多万人，俄罗斯把健美操列入大中小学校教学大纲。健美操在亚洲的发展也风起云涌，人们已把参加健美操运动作为健身防病和丰富精神文化生活的一部分。健美操于 20 世纪 70 年代末、80 年代初传入我国，随着健美操的发展，我国把武术、民间舞蹈与欧美健美操融为一体，并创造了具有中国特色的徒手健美操和持轻器械健美操。1992 年，中国健美操协会成立，之后各种健美操中心、俱乐部、培训班如雨后春笋般涌现，许多人选择健美操作为自己主要的健身方式。

（二）健美操的锻炼价值

健美操以有氧运动为基础，以健、力、美为特征，融体操、舞蹈、音乐于一体，通过徒手、手持轻器械和用专门器械的操作练习，可以达到健身、健美和健心的目的，具有竞技性、娱乐性和观赏性。

1. 增进健康美

健康美指不但要拥有健康的身体，还要拥有健康的心理状态。健身健美操作为一项有氧运动，可以提高人的心肺功能，增强肌肉力量和身体的协调性与平衡性。健美操锻炼可以让人得到一种积极健康的生活理念、良好的自我感觉，使人在生活中充满自信、活力与朝气。

2. 塑造形体美

良好的身体姿态是形成一个人气质风度的重要因素。长期的健美操练习，对骨骼、肌肉、关节的匀称和谐发展能起到积极作用。健美操运动能有效地消耗体内多余的脂肪，维持人体吸收与消耗的平衡，从而达到塑造完美体型的效果，并可以使人保持良好的心态。

3. 愉悦身心

健美操是集表演、观赏、参与于一体的运动项目，音乐具有活泼奔放、张扬个性的特点，能够起到缓解压力和疲劳的作用。

二、学习健美操

（一）健美操的基本动作

1. 健美操的基本站立

（1）立：包括直立、开立、点地立、提踵立。

（2）弓步：包括前弓步、侧弓步、后弓步。

（3）跪立：包括双腿跪立、单腿跪立。

2. 健美操的基本手型（图 13-1-1 ～图 13-1-4）

基本手型

图 13-1-1 并 掌

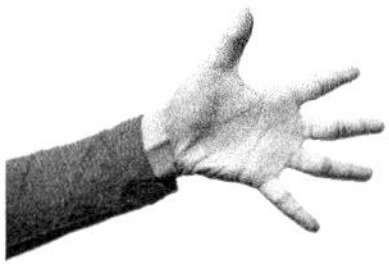

图 13-1-2 分 掌

图 13-1-3 花 掌

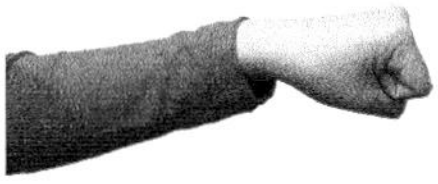

图 13-1-4 拳

3. 健美操的基本步法

（1）低冲击步法

①踏步类（图 13-1-5 ～图 13-1-10）

基本步法

图 13-1-5 踏 步

图 13-1-6 “一”字步

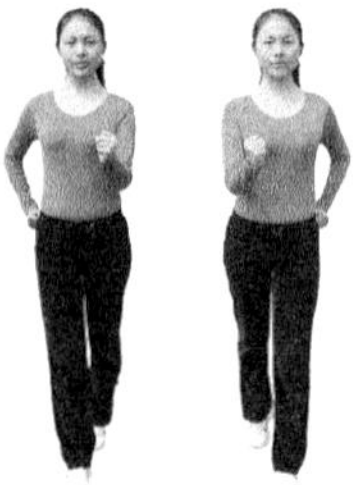

图 13-1-7 走 步

图 13-1-8 “V”字步

图 13-1-9　漫　步

图 13-1-10　“A”字步

② 点地类（图 13-1-11 ～图 13-1-14）

图 13-1-11　脚尖前点地

图 13-1-12　脚跟前点

图 13-1-13　脚尖侧点

图 13-1-14　脚尖后点

③ 迈步类（图 13-1-15 ～图 13-1-20）

图 13-1-15　并　步

图 13-1-16　迈步点地

图 13-1-17　迈步后点地

图 13-1-18　迈步屈腿

图 13-1-19　迈步吸腿

图 13-1-20　侧交叉步

④ 单脚抬起类（图 13-1-21 ～图 13-1-24）

图 13-1-21　吸　腿

图 13-1-22　踢　腿

图 13-1-23　弹踢腿

图 13-1-24　后屈腿

（2）高冲击步法

① 迈步跳起类（图 13-1-25 ～图 13-1-27）

图 13-1-25　并步跳

图 13-1-26　迈步吸腿跳

图 13-1-27　迈步后屈腿跳

② 双脚起跳类（图 13-1-28 ～图 13-1-31）

图 13-1-28　并腿纵跳

图 13-1-29　分腿半蹲跳

图 13-1-30　开合跳

图 13-1-31　弓步跳

③ 单腿起跳类（图 13-1-32 ～图 13-1-35）

图 13-1-32　吸腿跳

图 13-1-33　后屈腿跳

图 13-1-34　弹踢腿跳

图 13-1-35 侧摆腿跳

（3）无冲击步法（图 13-1-36 ～图 13-1-39）

图 13-1-36 弹 动

图 13-1-37 半 蹲

图 13-1-38 弓 步

图 13-1-39 提 踵

（二）大众健美操基础套路（第三套二级动作）

《全国大众健美操第三套二级规定动作》教学提示与动作图解如下。

（1）难度：中级。

（2）动作节拍：成套动作共 32 拍（4×8 拍）。前奏 2×8 拍。

（3）重点：健美操步法与上肢动作的协调。

（4）难点：跳操时的表现力与脚步动作的弹动性。

（5）动作图示与要领（图示都为第一个面即 12 点钟方向）。

第一组合

1×8 2×8		 1 2 3 4 5 6 7 8	
节 拍		下肢步法	上肢动作
一	1 ～ 4	右脚“十”字步	1 右臂侧举，2 左臂侧举，3 双臂上举，4 下举
	5 ～ 8	向后走 4 步	屈臂自然摆动，7 ～ 8 同 5 ～ 6
二	1 ～ 8	动作同第一个八拍，但向前走 4 步	

健美操套路

3×8	 1～2　3　4～5　6　7～8		
节拍		下肢步法	上肢动作
三	1～6	右脚开始 6 拍漫步	1～2 右手前举，3 双手叉腰，4～5 左手前举，6 双手胸前交叉
	7～8	右脚向后 1/2 后漫步	双臂侧后下举
4×8	 1～2　3～4　5～6　7～8		
节拍		下肢步法	上肢动作
四	1～2	右脚向右并步跳	屈左臂自然摆动
	3～8	左脚向右前方做前、侧、后 6 拍漫步	3～4 前平举弹动 2 次，5～6 侧平举，7～8 后斜下举
第五至第八个八拍动作同第一至第四个八拍，但方向相反			

第二组合

1×8	 1～2　3～4　5　6　7　8		
节拍		下肢步法	上肢动作
一	1～2	右脚向右侧滑步	右臂侧上举，左臂侧平举
	3～4	1/2 后漫步	双臂屈臂后摆
	5～8	左脚向后方做并步，右脚向右后方做并步	5～6 击掌 3 次，7～8 双手叉腰

<table>
<tr><td colspan="2">2×8</td><td colspan="2">
1　2　3　4　5～6　7～8</td></tr>
<tr><td colspan="2">节　拍</td><td>下肢步法</td><td>上肢动作</td></tr>
<tr><td rowspan="3">二</td><td>1～4</td><td>左脚向左后方做并步，右脚向右前方做并步</td><td>1～2 击掌 3 次，3～4 双手叉腰</td></tr>
<tr><td>5～6</td><td>左脚向左侧滑步</td><td>左臂侧上举，右臂侧平举</td></tr>
<tr><td>7～8</td><td>1/2 后漫步</td><td>双臂屈臂后摆</td></tr>
<tr><td colspan="2">3×8</td><td colspan="2">
1　2　3　4　5　6　7　8</td></tr>
<tr><td colspan="2">节　拍</td><td>下肢步法</td><td>上肢动作</td></tr>
<tr><td rowspan="2">三</td><td>1～4</td><td>右转 90°，左脚上步吸腿 2 次</td><td>双臂向前冲拳、向后下冲拳 2 次</td></tr>
<tr><td>5～8</td><td>左脚“V”字步左转 90°</td><td>双臂由右向左水平摆动</td></tr>
<tr><td colspan="2">4×8</td><td colspan="2">
1　2　3　4　5　6　7　8</td></tr>
<tr><td colspan="2">节　拍</td><td>下肢步法</td><td>上肢动作</td></tr>
<tr><td rowspan="2">四</td><td>1～4</td><td>左腿吸腿（侧点地）2 次</td><td>1 双臂胸前平屈，2 左臂上举，3 同 1 动作，4 还原</td></tr>
<tr><td>5～8</td><td>5～8 同 1～4，但方向相反</td><td></td></tr>
<tr><td colspan="4">第五至第八个八拍动作同第一至第四个八拍，但方向相反</td></tr>
</table>

第三组合

<table>
<tr><td colspan="2">1×8</td><td colspan="2">
1 2 3 4 5 6 7 8</td></tr>
<tr><td colspan="2">节　拍</td><td>下肢步法</td><td>上肢动作</td></tr>
<tr><td rowspan="2">一</td><td>1～4</td><td>右脚侧并步跳，4 拍时右转 90°</td><td>双臂上举、下拉</td></tr>
<tr><td>5～8</td><td>左脚侧交叉步</td><td>双臂屈臂自然摆动，8 双臂侧下举，上体向左扭转 90°，朝正前方</td></tr>
<tr><td colspan="2">2×8</td><td colspan="2">
1 2 3 4 5 6 7 8</td></tr>
<tr><td colspan="2">节　拍</td><td>下肢步法</td><td>上肢动作</td></tr>
<tr><td rowspan="2">二</td><td>1～4</td><td>向右侧并步跳，4 拍时右转 90°</td><td>双臂上举、下拉</td></tr>
<tr><td>5～8</td><td>左脚开始侧并步 2 次</td><td>5～6 右臂前下举，7～8 左臂前下举</td></tr>
<tr><td colspan="2">3×8</td><td colspan="2">
1 2 3 4 5～6 7～8</td></tr>
<tr><td colspan="2">节　拍</td><td>下肢步法</td><td>上肢动作</td></tr>
<tr><td rowspan="2">三</td><td>1～4</td><td>左脚向前“一”字步</td><td>1 双臂肩侧上屈，2 双臂下放，3～4 双臂胸前屈</td></tr>
<tr><td>5～8</td><td>左、右依次分并腿</td><td>5～6 双臂上举掌心朝前，7～8 双手放膝上</td></tr>
</table>

4×8	 1 2 3 4 5 6 7 8		
节 拍		下肢步法	上肢动作
四	1～4	左脚向后“一”字步	1～2 手侧下放，3～4 胸前交叉
	5～8	左、右依次分并腿 2 次	双臂经胸前交叉侧上举 1 次、侧下举 1 次
第五至第八个八拍动作同第一至第四个八拍，但方向相反			

第四组合

1×8	 1 2 3～4 5 6 7～8		
节 拍		下肢步法	上肢动作
一	1～8	右脚开始小马跳 4 次，向侧向前成梯形	1～2 单臂体侧向内绕环，3～4 换左臂，5～8 同 1～4
2×8	 1 2 3 4 5～6 7 8		
节 拍		下肢步法	上肢动作
二	1～4	向右后弧形跑 4 步，右转 270°	屈臂自然摆动
	5～8	开合跳 1 次	5～6 双手放腿上，7 击掌，8 放于体侧

3×8		 1 2 3 4 5 6 7 8	
节　拍		下肢步法	上肢动作
三	1～4	左脚向左前上步后屈腿	1 双臂胸前交叉，2 右臂侧举、左臂上举，3 同 1，4 双手叉腰
	5～8	右转 90°，左脚向前上步后屈腿	动作同 1～4，但方向相反
4×8		 1 2 3 4 5 6 7 8	
节　拍		下肢步法	上肢动作
四	1～4	右、左侧各点地 1 次	1 右手左前下举，2 双手叉腰，3～4 动作同 1～2，但方向相反
	5～8	右脚上步向前转脚跟，还原	5 双臂胸前平屈，6 前推，7 同 5，8 放于体侧
第五至八个八拍动作同第一至四个八拍，但方向相反			

模块 2　瑜　伽

一、了解瑜伽

（一）瑜伽的起源与发展

瑜伽百科

“瑜伽”这个词，是从印度梵语“Yoga”音译而来，其含意为“一致”“结合”或“和谐”。瑜伽姿势是一个运用古老而易于掌握的方法，提高人们生理、心理方面的能力，以达到身体、心灵与精神和谐统一的运动形式。

瑜伽起源于印度，距今已有 5000 多年的历史，其发源于印度北部的喜马拉雅山麓地带。古印度修行者在大自然中修炼身心时，无意中发现各种动物与植物天生具有治疗、放松、睡眠或保持清醒的能力，患病时能不经任何治疗而痊愈。于是古印度修行者根据动物的姿势观察、模仿并亲自体验，创立出一系列有益身心的锻炼系统，也就是体位法。这些姿势历经了 5000 多年的演变，逐步衍化出一套理论完整、确切实用的养生健身体系，这就是瑜伽。

近现代，瑜伽在印度得到了迅速的传播与发展，如今瑜伽已经是印度人民生活中不可缺少的部分，是印度人民普及性最高的强身健体与拓展心灵智慧的运动。印度还有很多专门研究瑜伽的机构与培养瑜伽专业人员的学校，越来越多的瑜伽师赴世界各地收徒授艺，将瑜伽在全世界传播。

随着中国瑜伽热潮的迅速升温，越来越多的爱美人士开始对瑜伽产生了较浓厚的兴趣。中国各大健身会所也将瑜伽作为一门重要的课程来吸引顾客。练习瑜伽已经成为一种时尚、一种生活方式。

（二）瑜伽的锻炼价值

（1）修身养性、调理身心。长期练习瑜伽能够使人达到心静，忘掉烦恼，更好地陶冶自己的情操，让自己更加充满自信、更加热爱生活。

（2）提升意识，发挥潜能。瑜伽通过疏理身体中堵塞的气流来调节紊乱的心绪，当心灵抛开烦躁、忧郁和压力而平静下来的时候，注意力会变得更加集中，洞察力变得更加深刻，人的智性得到提升。

（3）消除疲劳，舒缓压力。通过瑜伽的呼吸法，有意识的呼吸，得以排除体内的废气、虚火，消除紧张和疲劳。

（4）改善健康，延年益寿。通过瑜伽扭、挤、伸、拉的姿势，能畅通全身经络气血，活化脏腑，使细胞延迟衰老，使面色红润；还能增加血液循环，修复受损组织，使身体组织得到充分的营养。

（5）舒展身体，调节体重。借助瑜伽呼吸法与各种体位法的姿势，按摩身体内部器官，可促进血液循环，伸展僵硬的肌肉，使关节灵活，从根本上来改造人的体质，达到减肥的效果。

（三）瑜伽的主要派别

1. 古典瑜伽

瑜伽经过几千年的发展演变，已经衍生出很多派别。古典瑜伽包括智瑜伽、业瑜伽、哈他瑜伽、王瑜伽、昆达利尼瑜伽五大体系。智瑜伽提倡培养知识理念；业瑜伽倡导内心修行，引导更加完善的行为；哈他瑜伽包括精神体系和机体体系；王瑜伽更偏于意念和调息；昆达利尼瑜伽着重能量的唤醒与提升。这些不同体系理论的瑜伽，对于修习者来说都是通往精神世界的工具。

2. 密宗瑜伽

国外称之为怛特罗瑜伽，也称咒乘、持明乘、密乘、果乘、金刚乘。它是公元 7—12 世纪印度大乘佛教的部分派别与婆罗门教相结合的产物。

3. 阿斯汤嘎瑜伽

帕坦伽利《瑜伽经》里的八支行法，被阿斯汤嘎瑜伽奉为核心体系，是最古老的瑜伽练习体系。

4. 艾扬格瑜伽

艾扬格瑜伽被公认为最讲究体位的练习方法，它可以协调身体平衡，对疾病治疗效果很好，适合身体较硬的人、患者及术后、产后恢复的人。

5. 流瑜伽

流瑜伽，也有人称其为“流程瑜伽”。流瑜伽传自西方，是哈他瑜伽与阿斯汤嘎瑜伽的混合体。流瑜伽在欧美国家较为盛行，适合健康的年轻人以及想减肥排毒的人。

6. 热瑜伽

印度人比克若姆在美国创立了热瑜伽体系，一经推出便轰动了整个瑜伽界。热瑜伽对场地和温度的要求十分严格，练习者要在 38℃～42℃的高温环境下练习 26 个基本姿势，基本上 10 分钟后就会大汗淋漓。如果人患有动脉硬化、胆固醇过高、血压不正常，那么练习日常的高温瑜伽能舒缓这些问题。热瑜伽对于减肥、排毒、雕塑身材都有很好的效果，是比较流行的创新练习方法，适合身体健康、没有大病或者患病隐患的人。

7. 双人瑜伽

和个人修习相比，双人瑜伽更重视分享、交流和互助，在增加瑜伽乐趣的同时，练习者之间的爱、友情、信任、合作精神也随之提高。（图 13-2-1）

图 13-2-1

二、学习瑜伽

（一）入门与基础

1. 瑜伽的基本坐姿

（1）简易坐

坐姿，两腿向前伸直。屈双膝，两腿在小腿处交叉，双手抓住脚尖向后拉，膝关节下沉。

（2）半莲花坐

保持上体位，将左脚放到右大腿根部上。

（3）莲花坐

保持上体位，将右脚抽出，放于左大腿根部上。

简易坐

半莲花坐

莲花坐

2. 瑜伽常用手印

（1）智慧手印

食指抵住拇指中段，其余手指自然伸直。

（2）能量手印

无名指、中指和拇指自然相加，其余手指自然伸展。

（3）合十印

十指并拢，双手合掌，拇指相扣。

3. 瑜伽呼吸法

（1）腹式呼吸

仰卧，左手或右手放于肚脐上。吸气，将气息吸入腹部，使腹部扩张；呼气，腹部向内朝脊柱方向回收。

腹式呼吸

（2）胸式呼吸

仰卧，吸气，将气息吸入胸部，使胸部区域扩张，腹部向内收，呼气，气息下沉。

（3）完全式呼吸

把以上两种呼吸方法结合起来完成。

（二）瑜伽套路

1. 热身套路

动作名称及顺序：头部运动—肩部练习—肘部练习—脚趾练习—脚踝练习—半莲花膝部练习—动物放松功。

2. 初级瑜伽套路

（1）动作名称及顺序

山式—风吹树式—三角伸展式—三角侧伸展式—战士一式和战士二式—蹲式—简化脊柱扭动式—圣哲玛里琪第一式—猫伸展式—虎式—上抬腿式—犁式系列—挺尸式。

（2）动作详解

① 山　式

并腿站立，上体挺直双脚脚跟、大拇趾并拢。体重均匀分布在两腿。目视前方，双臂垂于体侧，指尖朝下（图 13-2-2），保持姿势 1 分钟。

② 风吹树式

接上体位，两脚打开与肩同宽。双臂于头顶合掌。（图 13-2-3）

十指交叉，翻转掌心向上。呼气，上体右侧屈，保持数秒，反侧练习。（图 13-2-4）

③ 三角伸展式

山式站立。双脚打开约 3 个肩宽，右脚外展 90° ，左脚内扣 30° ，两臂侧平举。（图 13-2-5）

呼气，身体右侧屈，右手指尖触地，两臂成一直线。转头看左手（图 13-2-6）。呼气，左手放下贴近耳根（图 13-2-7）。保持数秒，反侧练习。

图 13-2-2 图 13-2-3 图 13-2-4 图 13-2-5 图 13-2-6 图 13-2-7

④ 三角侧伸展式

预备势同“三角伸展式”。屈右膝，大腿平行于地面。双臂侧平举。

呼气，身体右侧屈，右手手掌于右脚外缘扶地，左手贴耳根（图 13-2-8），保持数秒。身体还原，反侧练习。

⑤ 战士一式和战士二式

战士一式：预备势同“三角伸展式”。屈右膝，大腿平行于地面，双臂侧平举。

身体右转（图 13-2-9）。呼气，头后仰，目视指尖。双臂于头顶上方合掌（图 13-2-10），保持数秒。呼气，上体前倾，保持数秒（图 13-2-11）。还原站姿，反侧练习。

战士二式：接战士一式。从基本站立式开始，呼气，转头看右手指尖，保持数秒。还原站姿，反侧练习。（图 13-2-12）

图 13-2-8 图 13-2-9 图 13-2-10 图 13-2-11 图 13-2-12

⑥ 蹲　式

山式站立，两脚宽于肩。两手于腹前十指相交，两臂下垂。（图 13-2-13）

呼气，屈膝下蹲。每降低一个高度，先恢复直立，再次下蹲，重心比前次略低。最后下蹲到两手略微高于地面，重复练习。（图 13-2-14、图 13-2-15）

⑦ 简化脊柱扭动式

坐姿，双腿伸直并拢，绷脚面；立腰，目视前方；双手于体侧打开。（图 13-2-16）

屈右膝，右脚放于左膝外侧（图 13-2-17）。左肘抵住右膝外侧，身体右转，双手于体侧打开（图 13-2-18），屏息数秒。还原坐姿，反侧练习。

图 13-2-13 图 13-2-14 图 13-2-15 图 13-2-16 图 13-2-17 图 13-2-18

⑧ 圣哲玛里琪第一式

接上体位，屈右膝，脚跟靠近臀部。（图 13-2-19）

上体前倾，右手由内向外抱住右腿，双手背后相扣（图 13-2-20），保持数秒。呼气，上体前屈，额头贴近左膝（图 13-2-21），保持数秒。还原坐姿，反侧练习。

图 13-2-19

图 13-2-20

图 13-2-21

⑨ 猫伸展式

跪立。双膝、双手着地成“四脚”姿势。目视前方。（图 13-2-22）

吸气抬头，塌腰翘臀（图 13-2-23），屏息数秒。呼气，低头含胸，拱背收腹（图 13-2-24），保持数秒，重复练习。

⑩ 虎　式

接上体位。右腿上抬，保持数秒。（图 13-2-25）

呼气，屈右膝，膝关节向前靠近胸部。低头拱背，鼻尖触膝（图 13-2-26），保持数秒。重复几次，反侧练习。

图 13-2-22

图 13-2-23

图 13-2-24

图 13-2-25

图 13-2-26

⑪ 上抬腿式

仰卧，两腿伸直并拢，两臂放于体侧。（图 13-2-27）

双腿离地，依次控腿与地面成 30°、60°、90°（图 13-2-28 ~ 图 13-2-30），每个高度保持数秒。缓慢还原，勿猛然落下双腿。休息片刻，重复练习。

图 13-2-27

图 13-2-28

图 13-2-29

图 13-2-30

⑫ 犁　式

仰卧，两腿伸直并拢。双臂放于体侧，掌心朝下。（图 13-2-27）

双掌按地，两腿举起垂直于地面（图 13-2-31）。呼气，两腿摆至头后，脚趾触地，双臂伸过头后。保持数秒，缓慢还原。（图 13-2-32、图 13-2-33）

图 13-2-31

图 13-2-32

图 13-2-33

⑬ 侧犁式

接上体位。双手推背，使背部垂直于地面（图 13-2-34）。呼气，双腿转向右方（图 13-2-35），保持数秒。呼气，双腿转向左方，保持数秒，恢复犁式。

⑭ 双角犁式

接上体位。双腿向两侧最大限度分开，保持数秒，恢复犁式。（图 13-2-36）

⑮ 挺尸式

放松姿势。仰卧，双腿自然放于地面，双臂放于体侧。（图 13-2-37）

图 13-2-34

图 13-2-35

图 13-2-36

图 13-2-37

模块 3 普拉提

一、了解普拉提

（一）普拉提的起源与发展

普拉提是“Pilates”的音译，是一种舒缓全身肌肉及提高人体躯干控制能力的运动。普拉提运动融合了西方注重肌肉和机能练习的“刚”，如腰、腹、背、胸等部位肌肉能力的练习，以及东方强调身心统一的“柔”，不局限场地，不拘泥动作，是一种使身心能获得适当协调的有氧运动。普拉提运动与其他有氧运动最大的不同就是，它是静态的，讲究呼吸协调，可以边运动边听柔和的音乐来进入冥想。

约瑟·普拉提（Joseph H. Pilates）于 1880 年出生于德国，童年时体弱多病，患有佝偻、哮喘以及风湿病，为了克服这些疾病，他曾经进行健美、体操等各种运动，并研习东西方不同类型的运动方法。普拉提曾利用不同的简单器械为病患者进行康复练习，他和医学专业人员一起进行研究，创造了一种独一无二的康复疗法。1923 年，约瑟·普拉提将这种练习方法带到了美国。在 20 世纪 30 年代，很多著名的舞蹈教练都信奉普拉提的练习方法。舞蹈演员都会因为演出而使身体受这样或那样的伤，这些伤往往需要经过一个很长的时间才能痊愈，而普拉提独特的练习方法却能够通过提供必要的辅助使受伤的身体尽快复原。因此，美国舞蹈协会的成员很快普遍地接受了普拉提，普拉提开始在身体复原的治疗中流行。20 世纪 90 年代，很多理疗师将普拉提运用于理疗的各个领域，其中包括外科、治疗慢性疼痛等。

（二）普拉提的锻炼价值

1. 增强背部柔软性

经常练习普拉提，可以使背部脊椎获得更多的支撑，使脊椎骨之间有更多的空隙，从而使背部更加柔软，变得灵活，还能避免脊椎退化等问题。

2. 塑造形体

长期练习普拉提，会使肌肉更加协调，形体更加优美，而且不会给关节带来任何压力，不会给关节周围的软骨和韧带带来任何损伤。

3. 调节心理

普拉提平缓稳定的动作可以促进身体循环系统的运转，缓解紧张情绪，让人感到平静、协调、有活力，起到调节心理的作用。

4. 提高身体平衡性

普拉提运动能够使人体细微处的肌肉得到锻炼，还能够提高背部肌肉神经的灵敏性，让脊椎变得更加柔软和强壮，从而提高身体的平衡性。

5. 减轻关节疼痛

普拉提运动通过拉伸动作刺激关节滑液的产生，让腿部、背部、颈部和肩部肌肉放松，缓解关节疼痛感和肌肉紧绷感，对治疗关节炎具有明显的效果。

（三）普拉提的基本要素

“专注、控制、重心、呼吸、流畅、准确、放松、持久”，这 16 个字是做好普拉提的基本要素。

（1）专注：训练时注意力集中，静静聆听身体的感觉。

（2）控制：动作到位，尽量达到教练要求的位置。

（3）重心：利用自身的重力带来的阻力，达到锻炼肌肉的效果。

（4）呼吸：注意呼吸的深度，尽可能使用腹式呼吸法。

（5）流畅：动作流畅，速度均匀。

（6）准确：姿势准确，效果更佳。

（7）放松：冥想时仔细感觉身体的部位。

（8）持久：有意识地收缩需要锻炼的肌肉，保持紧张感，消耗能量。

二、学习普拉提

（一）普拉提的呼吸原则

（1）用鼻子吸气，用嘴呼气，讲究呼气的深度，尽可能运用腹式呼吸的方法。

（2）呼吸的速度不宜太快，与动作的速度保持基本一致，不要憋气进行训练。

（3）运动时注意呼气，静止时注意吸气。这样可以缓解因肌肉用力而给身体内部所带来的压力。

（4）通过控制呼吸，把注意力集中在呼吸上，减少人对肌肉酸痛的敏感度。

（二）普拉提身体控制的原则

（1）动作运动的速度缓慢，延长肌肉控制的时间，较大程度地消耗身体各部位的能量，达到减脂、塑形的目的。

（2）把握好身体的姿态，使其能够长时间体会到训练带给身体的刺激。

（3）腹部和躯干的固定是普拉提训练的核心。

（三）普拉提基本动作

1. 单脚点和双脚点

【目标肌群】腹肌。

【动作要点】双脚点地时需要保持脊椎中立的位置，不用脚尖接触地面。如感到动作吃力，腿可抬到一半位置。（图 13–3–1）

图 13–3–1

2. 仰卧脊椎扭转

【目标肌群】腹肌及腹斜肌。

【动作要点】肩部放松，肩胛骨不要离开垫子，注意防止腰部过度弯曲（腰部有伤者不宜练习）。（图 13–3–2）

3. 百分百

【目标肌群】腹肌。

【动作要点】做动作时颈部放松，可单手托住头的后部。难度增加时改变双腿向下的角度，整个过程必须保持脊椎中立位状态。（图 13–3–3）

图 13–3–2

图 13–3–3

4. 卷 起

目标肌群：腹肌。

动作要点：卷动时匀速进行，身体呈C形，起来时脊椎一节一节离开地面，放下时再一节一节贴住地面，感受脊椎的活动性。（图 13-3-4）

图 13-3-4

5. 单腿画圈

【目标肌群】腹肌及髋内外旋肌群。

【动作要点】髋部及骨盆保持不动，画圈大小以骨盆的稳定为前提。（图 13-3-5）

6. 滚 动

【目标肌群】腹肌。

【动作要点】滚动时身体各部位角度不变，匀速滚动（腰伤者不能练习）。（图 13-3-6）

图 13-3-5

图 13-3-6

7. 单腿伸展

【目标肌群】腹肌。

【动作要点】腰、髋保持不动，单腿伸展是控制性的练习。头和肩抬起至肩胛骨下角。保持稳定的身体姿势，困难时可单手托头。（图 13-3-7）

8. 腹斜肌单腿交叉伸展

【目标肌群】腹斜肌。

【动作要点】两肘关节往远处展开，旋转到一侧的肋部位置时下压，另一侧肩胛骨的下角不可完全离开地面。（图 13-3-8）

图 13-3-7

图 13-3-8

9. 开屏式旋转

【目标肌群】腹肌。

【动作要点】腹部不要突起，需要时可屈膝。在增加动作难度时必须保持脊椎的中立位置，难度的增加是由双腿向下的角度而增加的。（图 13-3-9）

10. 锯式练习

【目标肌群】背伸展肌群、腹斜肌、腘绳肌。

【动作要点】背部挺直，脚尖勾起，后背尽量往远处伸展。（图 13-3-10）

图 13-3-9

图 13-3-10

11. 前置支撑抬腿

【目标肌群】髋伸展肌、背伸展肌群。

【动作要点】保持身体平板的姿势，保持肩胛的稳定和下沉。保持躯干和肩带的稳定性。（图 13-3-11）

12. 单腿踢

【目标肌群】背伸展肌群、腘绳肌。

【动作要点】肩部下沉，腹部向内收紧。（图 13-3-12）

图 13-3-11

图 13-3-12

13. 游泳式

【目标肌群】背伸展肌群。

【动作要点】腹部向内收紧，手臂和腿拍打的动作很小。颈部是后背的延长线，背部肌肉拉长。（图 13-3-13）

14. 侧　踢

【目标肌群】腹肌。

【动作要点】腿向前或向后时，躯干保持不变。动作过程中如身体不稳，脚可指向 45° 。（图 13-3-14）

图 13-3-13

图 13-3-14

15. 侧弯和转体

【目标肌群】腹肌、腹斜肌、肩部肌肉群。

【动作要点】起时腹部收紧，落下时控制轻回。初学者可用肘关节支撑完成练习。（图 13-3-15）

图 13-3-15

16. 美人鱼

【目标肌群】腹肌、侧腰肌。

【动作要点】动作时两边坐骨没有离开地面，向一侧弯时，内侧肌肉拉长。（图 13-3-16）

图 13-3-16

17. T 式挑战准备

【目标肌群】腹肌、背伸展肌群。

【动作要点】身体均匀卷起，脊椎一节节离开地面，两膝盖并拢（卷启动作完成不了的不宜做这个动作）。（图 13-3-17）

图 13-3-17

18. 海狮滚动

【目标肌群】腹肌。

【动作要点】保持身体屈度不变，放松肩部，双眼看见脚部。（图 13-3-18）

图 13-3-18

模块 4 形体训练

一、了解形体训练

（一）形体训练的定义

形体训练是指人们为达到形体优美的目的，运用徒手或器械等专门手段和综合性的锻炼方法，达到增强体质、完美体形、端正姿态、培养风度目的的一种体育锻炼形式。形体训练起源于芭蕾、舞蹈、体操的基本功训练。它不像健美运动那样强调发达肌肉，而是在先天形体的基础上，通过舞蹈基础练习使体形匀称发展，使仪表姿态变

形体百科

得更加优雅端庄。形体训练有狭义和广义之分：狭义的形体训练为形体美的训练；广义的形体训练则把所有规范形体动作的练习都叫作形体训练，如站立、行走、坐姿、迎宾、礼仪等。

（二）形体训练的锻炼价值

1. 塑造优美的体型，培养正确的体态

人的体型主要是由骨骼、关节和肌肉组成。骨骼、关节和肌肉发育正常与否，会影响一个人的体型。由于形体训练内容丰富，能全面发展身体，因而经常进行练习能使骨密质增厚、骨径变粗、骨周围的血液循环得到改善，加强了骨的新陈代谢，从而使其在形态结构上趋于理想化。

形体训练可使关节周围的肌肉富有弹性，力量增强，从而增强关节的稳固性；同时由于形体训练有许多伸展柔韧性练习，可使关节囊、韧带和关节周围的肌肉伸展性增大，使身体曲线达到更加理想的标准，又可提高关节的灵活性。

2. 培养高雅的气质和风度

气质是人的个性特征之一，风度是人的言谈举止和态度良好的表现。不同的运动项目对于人的气质、风度的形成有不同的影响。形体训练能培养高雅的气质和风度，这是因为形体美本身包含着人的精神、气质、风度及涵养。人们在形体训练中，把握好精、气、神，就会逐渐形成一种高雅的气质和风度。

3. 增强体质，提高身体素质

形体训练多采用舞蹈基本功练习，它有多种训练形体姿态的专业性练习，有利于发展身体肌肉力量，提高协调性和增强心肺功能。形体训练方式的多样性，决定了它对身体影响的全面性，可达到增强体质、提高身体各种素质的目的。

二、学习形体训练

（一）形体基础训练

1. 基本手位

一位：两臂圆屈下垂，指尖相隔几厘米；二位：两臂圆屈向前抬起，正对下肋；三位：两臂圆屈上举，指尖相隔几厘米；四位：一臂成三位，一臂成二位；五位：一臂成三位，一臂向旁打开；六位：一臂成二位，一臂向旁打开；七位：两臂圆屈向旁边平举，前臂与肘同高。（图 13-4-1）

一位手　二位手　三位手　四位手　五位手　六位手　七位手

图 13-4-1

2. 基本脚位

一位：两脚完全外开，脚跟紧贴着站成一条横线；二位：由一位两脚分开，相隔一脚距离；三位：一脚位于另一脚的前面，脚跟紧贴着另一脚的中央；四位：由三位脚前后分开，相距一脚的距离；五位：两脚外开，向后紧贴，脚尖与另一个脚的脚跟对齐。（图 13-4-2）

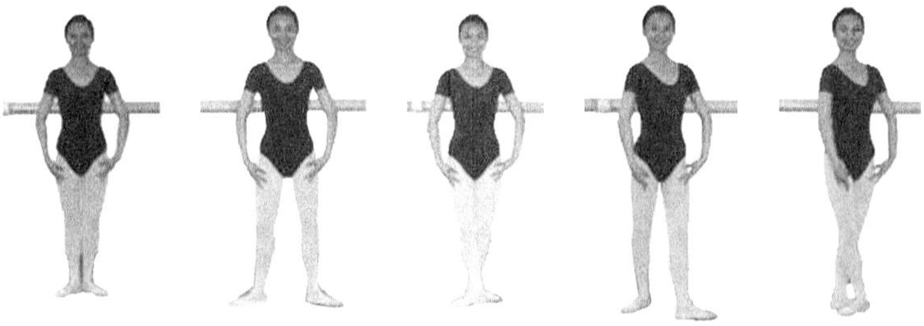

一位脚　二位脚　三位脚　四位脚　五位脚

图 13-4-2

3. 基本方位

当你站在场地中央时，假充从你的前、后、左、右会放射出 8 条射线，这就是我们通常所说的 8 个方向点，正前方为 1 点，沿顺时针方向分别是 2 ～ 8 点。（图 13-4-3）

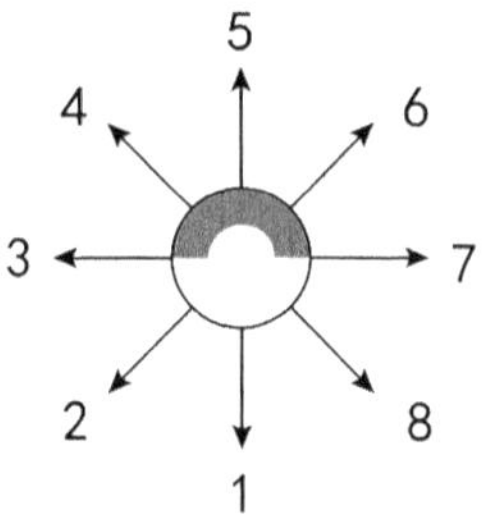

图 13-4-3

4. 把杆练习

（1）站：双手扶把，双脚一位，身体成一条直线。（图 13-4-4）

（2）立：双手扶把，双脚一位，用脚尖将身体推向最高点，身体成一条直线。（图 13-4-5）

（3）蹲：双手扶把，双脚一位，双膝外展，被动屈膝，身体成一条直线。（图 13-4-6）

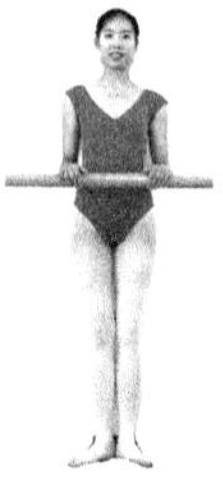

图 13-4-4　图 13-4-5　图 13-4-6

蹲

擦　地

（4）擦地：站，脚一位，向前擦地出去，保持外开，两胯外开，双膝绷直，即前

擦地。在擦地的过程中，注意收紧臀大肌，大腿尽量转开，内侧肌夹紧。向侧、向后擦地要领同向前擦地。（图 13–4–7）

（5）小踢腿：右腿经擦地向前踢出 25° 左右，再点地收回成前五位，即向前小踢腿。动作要有爆发力，停顿准确，脚绷直。向侧、向后小踢腿要求同向前小踢腿。（图 13–4–8）

图 13–4–7

图 13–4–8

（6）画圈：以左腿为重心，右腿经过前擦地，向外画圈到体侧脚点地，做前画圈动作，还原时经过旁擦还原，注意保持腿的外开，两胯放松。后画圈方向相反。（图 13–4–9）

画 圈

图 13–4–9

（二）体态美感训练

1. 站姿训练

动作要领如下：

头正：两眼平视前方，嘴微闭，收颌梗颈，表情自然，稍带微笑。

肩平：两肩平正，微微放松，稍向后下沉。

臂垂：两肩平正，两臂自然下垂，中指对准裤缝，或右手搭在左手上直立。这种站姿，男子可以两脚分开，距离不超过 20 厘米。女子可以用小丁字步，即一脚稍微向前，脚跟靠在另一脚内侧足弓处。

2. 蹲姿训练

（1）动作要领

上体保持直立，下蹲时臀朝下。女士双腿要保持并拢，男士双腿可适度分开。重心放于后脚上。注意主动肌与对抗肌及协同肌力量的控制，以保持身体的轻盈与平衡。

（2）高低式蹲姿

高低式蹲姿是日常生活中最常用的一种蹲姿。它的基本特征是：下蹲时上体直立，左脚完全着地，小腿基本上垂直于地面；右脚前脚掌着地，脚跟提起。此时右膝低于左膝，右膝内侧可靠于左小腿的内侧，形成左膝高右膝低的姿态。基本上用右腿支撑身体。（图 13–4–10、图 13–4–11）

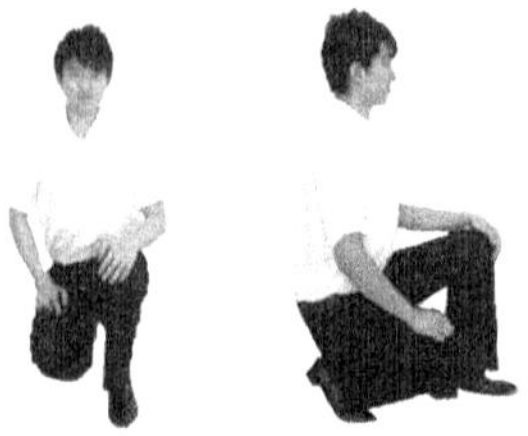

图 13–4–10

图 13–4–11

3. 行姿训练

（1）动作要领

头正，双目平视，收颌，表情自然、平和。两肩平稳，防止上下前后摇摆。双臂以上臂带动前臂前后自然摆动，向前摆幅在 30°，后摆不超过臀部的后缘，两手自然弯曲，在摆动中离开双腿不超过一拳的距离。躯挺，收腹立腰，重心及时前移。（图 13–4–12）

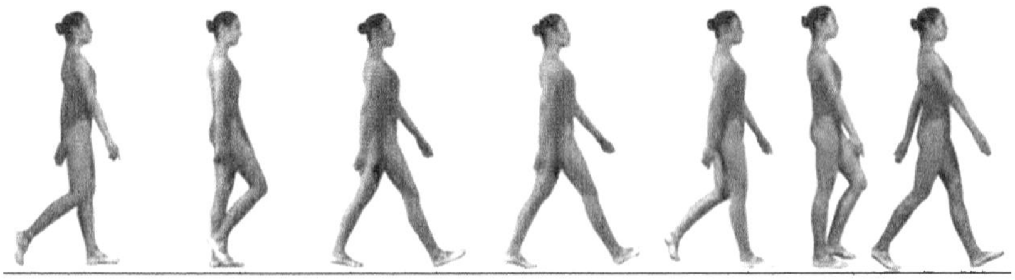

图 13–4–12

（2）步　位

男子行走时的步位一般要求两脚跟先着地，两脚尖略外展，两脚跟交替落在两条平行线上（图 13–4–13）；女子行走时的步位要求脚跟先着地，两脚尖略外展，两脚跟内侧交替落在一条直线上（图 13–4–14）。若女子的步位走在两条平行线上，臀部会失去摆动，腰部会显得僵硬，从而失去步态的优美。

图 13–4–13

图 13–4–14

（3）步　速

对于个人来讲，在不同的场合与环境中，步速可以有变化，但在某种特定的场合中应当使步速保持相对均匀与平稳，不要忽快忽慢。在正常情况下，步速要自然舒缓，这样会显得成熟、自信。

（4）步　幅

步幅，又叫步度。它是指人们每走一步时，两脚脚心之间的正常距离。步幅的大小往往因人而异，以空乘人员的走姿训练为例，行进时最佳的步幅应为本人两脚的长度（图 13–4–15），即男子每步约 60 厘米，女子每步约 50 厘米。行进中步幅的大小应当大体保持一致。

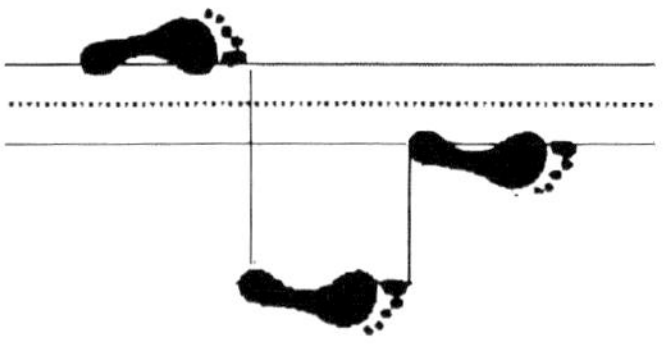

图 13-4-15

4. 坐姿训练

（1）动作要领

①入　座

入座时，轻盈地走到座位前，转身背对椅子，双脚成小丁字步，后脚稍后撤，使脚触及椅子以感觉椅子的存在，身体稍前倾，向下落座。如果穿的是裙装，在落座时要用双手由臀后从上至下整理裙装，以防坐出皱折或因裙子被打褶坐住，而使腿部裸露过多。（图 13-4-16）

图 13-4-16

②坐　姿

上体直立坐，头正目平，嘴微闭，面带微笑；胸微挺，腰伸直，腰部微靠椅背（或只坐椅子 2/3 处）；两腿自然弯曲，小腿与地面基本垂直，两脚平落于地面，双膝并拢（女士）或分开（男士），臀部坐在椅子中央，两手置于大腿上。（图 13-4-17）

③起　立

起立时，一脚先向后收半步，然后站起。离开时，再向前走一步，然后自然轻声地离开座位。（图 13-4-18）

图 13-4-17

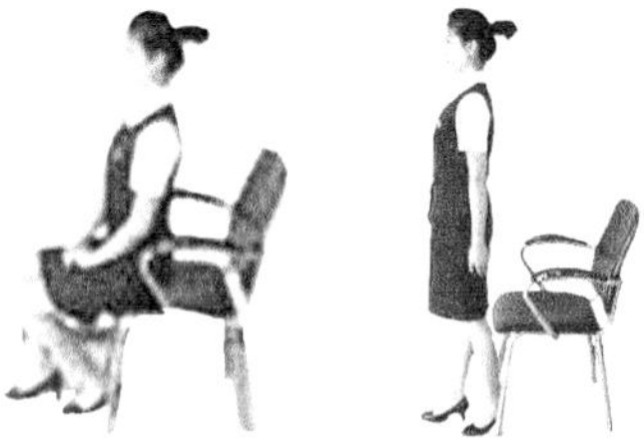

图 13-4-18

（2）端　坐

坐下后，上身挺直，双肩平正，两臂自然弯曲，女士两手交叉叠放在两腿中部并靠近小腹。两膝并拢，小腿垂直于地面，两脚尖保持朝前。男士双手放在双腿上，双

脚打开与肩同宽。（图 13–4–19）

（3）侧　坐

两小腿向左斜出，两膝并拢，右脚跟靠拢左脚内侧，右脚掌着地，左脚尖着地，头和身躯向左倾斜。注意大腿与小腿之间成 90° 角，小腿要充分伸直，尽量显示小腿长度。（图 13–4–20）

（4）休闲坐

女士在侧坐基础上，左小腿后屈，脚绷直，脚掌内侧着地，右脚提起，用脚面贴住左踝，膝和小腿并拢，上身右转。男士在标准式坐姿的基础上，两腿向前，一条腿提起，腘窝落在另一腿的膝关节上边。要注意上边的腿向里收，贴住另一腿，脚尖自然下垂。（图 13–4–21）

图 13–4–19

图 13–4–20

图 13–4–21

模块 5　啦啦操

一、了解啦啦操

（一）啦啦操的起源与发展

啦啦操作为体育运动竞赛项目是一个新兴体育项目，但其起源于美国，遍布美国的篮球、橄榄球、棒球、游泳、田径、摔跤等比赛现场，至今已经有 100 多年的历史。啦啦操最初是为美式足球呐喊助威的活动，发展到现在已成为世界范围内的一项独立的体育运动。啦啦操运动可以追溯到原始部落时期，在早期的部落社会中，族人为了激励外出打仗或打猎的战士们，通常会举行一种仪式，在仪式中族人用欢呼、手舞足蹈的表演来激励战士，并希望他们能够凯旋。

到了 20 世纪初，扩音器在啦啦操运动中的使用开始流行。1920 年，啦啦操队员还使用了鼓和其他发声设施。20 世纪 20 年代，女性开始积极参加啦啦操运动。20 世纪 30 年代，中学和大学开始表演花球套路，使用纸质绒球表演啦啦操，其仍然是最广泛、最被认可的啦啦操道具。20 世纪 70 年代，除了为传统的橄榄球队和篮球队助威之外，啦啦队还开始为所有的学校体育比赛服务。

1980 年，统一的啦啦操标准建立，出于安全考虑，排除了许多危险的翻转和叠罗汉动作。1991 年，世界足球联盟建立，使美式足球和啦啦队在国际传播。20 世纪 90

年代，出现了全明星队，队员从小就开始练习体操动作，训练只是为了比赛。世界啦啦队协会（WCA）成立于 1995 年。国际啦啦操联盟（ICF）于 2001 年举行了第 1 届国际啦啦队锦标赛，啦啦操正式晋升为世界性竞技运动。1998 年，国际啦啦操联盟成立，其成员国有：澳大利亚、丹麦、芬兰、德国、匈牙利、日本、挪威、俄罗斯、塞尔维亚、斯洛文尼亚、瑞典、乌克兰、英国、美国等。

（二）啦啦操的分类

我国啦啦操的分类方式较多，分类的方法也各有不同，较为常见的是将啦啦操分为竞赛性啦啦操和表演性啦啦操。其中，竞赛性啦啦操分为技巧啦啦操和舞蹈啦啦操，技巧啦啦操可分为集体技巧啦啦操、五人配合技巧啦啦操和双人配合技巧啦啦操等，舞蹈啦啦操也可分为花球啦啦操、街舞啦啦操和爵士啦啦操等。

二、学习啦啦操

（一）基本手位

基本手位

啦啦操运动的基本动作为 32 位手位，均有统一的动作规格、速度和力度。进行手位练习时应注意：手臂移动快速并有控制；手臂运动选取最短路径，短杠杆发力；下肢扎实，髋关节向前微倾，腰腹收紧。（图 13-5-1）

1. 上 A　2. 下 A　3. 高 V　4. 倒 V　5. 加油　6. T

7. 短 T　8. W　9. 上 L　10. 下 L　11. 斜线　12. K

13. 侧 K　14. 弓箭　15. 小弓箭　16. 短剑　17. 侧上冲

图 13-5-1

（二）常用的几种手型

啦啦操中的手型有多种，是从芭蕾舞、现代舞、迪斯科、武术中吸收和发展的。手型是手臂动作的延伸和表现，运用得好，会使啦啦操动作更加丰富多彩、生动活泼，更具有感染力。

手 型

（1）并拢式：五指伸直，相互并拢。拇指微屈，指关节贴于食指旁。（图 13-5-2）

（2）分开式：五指用力伸直，充分张开。（图 13-5-3）

图 13-5-2

图 13-5-3

（3）芭蕾手式：五指微屈，后三指并拢、稍内收，拇指内扣。（图 13-5-4）

（4）拳式：握拳，拇指在外，指关节弯曲，紧贴于食指和中指。（图 13-5-5）

（5）立掌式：五指伸直，手掌用力上翘。（图 13-5-6）

图 13-5-4

图 13-5-5

图 13-5-6

（三）下肢基本动作（图 13-5-7）

直　立　　开　立　　弓　步　　侧弓步

小弓步　　锁　步　　吸　腿

图 13-5-7

三、花球啦啦操规定动作示范

组合一（共 4×8 八拍）

第一个八拍动作

1　　2　　3　　4　　5、6　　7、8

	节　拍	1	2	3	4	5	6	7	8
	步　法	右脚开始向前走三步			左脚并于右脚	右脚在前小弓步		并腿站立	
手　臂	右	加　油			加　油	高　V		加　油	
	左								
手　型	右	拳							
	左								

第三个八拍同第一个八拍，动作相同，方向相反。

第二个八拍动作

1　2　3、4　5　6　7、8

	节 拍	1	2	3	4	5	6	7	8
	步 法	右脚侧迈并左右动髋			开 立	马 步		并腿站立	
手 臂	右	侧上冲拳两次			侧上冲拳	向内绕环一周		短 T	
	左					叉 腰			
手 型	右	拳							
	左								

第四个八拍同第二个八拍，动作相同，方向相反。

组合二（4×8 八拍）

第一个八拍动作

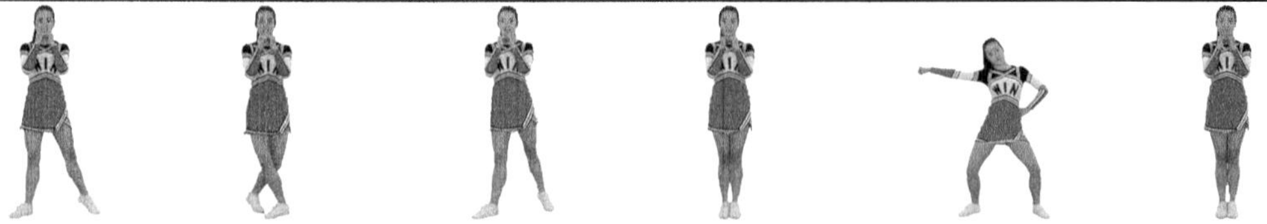

1　2　3　4　5、6　7、8

	节 拍	1	2	3	4	5	6	7	8
	步 法	后交叉步				右脚侧迈成马步		并腿站立	
手 臂	右	加 油				向侧直臂绕环		加 油	
	左					叉 腰			
手 型	右	拳							
	左								

第三个八拍同第一个八拍，动作相同，方向相反。

第二个八拍动作

1　2　3　4　5、6　7、8

	节 拍	1	2	3	4	5	6	7	8
	步 法	右脚向后漫步		并腿站立		并腿半蹲		并腿半蹲	
手 臂	右	双手两侧画圆		加 油		T		下 M	
	左								
手 型	右	拳							
	左								

第四个八拍同第二个八拍，动作相同，方向相反。

组合三（4×8 八拍）

第一个八拍动作

1、2　3、4　5　6　7　8

	节拍	1	2	3	4	5	6	7	8
	步法	右脚侧点地		并腿站立		左脚侧迈	并腿	左脚侧迈	并腿
手臂	右	斜下冲拳		加油		上 A	加油	上 A	加油
	左								
手型	右	拳							
	左								

第三个八拍同第一个八拍，动作相同，方向相反。

第二个八拍动作

1　2　3　4　5　6　7　8

	节拍	1	2	3	4	5	6	7	8
	步法	吸右腿	并腿	踢右腿	并腿	吸左腿	并腿	踢左腿	并腿
手臂	右	T				下 M			
	左								
手型	右	拳							
	左								

第四个八拍同第二个八拍，动作相同，方向相反。

组合四（4×8 八拍）

第一个八拍动作

1　2　3　4　5　6　7　8

	节拍	1	2	3	4	5	6	7	8
	步法	右脚开始向前走 3 步			左脚并于右脚	分腿站立		马步	并腿站立
手臂	右	从低 V 到高 V			高 V	下 M		下 M	下 H
	左								
手型	右	拳							
	左								

第三个八拍同第一个八拍，动作相同，方向相反。

第二个八拍动作

1　2　3　4

	节拍	1	2	3	4	5	6	7	8
	步法	右脚侧迈成马步		并腿站立		左脚侧迈成马步		并腿站立	
手臂	右	斜线		下 H		斜线		下 H	
	左								
手型	右	拳							
	左								

第四个八拍同第二个八拍，动作相同，方向相反。

组合五 (4×8 八拍)

第一个八拍动作

1　2　3　4　5　6　7、8

	节拍	1	2	3	4	5	6	7	8
	步法	右脚开始向前走三步			左脚并于右脚	分腿站立左右摆动		分腿站立	
手臂	右	短剑		高冲拳		斜上冲拳	侧上冲拳	斜上冲拳	
	左								
手型	右	拳							
	左								

第三个八拍同第一个八拍，动作相同，方向相反。

第二个八拍动作

1、2　3、4　5、6　7、8

	节拍	1	2	3	4	5	6	7	8
	步法	右脚侧迈成侧弓步		左脚侧迈成侧弓步		马步		并腿站立	
手臂	右	倒 L		倒 L		T		下 H	
	左								
手型	右	拳							
	左								

第四个八拍同第二个八拍，动作相同，方向相反。

组合六（共 4×8 八拍）

第一个八拍动作

1　2　3　4　5、6　哒　拍　7　哒　拍　8

	节　拍	1	2	3	4	5	6	7	8
	步　法	右脚并步后点		左脚并步后点		分腿顶右胯		顶胯两次	
手　臂	右	T	斜下冲拳	T	斜下冲拳	侧下冲拳		侧下冲拳	
	左								
手　型	右	拳							
	左								

第二个八拍动作

1、2　3、4　5　6　7　8

	节　拍	1	2	3	4	5	6	7	8
	步　法	右脚向前上步		并　腿		右脚向前上步	并 腿	右脚向前上步	并　腿
手　臂	右	向后绕环				向后绕环		向后绕环	
	左	前平举				前平举		前平举	
手　型	右	拳							
	左								

第三个八拍动作

1、2　3、4　5、6　7、8

	节　拍	1	2	3	4	5	6	7	8
	步　法	分腿站立		分腿站立		小弓步		并腿站立	
手　臂	右	平举 A		加　油		放于右腿上		下　H	
	左								
手　型	右	拳							
	左								

第四个八拍动作

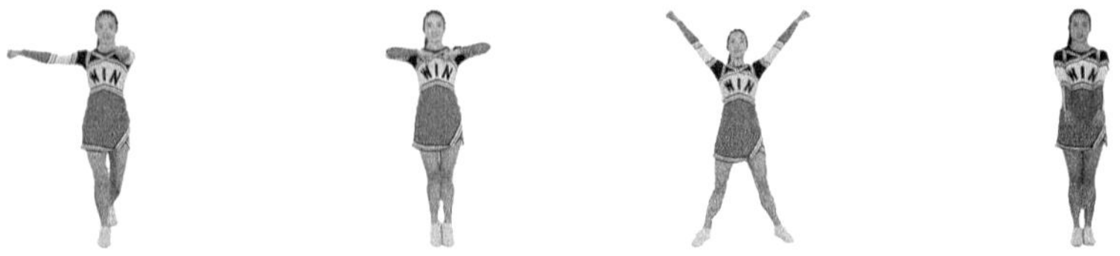

1、2　　3、4　　5、6　　7、8

	节 拍	1	2	3	4	5	6	7	8
	步 法	右脚向前小弓步		立转一周		分腿站立		并腿站立	
手 臂	右	L		短 T		双手经侧打开		下 H	
	左								
手 型	右	拳							
	左								

组合七（共 4×8 八拍）

第一个八拍动作

1、2　　3、4　　5、6　　7、8

	节 拍	1	2	3	4	5	6	7	8
	步 法	分腿站立		分腿站立		分腿站立		移动重心	
手 臂	右	短 T		高 V		放花球		肩侧屈	
	左							叉 腰	
手 型	右	拳							
	左								

第二个八拍动作

1　　2　　3　　4　　5、6　　7、8

	节 拍	1	2	3	4	5	6	7	8
	步 法	右脚开始走 4 步				小弓步		并腿站立	
手 臂	右	低 V		低 V		K		下 H	
	左								
手 型	右	拳							
	左								

第三个八拍动作

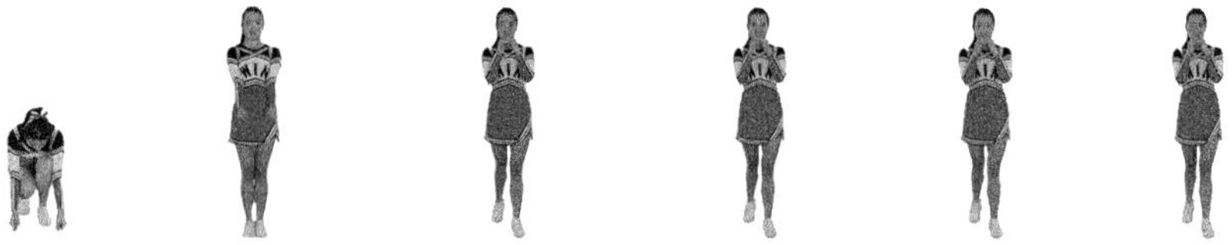

1、2　3、4　5　6　7　8

	节　拍	1	2	3	4	5	6	7	8
	步　法	全　蹲		并腿站立		走 4 步			
手　臂	右	捡花球		下　H		加　油			
	左								
手　型	右	拳							
	左								

第四个八拍动作

1、2　3、4　5、6　7、8

	节　拍	1	2	3	4	5	6	7	8
	步　法	并腿半蹲		并腿站立		分腿半蹲		并腿站立	
手　臂	右	扶　膝		下　H		扶　膝		下　H	
	左								
手　型	右	拳							
	左								

组合八（共 4×8 八拍）

第一个八拍动作

1　2　3　4　5　6　7　8

	节　拍	1	2	3	4	5	6	7	8
	步　法	右脚开始走 4 步				分腿站立			并腿站立
手　臂	右	下　M				前平举	短　T	前平举	短　T
	左								
手　型	右	拳							
	左								

第三个八拍同第一个八拍，动作相同，方向相反。

第二个八拍动作

1、2　　3、4　　5、6　　7、8

	节　拍	1	2	3	4	5	6	7	8
	步　法	并腿站立		半　蹲		分腿小跳		并腿站立	
手　臂	右	T		放于腿上		高　V		下　H	
	左								
手　型	右	拳							
	左								

第四个八拍同第二个八拍，动作相同，方向相反。

模块 6　体育舞蹈

一、了解体育舞蹈

体育舞蹈百科

（一）体育舞蹈的起源与发展

体育舞蹈起源于欧美传统交谊舞蹈。据资料记载，体育舞蹈起源于古代土风舞，经历了对舞、圈舞、行列舞、集体舞等演变形式。19 世纪末 20 世纪初，在北美和南美出现了布鲁斯、慢四步、慢华尔兹、狐步等舞蹈。1924 年，英国皇家舞蹈教师协会集中了交谊舞专家，将各种舞蹈的舞姿、舞步、跳法加以规范，从而形成了比较统一的舞蹈，并举行了大型的舞蹈比赛。此后，交谊舞蹈在世界舞坛上影响越来越大，并受到了世界各国的重视。

20 世纪 30 年代，国际标准交谊舞传入中国，在 20 世纪 80 年代发展较快。1986 年，文化部（现为中华人民共和国文化和旅游部）宣布成立了中国国际标准舞学会，1987 年举办首届全国国际标准交谊舞比赛，此后每年举办一届。1991 年举行了首届全国体育舞蹈锦标赛。中国是世界舞蹈理事会的准会员、国际体育舞蹈联合会的正式会员。每年一届的青少年体育舞蹈锦标赛，参赛人数多达 3000 人。

（二）体育舞蹈的锻炼价值

体育舞蹈运动是一项新兴的体育项目，是体育与舞蹈的结合，具有运动与艺术的双重性。体育舞蹈极富时代气息，具有健身价值、欣赏价值和社会价值。

1. 健身价值

（1）健美体型。经常参加体育舞蹈锻炼，可以对人的形体进行“生物学”改造，使型体符合一定的健美标准。还可以减肥瘦身，保持健美的体型和良好的体态。

（2）健身。长期进行体育舞蹈锻炼，能使人的心肌发达，有效提高心肺机能。

（3）健心。经常参加体育舞蹈锻炼，能调整身心，促进人际交往，消除情绪障碍，取得心态平衡，保持乐观的心情，促进心理健康。

2. 观赏价值

体育舞蹈具有独特的艺术表演价值，给舞蹈者和观赏者以美的享受，提高人们的艺术修养和审美情趣。

3. 社会价值

体育舞蹈是人们交流思想、抒发情感、消除障碍、相互沟通的最好形式之一。它能把不同阶层、不同年龄、不同性别的人融合在一起。

（三）体育舞蹈的分类

体育舞蹈共分两大类，十个舞种。第一大类为摩登舞（表 13–6–1）；第二大类为拉丁舞。（表 13–6–2）

表 13–6–1 摩登舞

舞 名	起 源	舞曲速度	特 点
华尔兹 Waltz	德 国	$\frac{3}{4}$拍，每分钟 30 ～ 31 小节	音乐轻柔、舞姿雍雅、气质典雅、步法婉转曼妙
维也纳华尔兹 Viennese Waltz	奥地利	$\frac{3}{4}$拍，每分钟 56 ～ 60 小节	音乐流畅、舞态婆娑、步法周旋翩跹
探戈 Tango	阿根廷	$\frac{2}{4}$拍，每分钟 33 ～ 34 小节	音乐华丽、舞姿刚劲、步法顿挫磊落
狐步 Foxtrot	英 国	$\frac{4}{4}$拍，每分钟 33 ～ 34 小节	音乐恬愉、舞态潇洒、步法行云流水
快步 Quick Step	美 国	$\frac{4}{4}$拍，每分钟 50 小节	音乐逍遥、舞态轻盈、步法轻快灵活

表 13–6–2 拉丁舞

舞 名	起 源	舞曲速度	特 点
伦巴 Rumba	古 巴	$\frac{4}{4}$拍，每分钟 28 ～ 31 小节	音乐缠绵、舞态柔媚、步法婀娜款摆
恰恰恰 Cha–Cha–Cha	墨西哥	$\frac{4}{4}$拍，每分钟 32 ～ 34 小节	音乐有趣、舞态花俏、步法利落紧凑
桑巴 Samba	巴 西	$\frac{2}{4}$，$\frac{4}{4}$拍，每分钟 48 ～ 56 小节	音乐欢欣、舞态生动、步法摇曳绵密
斗牛舞 Bullfight Dance	西班牙	$\frac{2}{4}$，$\frac{6}{8}$拍，每分钟 60 ～ 62 小节	音乐雄壮、舞态威猛、步法悍厉奋张
牛仔舞 Cowboy Dance	美 国	$\frac{4}{4}$拍，每分钟 40 ～ 46 小节	音乐热烈、舞态奔放、步法活泼浪荡

二、学习体育舞蹈

（一）华尔兹

华尔兹舞的风格是动作如行云流水般顺畅，像云霞般光辉，潇洒自如，典雅大方，被誉为“舞中皇后”。华尔兹舞曲的节奏是$\frac{3}{4}$拍，每分钟 28 ～ 30 小节，每小节有 3 拍。

1. 基本动作练习

（1）升降练习

此动作练习主要为了体会踝部、膝部的屈伸，加强脚及身体的控制能力，加强身体升降的稳定性。（图 13-6-1）

（2）手臂前后摆动的升降练习

随着膝部、踝部的屈伸，身体、手臂前后摆转，掌握升降摆转的延伸动作。（图 13-6-2）

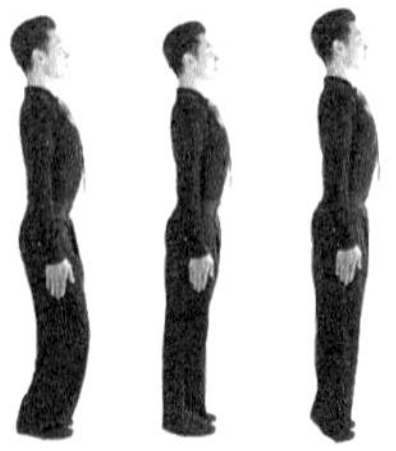

图 13-6-1

图 13-6-2

2. 握抱姿势

（1）闭式舞姿

男女舞伴相对站立，双脚并拢，脚尖对齐、正对前方。女士偏向男士右侧的 1/3，男女舞伴的右脚尖对准对方的双脚中线。男女舞伴的头都向左转，目光从男女伴右肩方向看出。女士从臀部以上向后上方打开，男士左手与女士右手掌心相握，虎口向上，前臂与上臂的夹角为 135°，高度与女士右耳相平。男士右手五指并拢，轻轻置于女士左肩胛骨下端。女士左手四指并拢，虎口放在男士右臂三角肌处。（图 13-6-3）

（2）开式舞姿

在闭式舞姿的基础上，男女舞伴的上身各自向外打开 25°，头面向手的方向，目光从手的方向向远方延展，男士与女士的右髋部仍相靠不能打开。

3. 基本步法

（1）左脚并换步（图 13-6-4）

① 男士左脚前进；女士右脚后退。

② 男士右脚经过左脚向侧横步稍前；女士左脚经右脚向侧横步稍后。

③ 男士左脚并右脚；女士右脚并左脚。

图 13-6-3

图 13-6-4

（2）右脚并换步

① 男士右脚前进；女士左脚后退。

② 男士左脚经过右脚向侧横步稍前；女士右脚经左脚向侧横步稍后。

③ 男士右脚并左脚；女士左脚并右脚。

（3）左转步（图 13–6–5）

共 6 步。节奏为 1、2、3、1、2、3。

① 男士左脚前进，开始左转；女士右脚后退，开始左转。

② 男士经右脚向侧横步，1 ～ 2 转 1/4 周；女士左脚向侧横步，1 ～ 2 转 3/8 周。

③ 男士左脚并右脚，2 ～ 3 转 1/8 周；女士右脚并左脚，身体完成转动。

④ 男士右脚后退，继续向左转；女士左脚前进，继续向左转。

⑤ 男士左脚向侧横步，4 ～ 5 转 3/8 周身体稍转；女士右脚向侧横步，4 ～ 5 转 1/4 周。

⑥ 男士右脚并左脚，身体完成转动；女士左脚并右脚，5 ～ 6 转 1/8 周。

图 13–6–5

（4）右转步（图 13–6–6）

共 6 步。节奏为 1、2、3、1、2、3。

① 男士右脚前进，开始右转；女士左脚后退，开始右转。

② 男士经左脚向侧横步，1 ～ 2 转 1/4 周；女士右脚向侧横步，1 ～ 2 转 3/8 周。

③ 男士右脚并左脚，2 ～ 3 转 1/8 周；女士左脚并右脚，身体完成转动。

④ 男士左脚后退，继续向右转；女士右脚前进，继续向右转。

⑤ 男士右脚向侧横步，4 ～ 5 转 3/8 周，身体稍转；女士左脚向侧横步，4 ～ 5 转 1/4 周。

⑥ 男士左脚并右脚，身体完成转动；女士右脚并左脚，5 ～ 6 转 1/8 周。

图 13–6–6

（5）侧行追步（图 13–6–7）

侧行追步有 4 步，3 拍走 4 步。节奏为 1、2、&、3。由开式舞姿开始。

① 男士右脚前进并交叉于反身动作及侧行位置；着地时先脚跟后脚掌；女士左脚前进并交叉于反身动作位置，着地时先脚跟后脚掌，开始左转。

② 男士左脚横步，着地时用脚掌；女士右脚横步，着地时用脚掌，1 ～ 2 转 1/8 周。

③ 男士左脚并于右脚，着地时用脚掌；女士左脚并于右脚，着地时用脚掌，2 ～ 3 转 1/8 周，身体稍转。

④ 男士右脚横步稍后，着地时先脚掌后脚跟；女士右脚横步稍后，着地时先脚掌后脚跟。

图 13–6–7

（6）“V”字步（图 13–6–8）

① 男士左脚前进；女士右脚后退。

② 男士右脚向斜内侧前进；女士左脚斜退。

③ 男士左脚在侧行位置交叉于右脚后；女士右脚在侧行位置交叉于左脚后。

（7）外侧右转步（图 13–6–9）

节奏为 1、2、&、3。由侧位开始。

① 男士右脚前进并交叉于反身动作及侧行位置；女士左脚前进并交叉于反身动作及侧行位置。

② 男士左脚向侧；女士右脚向侧。

③ 男士右脚在侧行位置交叉于右脚后；女士左脚并右脚。

④ 男士左脚向侧且稍前进；女士右脚向侧并稍后退。

图 13–6–8

图 13–6–9

（8）右旋转步（图 13–6–10）

右旋转步有 6 步，节奏为 1、2、3、1、2、3。

① 男士右脚前进开始右转；女士左脚后退开始右转。

② 男士左脚向侧横步 1 ～ 2 转 1/4 周；女士右脚向侧横步 1 ～ 2 转 3/8 周，身体稍转。

③ 男士右脚并于左脚 2 ～ 3 转 1/8 周；女士左脚并于右脚，身体完成稍转。

④ 男士左脚后退，左脚保持在反身动作位置中（轴转）右转 1/2 周过渡到跟脚；女士右脚前进（轴转）右转 1/2 周，跟脚。

⑤ 男士右脚前进继续右转跟掌；女士左脚后退，并向左侧继续右转跟掌。

⑥ 男士左脚横步稍后 5 ～ 6 转 3/8 周，掌跟；女士右脚经左脚斜进 5 ～ 6 转 3/8 周，掌跟。

图 13-6-10

（9）踌躇步（图 13-6-11）

① 男士左脚前进开始左转，着地时先脚掌后脚跟；女士右脚后退开始左转，着地时先脚掌后脚跟。

② 男士右脚横步 1 ～ 2 转 1/4 周，着地时用脚掌；女士左脚横步 1 ～ 2 转 1/4 周，着地时用脚掌。

③ 男士左脚并于右脚，不置重量，2 ～ 3 转 1/8 周（掌跟重心在右脚）；女士右脚并于左脚，不置重量，2 ～ 3 转 1/8 周（掌跟重心在左脚）。

（10）后叉形步（图 13-6-12）

① 男士反身动作位置中左脚后退；女士在反身位置及外侧中右脚前进。

② 男士右脚斜退；女士左脚向侧。

③ 男士侧行位置中，左脚交叉于右脚后；女士侧行位置中，右脚交叉于左脚后。

图 13-6-11

图 13-6-12

（二）探　戈

探戈舞的风格是：动静交织，潇洒奔放，头部左顾右盼，快速转动。舞曲为$\frac{2}{4}$拍，每分钟 30 ～ 34 小节。音乐的特点是以切分音为主，带有停顿。舞步分 S（慢）和 Q（快），其中，S 占 1 拍，Q 占半拍。跳探戈舞时，要求膝关节放松，微屈，重心下降，脚法干净利落，不拖泥带水。

1. 握抱姿势

闭式舞姿：男伴的右脚回收半脚并到左脚内侧脚弓处，前后错开半个脚，重心下沉，膝关节弯曲并松弛。左手回收，肘关节上抬，前臂内收角度加大（接近 90°）。

男士右手略向下斜插女伴的脊椎骨略靠近右肩胛骨的地方（不要超过脊柱）；女士的左手拇指贴向掌心，四指并拢，虎口处抵住男伴的上臂外侧靠近腋部。男伴右肘与女伴左肘部相重叠，即男伴右肘骨抵住女伴的左肘内窝。目视方向与华尔兹相同，时有闪回的动作。男伴与女伴位置是 1/3 微贴，接触点是膝关节、髋部到腹部的位置。（图 13–6–13）

2. 基本步法

（1）二常步（图 13–6–14）

二常步有两步，节奏为S、S。

① 男士左脚前进；女士右脚后退。

② 男士右脚前进；女士左脚后退。

（2）直行侧步（图 13–6–15）

直行侧步有 3 步，节奏为Q、Q、S。

① 男士左脚前进；女士右脚后退。

② 男士右脚向侧稍后退；女士左脚向侧稍前进。

③ 男士左脚前进；女士右脚后退。

图 13–6–13

图 13–6–14

图 13–6–15

（3）并脚结束（图 13–6–16）

并脚结束有 3 步，节奏为Q、Q、S。

① 男士右脚后退；女士左脚前进。

② 男士左脚横步稍前，左转 1/4 周；女士右脚横步稍后，左转 1/4 周。

③ 男士右脚并于左脚；女士左脚并于右脚。

图 13–6–16

（4）右摇转步（图 13–6–17）

① 男士右脚前进；女士左脚后退。

② 男士左脚向侧并稍后；女士右脚前进。

③ 男士重心回右脚，1 ～ 3 右转 1/4 周；女士左脚后退，1 ～ 3 右转 1/4 周。

图 13-6-17

（5）基本左转（图 13-6-18）

基本左转有 6 步，节奏为Q、Q、S、Q、Q、S。

① 男士在反身位置中左脚前进；女士在反身位置中右脚后退。

② 男士右脚向侧并稍后退；女士左脚向侧并稍前进。

③ 男士左脚交叉于右脚之前；女士右脚并左脚且稍后退。

④ 男士右脚后退；女士左脚前进。

⑤ 男士左脚向侧稍前进；女士右脚向侧并稍后退。

⑥ 男士右脚并左脚且稍退后；女士左脚并右脚且稍前进。

图 13-6-18

（6）行进连步（图 13-6-19）

行进连步有两步，节奏为Q、Q。

① 男士在反身动作位置中左脚前进；女士在反身位置中右脚后退。

② 男士右脚向侧并在侧行位置中稍后退；女士左脚向侧并在侧行位置中稍后退。

（7）并式侧行步（图 13-6-20）

并式侧行步有 4 步，节奏为S、Q、Q、S。

在侧行位置上开始。

① 男士在侧行位置中，左脚向侧；女士在侧行位置中，左脚向侧。

② 男士右脚前进并交叉于反身动作位置与侧行位置中；女士右脚前进并交叉于反身位置与侧行位置中。

③ 男士左脚向侧并稍前进；女士左脚向侧。

④ 男士右脚向侧并稍后退；女士右脚交叉于左脚之后。

图 13-6-19

图 13-6-20

模块 7 艺术体操

一、了解艺术体操

（一）艺术体操的产生

艺术体操起源于 19 世纪末 20 世纪初的欧洲。它以身体的自然动作为基础，动作流畅并富有节奏感。优美性和艺术性是其主要特征。用于艺术体操的器械共有 5 种，即绳、圈、球、棒、带。1962 年，国际体操联合会将艺术体操定为独立的竞赛项目。1984 年，艺术体操被列为奥运会正式比赛项目。

（二）艺术体操的锻炼价值

艺术体操以优美和艺术性为主要特征，以芭蕾基本动作为基础，并吸收现代舞和民族舞、徒手体操和技巧运动精华而逐渐发展起来的。它要求动作舒展大方、优美流畅和轻松自如。练习艺术体操可使全身各关节得到充分活动，各部位肌肉得到均衡发展，不仅可以发展柔韧、力量、协调、灵巧等身体素质，培养良好的身体姿态，而且可以培养节奏感、优美感，提高音乐素养和表现力。

（三）艺术体操的分类

1. 一般性艺术体操

一般性艺术体操是以发展练习者的协调性、柔韧性和力量为主要目的，以自然动作和协调动作为基础，在音乐伴奏下进行的个人或集体练习。其内容包括徒手练习和手持器械练习的各种基本动作，动作难度和练习强度不大，动作内容、练习形式及所用器械多样，不受场地、人数、时间等限制，便于开展。

2. 竞技性艺术体操

竞技性艺术体操以提高技术水平和参加竞赛为主要目的。正式比赛规定采用绳、圈、球、棒、带 5 种器械，运动员参加比赛的成套动作、时间、难度、场地、人数、器械规格和音乐伴奏等都应符合规则要求。

二、学习艺术体操

（一）徒手基本动作

1. 基本姿态

（1）站立的基本姿态

正确的站立姿态是形成正确优美的动作和身体姿态的基础，徒手练习必须从基本站立开

基本动作

始训练。

【技术要点】头正直，肩下沉，背部挺直，收腹立腰，臀部和两腿肌肉收紧，目视前方。

常见的基本站立位置如图 13–7–1 所示。

八字步　大八字步　丁字步　向前点立　向侧点立　向后点立

图 13–7–1

（2）手型和手臂的基本姿态

艺术体操手型采用芭蕾的手型。

【技术要点】手自然放松伸展开，拇指和中指向里合。（图 13–7–2）

图 13–7–2

① 芭蕾舞手臂的七个基本位置（图 13–7–3）

一 位　二 位　三 位　四 位　五 位　六 位　七 位

图 13–7–3

【技术要点】肩放松，肘、腕自然弯曲，手臂呈弧形，手指并拢，自然伸长，保持基本手型。

② 其他常见的手臂基本位置（图 13–7–4）

【技术要点】挺胸、收腹、立腰，两肩自然放松，肘、腕自然伸直，身体重心保持平稳，头部配合协调。

（3）跪立与坐的基本姿态

① 跪立的技术要点：两眼平视，头正直、肩下沉，挺胸、收腹、直背，两臂自然放于体侧，脚面绷直着地，大小腿之间夹角为 90°，或者大小腿相叠，臀部坐在脚跟上成跪坐。

② 坐的技术要点：两眼平视，头正直，肩下沉，挺胸、收腹、直背，两臂自然放于体侧，成直角坐，膝盖、脚面绷直。

前上举　　前下举　　侧上举　　后斜下举

前举和前上举　　前上举和后平举　　侧上举和侧下举　　后上举和前平举

图 13-7-4

2.屈伸与绕环

（1）头部、手臂及躯干的绕环

① 头部绕环以颈部为轴，分顺时针和逆时针两种。

② 手臂的大、中、小绕环及螺旋“8”字绕环。以肩为轴的绕环称大绕环，如向内、向外、向前、向后的手臂大绕环；以肘为轴的绕环称中绕环；以腕为轴的绕环称小绕环。两臂在体侧做水平中绕环接头上水平绕环称螺旋“8”字绕环。

③ 躯干的绕环。在做躯干部位绕环时，要配合重心的左右侧移和上体的左右摆动。要求重心移动时要经过弓步和两腿半蹲姿势，两臂尽力远伸，上体绕环时动作要连续，屈体的角度可大可小。

（2）下肢的屈伸

在做下肢屈伸动作时，以膝为支点做屈伸动作，屈伸的幅度可大可小，动作要连贯，有弹性。

3. 摆动动作

（1）手臂的摆动（图 13-7-5）

【技术要点】手臂摆动以肩为轴，要求肩下沉，以肘带动腕和手，臂成弧形摆动。

图 13-7-5

（2）腿的摆动（图 13–7–6）

行进间或原地向前、向侧、向后踢腿练习。

【技术要点】两腿伸直，膝盖和脚面向外，上体挺直，用脚尖发力向上踢腿，以髋关节为轴进行直腿摆动。

图 13–7–6

4. 波浪动作

（1）手臂波浪（图 13–7–7）

图 13–7–7

（2）躯干波浪（图 13–7–8）

图 13–7–8

（3）身体向前波浪（图 13–7–9）

图 13–7–9

（4）身体向后波浪（图 13-7-10）

图 13-7-10

5.基本步法

（1）柔软步（图 13-7-11）

（2）足尖步（图 13-7-12）

图 13-7-11

图 13-7-12

（3）柔软跑（图 13-7-13）

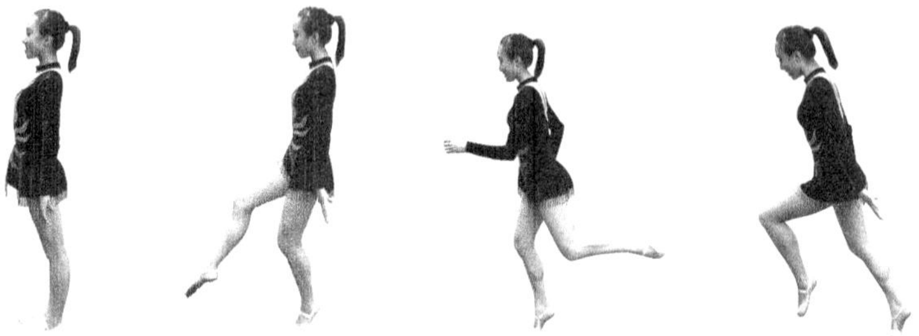

图 13-7-13

（4）普通变换步（图 13-7-14）

图 13-7-14

（5）后举腿变换步（图 13-7-15）

图 13-7-15

（6）前屈膝变换步（图 13-7-16）

图 13-7-16

（7）向前华尔兹（图 13-7-17）

图 13-7-17

（8）后退华尔兹

动作同向前华尔兹，但方向向后。第一步可稍大些，身体随之稍转动，同时两臂配合前后平摆。

（9）侧华尔兹步（图 13-7-18）

图 13-7-18

（二）器械基本动作

1. 丝带的基本动作

丝带的基本动作有摆动、绕环、绕“8”字、抛接等。丝带的质地柔软，练习时应注意避免过快的动作，不能突然改变动作的速度，而应柔和、流畅，把丝带看作是身体的延伸部分，做到身动带随，带动身随。

丝带的基本动作

（1）摆　动

【技术要点】以肩为轴，用臂带腕使丝带摆动。要求丝带面充分展开，用力均匀柔顺。

① 单手持丝带左右摆动。（图 13-7-19）

图 13-7-19

② 单手持丝带上下摆动。（图 13-7-20）

③ 单手持丝带水平摆动。（图 13-7-21）

图 13-7-20　　图 13-7-21

（2）绕　环

【技术要点】以肩为轴，用绕臂带动腕使丝带充分展开。要求在做绕环时应注意动作连贯、柔和，带随身动。

① 单手持丝带，做体前大绕环。（图 13-7-22）

② 单手持丝带，在体侧做“8”字绕环。（图 13-7-23）

③ 单手持丝带，在头上做体前后“8”字绕环。（图 13-7-24）

图 13-7-22

图 13-7-23

图 13-7-24

2. 圈的基本动作

圈的基本动作包括摆动、绕环、绕“8”字、转动圈、旋转圈和滚动圈等。

持圈的方法：用拇指和其他四指握圈，握圈不要握得太紧太死，要自然轻握，以便灵活地使用器械，但在做过渡性动作时或圈位于水平状时握圈应紧。

握圈可以用单手或双手，握法大致有 5 种：正握、反握、内侧握、外侧握及综合握。（图 13-7-25）

正　握　　反　握　　内侧握　　外侧握　　综合握

图 13-7-25

（1）侧面向前向后摆圈（图 13-7-26）

【动作过程】右手正握圈，利用臂的屈伸前后摆圈。摆至身体最高点时换手，左手继续在左侧摆圈。

【技术要点】摆圈时注意圈面保持与地面垂直。摆圈时握圈要松，换手时两手靠拢。

（2）绕环和“8”字动作

绕环和“8”字是头上、肩上、腰间和膝间不同高度、水平面的围身摆绕圈。（图13–7–27）

【动作过程】右手正握圈，在头上向左大绕环一周后在体前换左手反握圈，并在肩上屈肘向左后绕圈，接着右手在右肩上，手心向上换握圈，绕至身前换左手正握圈，并于腰间向左后绕，绕动中右手手心向下换握圈，在身前再换左手在膝间绕圈一次。

【技术要点】头上大绕环一周时由正握圈转至反握圈。几个围身摆绕圈时圈面要保持与地面平行，幅度要大，换手时不要停顿，整个身体随圈运动，动作应连贯舒展。练习时先原地做，然后可以用向前连续转体来完成动作。

图 13–7–26

图 13–7–27

（3）体前后的“8”字绕圈（图 13–7–28）

【动作过程】右手侧举正握，在体前向左摆绕至头上时屈肘翻腕，使圈在体后左摆绕圈至右手侧举。

【技术要点】握圈要松弛，在头上翻腕时掌心向上，体前、体后摆绕圈都要注意圈面垂直并与肩轴平行。

图 13-7-28

（4）转动圈（图 13-7-29）

转动圈是指围绕通过圈面的中心轴转动的动作，是圈操中典型的基本动作。转动圈动作可以在手上、腰上、腿上、踝上及身体其他部位转动。

【动作过程】用手转动圈时要求手臂保持自然伸直，拇指和四指分开，四指并拢，圈在虎口内手掌、手背转动。

【技术要点】转动时要柔和，圈面保持平稳，不能颤动。

（5）单手持圈地上垂直旋转圈（图 13-7-30）

【动作过程】五指握圈上端，先向内拧转约 90°，然后用力外拧圈，圈在地面垂直轴自由旋转，两臂侧举，待圈旋转数圈后，右手握住圈的上部。

【技术要点】手指均匀用力，使力作用于垂直轴上，使圈在一支点上向外垂直旋转。

13-7-29

图 13-7-30

（6）滚动圈

单手持圈经单臂在背上滚动。

【动作过程】右手正握持圈，手臂前举，掌心向内，用手腕向上转动圈，使圈沿右臂绕右肩在背上向下滚动，滚在腰部时，右手或左手在体后抓住圈。

【技术要点】滚动的圈不应跳动，应保持圈面稳定和滚动路线的正确。

附　录

》》《国家学生体质健康标准》简介

本章导读

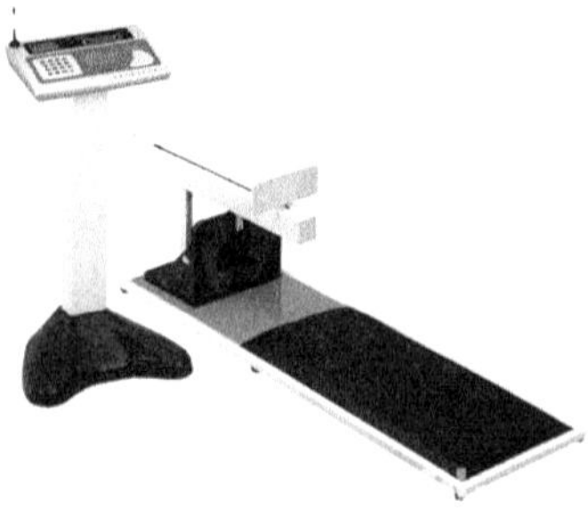

《国家学生体质健康标准》是为了贯彻落实“健康第一”的指导思想，切实加强学校体育工作，促进学生积极参加体育锻炼，养成良好的锻炼习惯，提高体质健康水平而制定并实施的。

学习目标

- 了解《国家学生体质健康标准》的测试方法。
- 了解《国家学生体质健康标准》的评价指标。

附录一 《国家学生体质健康标准》的实施说明

一、说 明

《国家学生体质健康标准》（以下简称《标准》）从身体形态、身体机能和身体素质等方面综合评定学生的体质健康水平，是促进学生体质健康发展、激励学生积极进行身体锻炼的教育手段，是国家发展学生的核心素养体系和学业质量标准的重要组成部分，是学生体质健康的个体评价标准。

本标准将适用对象中分为：大学一、二年级为一组，三、四年级为一组。

大学各组别的测试指标均为必测指标。其中，身体形态类中的身高、体重，身体机能类中的肺活量，以及身体素质类中的 50 米跑、坐位体前屈为各年级学生共性指标。

本标准的学年总分由标准分与附加分之和构成，满分为 120 分。标准分由各单项指标得分与权重乘积之和组成，满分为 100 分。附加分根据实测成绩确定，即对成绩超过 100 分的加分指标进行加分，满分为 20 分；大学的加分指标为男生引体向上和 1000 米跑，女生 1 分钟仰卧起坐和 800 米跑，各指标加分幅度均为 10 分。

根据学生学年总分评定等级：90.0 分及以上为优秀，80.0 ～ 89.9 分为良好，60.0 ～ 79.9 分为及格，59.9 分及以下为不及格。

每个学生每学年评定一次，记入《〈国家学生体质健康标准〉登记卡》。特殊学制的学校，在填写登记卡时可以按规定和需求相应地增减栏目。学生毕业时的成绩和等级，按毕业当年学年总分的 50% 与其他学年总分平均得分的 50% 之和进行评定。

学生测试成绩评定达到良好及以上者，方可参加评优与评奖；成绩达到优秀者，方可获得体育奖学分。测试成绩评定不及格者，在本学年度准予补测一次，补测仍不及格，则学年成绩评定为不及格。普通高中、中等职业学校和普通高等学校学生毕业时，《标准》测试的成绩达不到 50 分者按结业或肄业处理。

二、单项指标与权重（附表1–1）

附表 1–1 测试指标与权重

测试对象	单项指标	权 重
大学各年级	体重指数（BMI）	15%
	肺活量	15%
	50 米跑	20%
	坐位体前屈	10%
	立定跳远	10%
	引体向上（男）/1 分钟仰卧起坐（女）	10%
	1000 米跑（男）/800 米跑（女）	20%

注：体重指数（BMI）= 体重（千克）/ 身高^2（米^2）。

附录二 《国家学生体质健康标准》的测试方法

一、1分钟仰卧起坐（女）

仰卧起坐

受试者仰卧于垫上，两腿屈膝，小腿与地面约成45° 角，两手轻轻地搭在双耳侧。脚底与地面平行。受试者坐起时两肘触及或超过双膝为完成一次。仰卧时两肩胛必须触垫。（附图 2–1）

附图 2–1

二、引体向上（男）

引体向上

受试者跳起双手正握杠，两手与肩同宽成直臂悬垂。静止后，两臂同时用力引体（身体不能有附加动作），上拉到下颌超过横杠上缘为完成一次。记录引体次数。

三、立定跳远

立定跳远

受试者两脚自然分开站立，站在起跳线后，脚尖不得踩线（最好用线绳做起跳线）。两脚原地同时起跳，不得有垫步或连跳动作。丈量起跳线后缘至最近着地点后的垂直距离，以厘米为单位，不计小数。

四、坐位体前屈

坐位体前屈

受试者两腿伸直，两脚平蹬测试纵板坐在平地上，两脚分开 10 ～ 15 厘米，上体前屈，两臂伸直，用两手中指尖逐渐向前推动游标，直到不能前推为止（附图 2–2）。测试计的脚蹬纵板内沿平面为 0 点，向内为负值，向前为正值。记录以厘米为单位，保留一位小数。测试两次，取最好成绩。

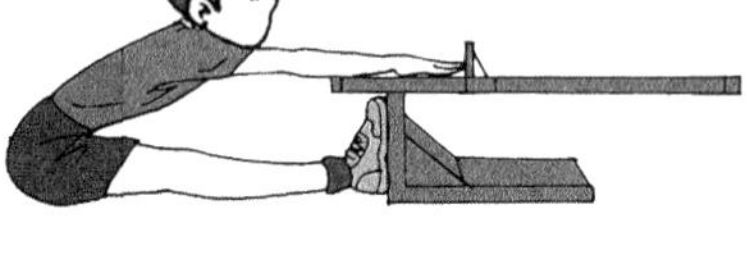

附图 2–2

长 跑

五、800米（女）、1000米（男）跑

受试者至少两人一组进行测试，站立式起跑。当听到“跑”的口令后开始起跑。计时员看到旗动可开表计时，当受试者的躯干部到达终点线垂直面时停表。以分、秒为单位记录测试成绩，不计小数。

50米跑

六、50米跑

受试者至少两人一组测试。站立起跑，受试者听到“跑”的口令后开始起跑。发令员在发出口令同时要摆动发令旗。计时员视旗动开表计时，受试者躯干部到达终点线的垂直面停表。

七、肺活量

肺活量

首先告知受试者不必紧张，并且要尽全力，以中等速度和力度吹气效果最好。令被测试者面对肺活量计站立，手持吹气口嘴，测试过程口嘴或鼻处不能漏气，如果漏气应调整口嘴和用鼻夹（或自己捏鼻孔）；学会深吸气（避免耸肩提气，应该像闻花似的慢吸气）。受试者进行一两次较平日深一些的呼吸动作后，更深地吸一口气，屏住气向口嘴处慢慢呼出至不能再呼为止，防止此时从口嘴处吸气。测试中不得中途二次吸气。吹气完毕后，液晶屏上最终显示的数字即为肺活量毫升值。以毫升为单位，不保留小数。

八、体 重

测试时，杠杆秤应放在平坦地面上，调整0点至刻度尺水平位。受试者赤足，男性受试者身着短裤；女性受试者身着短裤、短袖衫，站在秤台中央。（附图2-3）

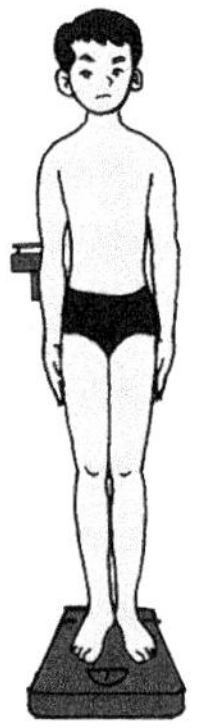

附图 2-3

九、身 高

受试者赤足，立正姿势站在身高计的底板上（上肢自然下垂，足跟并拢，足尖分开成60° 角）。足跟、骶骨部及两肩胛区与立柱相接触，躯干自然挺直，头部正直，耳屏上缘与眼眶下缘呈水平位。（附图2-4）

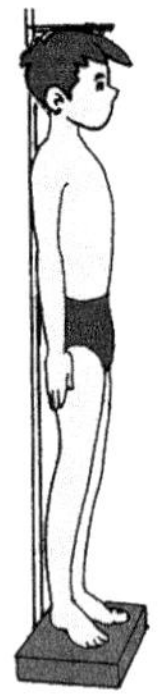

附图 2-4

附录三 《国家学生体质健康标准》测试评分表

附表 3-1 体重指数（BMI）单项评分表 （单位：千克 / 米²）

等 级	单项得分	大学男生	大学女生
正 常	100	17.9 ～ 23.9	17.2 ～ 23.9
低体重	80	≤ 17.8	≤ 17.1
超 重		24.0 ～ 27.9	24.0 ～ 27.9
肥 胖	60	≥ 28.0	≥ 28.0

附表 3-2 大学男生各测试项目评分表 （大一、大二适用）

等 级	单项得分	肺活量 / 毫升	50 米跑 / 秒	坐位体前屈 / 厘米	立定跳远 / 厘米	引体向上 / 次	耐力跑 1000 米 /（分·秒）
优 秀	100	5040	6.7	24.9	273	19	3′17″
	95	4920	6.8	23.1	268	18	3′22″
	90	4800	6.9	21.3	263	17	3′27″
良 好	85	4550	7.0	19.5	256	16	3′34″
	80	4300	7.1	17.7	248	15	3′42″
及 格	78	4180	7.3	16.3	244		3′47″
	76	4060	7.5	14.9	240	14	3′52″
	74	3940	7.7	13.5	236		3′57″
	72	3820	7.9	12.1	232	13	4′02″
	70	3700	8.1	10.7	228		4′07″
	68	3580	8.3	9.3	224	12	4′12″
	66	3460	8.5	7.9	220		4′17″
	64	3340	8.7	6.5	216	11	4′22″
	62	3220	8.9	5.1	212		4′27″
	60	3100	9.1	3.7	208	10	4′32″
不及格	50	2940	9.3	2.7	203	9	4′52″
	40	2780	9.5	1.7	198	8	5′12″
	30	2620	9.7	0.7	193	7	5′32″
	20	2460	9.9	−0.3	188	6	5′52″
	10	2300	10.1	−1.3	183	5	6′12″

附表 3-3 大学男生各测试项目评分表 （大三、大四适用）

等 级	单项得分	肺活量 / 毫升	50 米跑 / 秒	坐位体前屈 / 厘米	立定跳远 / 厘米	引体向上 / 次	耐力跑 1000 米 /（分 · 秒）
优 秀	100	5140	6.6	25.1	275	20	3′ 15″
	95	5020	6.7	23.3	270	19	3′ 20″
	90	4900	6.8	21.5	265	18	3′ 25″
良 好	85	4650	6.9	19.9	258	17	3′ 32″
	80	4400	7.0	18.2	250	16	3′ 40″
及 格	78	4280	7.2	16.8	246		3′ 45″
	76	4160	7.4	15.4	242	15	3′ 50″
	74	4040	7.6	14.0	238		3′ 55″
	72	3920	7.8	12.6	234	14	4′ 00″
	70	3800	8.0	11.2	230		4′ 05″
	68	3680	8.2	9.8	226	13	4′ 10″
	66	3560	8.4	8.4	222		4′ 15″
	64	3440	8.6	7.0	218	12	4′ 20″
	62	3320	8.8	5.6	214		4′ 25″
	60	3200	9.0	4.2	210	11	4′ 30″
不及格	50	3030	9.2	3.2	205	10	4′ 50″
	40	2860	9.4	2.2	200	9	5′ 10″
	30	2690	9.6	1.2	195	8	5′ 30″
	20	2520	9.8	0.2	190	7	5′ 50″
	10	2350	10.0	–0.8	185	6	6′ 10″

附表 3-4 大学女生各测试项目评分表 （大一、大二适用）

等 级	单项得分	肺活量 / 毫升	50 米跑 / 秒	坐位体前屈 / 厘米	立定跳远 / 厘米	1 分钟仰卧起坐 / 次	耐力跑 800 米 /（分 · 秒）
优 秀	100	3400	7.5	25.8	207	56	3′ 18″
	95	3350	7.6	24.0	201	54	3′ 24″
	90	3300	7.7	22.2	195	52	3′ 30″
良 好	85	3150	8.0	20.6	188	49	3′ 37″
	80	3000	8.3	19.0	181	46	3′ 44″

续 表

等 级	单项得分	肺活量/毫升	50米跑/秒	坐位体前屈/厘米	立定跳远/厘米	1分钟仰卧起坐/次	耐力跑800米/（分·秒）
及 格	78	2900	8.5	17.7	178	44	3′49″
	76	2800	8.7	16.4	175	42	3′54″
	74	2700	8.9	15.1	172	40	3′59″
	72	2600	9.1	13.8	169	38	4′04″
	70	2500	9.3	12.5	166	36	4′09″
	68	2400	9.5	11.2	163	34	4′14″
	66	2300	9.7	9.9	160	32	4′19″
	64	2200	9.9	8.6	157	30	4′24″
	62	2100	10.1	7.3	154	28	4′29″
	60	2000	10.3	6.0	151	26	4′34″
不及格	50	1960	10.5	5.2	146	24	4′44″
	40	1920	10.7	4.4	141	22	4′54″
	30	1880	10.9	3.6	136	20	5′04″
	20	1840	11.1	2.8	131	18	5′14″
	10	1800	11.3	2.0	126	16	5′24″

附表 3-5　大学女生各测试项目评分表　　（大三、大四适用）

等 级	单项得分	肺活量/毫升	50米跑/秒	坐位体前屈/厘米	立定跳远/厘米	1分钟仰卧起坐/次	耐力跑800米/（分·秒）
优 秀	100	3450	7.4	26.3	208	57	3′16″
	95	3400	7.5	24.4	202	55	3′22″
	90	3350	7.6	22.4	196	53	3′28″
良 好	85	3200	7.9	21.0	189	50	3′35″
	80	3050	8.2	19.5	182	47	3′42″
及 格	78	2950	8.4	18.2	179	45	3′47″
	76	2850	8.6	16.9	176	43	3′52″
	74	2750	8.8	15.6	173	41	3′57″
	72	2650	9.0	14.3	170	39	4′02″
	70	2550	9.2	13.0	167	37	4′07″
	68	2450	9.4	11.7	164	35	4′12″
	66	2350	9.6	10.4	161	33	4′17″
	64	2250	9.8	9.1	158	31	4′22″
	62	2150	10.0	7.8	155	29	4′27″
	60	2050	10.2	6.5	152	27	4′32″

续 表

等级	单项得分	肺活量/毫升	50米跑/秒	坐位体前屈/厘米	立定跳远/厘米	1分钟仰卧起坐/次	耐力跑800米/(分·秒)
不及格	50	2010	10.4	5.7	147	25	4′42″
	40	1970	10.6	4.9	142	23	4′52″
	30	1930	10.8	4.1	137	21	5′02″
	20	1890	11.0	3.3	132	19	5′12″
	10	1850	11.2	2.5	127	17	5′22″

附表 3–6 大学生加分指标测试项目评分表一 （单位：次）

加分	引体向上（男）		1分钟仰卧起坐（女）	
	大一、大二	大三、大四	大一、大二	大三、大四
10	10	10	13	13
9	9	9	12	12
8	8	8	11	11
7	7	7	10	10
6	6	6	9	9
5	5	5	8	8
4	4	4	7	7
3	3	3	6	6
2	2	2	4	4
1	1	1	2	2

注：引体向上（男）、1分钟仰卧起坐（女），均为高优指标，学生成绩超过单项评分100分后，以超过的次数所对应的分数进行加分。

附表 3–7 大学生加分指标测试项目评分表二 （单位：分·秒）

加分	1000米跑（男）		800米跑（女）	
	大一、大二	大三、大四	大一、大二	大三、大四
10	−35″	−35″	−50″	−50″
9	−32″	−32″	−45″	−45″
8	−29″	−29″	−40″	−40″
7	−26″	−26″	−35″	−35″
6	−23″	−23″	−30″	−30″
5	−20″	−20″	−25″	−25″
4	−16″	−16″	−20″	−20″
3	−12″	−12″	−15″	−15″
2	−8″	−8″	−10″	−10″
1	−4″	−4″	−5″	−5″

注：1000米跑（男）、800米跑（女）均为低优指标，学生成绩低于单项评分100分后，以减少的秒数所对应的分数进行加分。